최강의 조직

성공하는 조직의 문화는 무엇이 다른가

# WHAT
## YOU DO IS

# 최강의 조직

**벤 호로위츠 지음 | 김정혜 옮김**

# WHO
## YOU ARE

한국경제신문

# WHAT

## YOU DO IS

# WHO

## YOU ARE

이 책은 과거 잘못된 행동으로 전과자가 됐지만

이제는 사회에서 선한 영향력을 미치고 있는 모든 사람을 응원한다.

나는 여러분의 행동을 보고 여러분이 어떤 사람인지 알 수 있다.

이 책의 수익금 전액은 출소자들이 재범을 저지르는 일 없이

지역 사회의 문화를 바꿀 수 있도록 힘을 보태고,

아이티 국민들이 사회를 재건하고

과거의 영광을 되찾을 수 있도록 돕는 데 쓰일 것이다.

# 조직을 변화시키는 힘은 무엇인가

**헨리 루이스 게이츠 주니어**(Henry Louis Gates Jr.)
하버드 대학교의 저명한 흑인 학자이자 세계적인 흑인학 권위자

할렘 르네상스(Harlem Renaissance, 1920년대 뉴욕 할렘에서 시작된 흑인 문예 부흥 운동 – 옮긴이)를 촉발시킨 문제의 책이 하나 있었다. 소설, 시, 에세이 등등 다양한 흑인 문학과 흑인 미술을 모은 선집(選集)《새로운 흑인(The New Negro)》이었다. 세속적인 경전이라고 불러도 좋은 그 선집에는 푸에르토리코 출신의 역사가이자 작가로 흑인 문학과 미술을 비롯해 흑인 역사에 관한 자료들을 수집하고 소장했던 아르투로 숌버그(Arturo Schomburg)의 에세이 '흑인, 과거를 캐다'(The Negro Digs Up His Past)도 실려 있었다. 그는 이 글에서 "흑인들은 너무 오랫동안 가치 있는 문화가 없는 인종으로 여겨졌기 때문에 역사도 갖지 못한 채 살아왔다"고 주장했다.

숌버그의 에세이는 단순히 미국의 지배적인 백인 문화에 함몰된 흑인 문화를 발굴하는 것 이상의 깊은 의미가 있었다. 그는 흑인에 관한 문학, 미술품, 희귀한 공예품 등에 있어서 역사상 최고의 수집가였고, 그런 방대한 수집품을 통해 흑인 문화를 역사의 중심으로 다시

끌어냈다. 뉴욕 공공 도서관이 그의 개인 소장품을 기반으로 우리 시대 가장 상징적인 센터를 건립하기에 이른 것이다. 바로 흑인에 관한 교육과 계몽의 요람으로 뉴욕의 역사적인 할렘 한복판 맬컴 엑스 대로(Malcolm X Boulevard) 515번지에 위치한 숌버그 흑인문화연구센터(Schomburg Center for Research in Black Culture)가 그것이다.

그로부터 거의 한 세기가 지난 후 우리는 또 다른 역사의 한 페이지를 마주하게 됐다. 우리와 같은 시대를 호흡하는 어떤 공상가가 비즈니스, 리더십, 문화적 연구 등을 망라하는 환상적인 책을 세상에 선물한 것이다. 실리콘밸리의 IT 전문 벤처투자자 벤 호로위츠다. 위대한 숌버그 센터와 지적인 토대가 동일한 그의 이번 책에는 교훈 안에 또 다른 교훈이 담겨 있다. 호로위츠는 전작인 《하드씽》에서 구성원들이 서로를 지지하는 조직 문화를 구축하는 것이 얼마나 중요한지를 보여주는 사례 연구들을 소개한 바 있다. 그러나 이번 책은 전작과 그 성격이 전혀 다르다. 호로위츠는 현재와 과거 그리고 아주 먼 옛날을 막론하고 유색인들의 리더십을 집중적으로 부각시키기 위한 사례들만을 신중하게 골라 자신만의 독특한 방식으로 혁신의 정의를 다시 내린다.

이 책에서 소개하는 역사 속 리더들이 처한 환경은 오늘날 IT 공룡들의 임원 사무실이나 개방형 사무실 풍경과는 달라도 너무 다르다. 여기에 등장하는 리더들은 서반구에서 유일하게 성공한 흑인 반란으로 18세기 말에 시작해 19세기 초에 완성된 아이티 혁명(Haitian Revolution)의 일등 공신인 천재적인 군사 지도자 투생 루베르튀르(Toussaint Louverture), 무사도 정신에 입각해 덕목들을 가치보다 우선시했던 고대 일본의 사무라이, 모든 정복지에서 가장 뛰어나고 가장 똑똑한 사람들을 흡수함으로써 인류 역사상 가장 강력한 군대를 조직해서 이끌었던 궁극의 아웃사이더 칭기즈칸(成吉思汗), 감동적인 인간 승리의 주인공 제임스 화이트(James White) 등이다. 특히 샤카 상고르(Shaka Senghor)라고도 불리는 화이트는 살인죄로 무려 19년간 수감 생활을 했던 전과자였다. 그는 격리 시설을 거쳐 미시간 교정 체계의 한복판으로 들어가서 멜라닉스(Melanics, 멜라닉은 흑색증, 흑인을 말함 - 옮긴이)라는 교도소 내 갱단의 두목이 됐다. 그러고는 수감자들의 현실적인 교화에 초점을 맞추는 교도소 내 문화 혁명에 오래도록 투신했다. 그런 혁명의 수혜를 입은 수감자들은 출소 후 지역사회를 개선하는 일꾼이 됐다.

호로위츠는 이미 기술 업계의 가장 철학적인 혁신가로 명성이 높다. 그에게 창조란 '기존에 있던 괜찮은 아이디어'를 단순히 구현하는 것이 아니다. 그는 창조를 '제대로 된 평가를 받지 못할 정도로 아주 급진적이고 독창적인 아이디어'를 구체화하는 것이라고 정의한다. 이런 철학자적 면모는 칭기즈칸과 샤카 상고르 같은 역동적인 인물들을 토론의 중심에 놓은 데서 잘 드러난다.

그는 이 책에서 가장 강력하며 지속 가능한 문화란 어떤 것인가에 대한 자신의 경험론적인 관점을 매우 구체적으로 설파한다. 호로위츠에 따르면 그런 문화들은 다음과 같은 특징을 가진다. 첫째, 구성원들의 말이 아닌 행동에 기반을 두고 둘째, 조직의 성격과 전략을 일치시키기 위해 노력한다. 또한 조직 자체에서 문화적 규범을 정직하게 인식하고 평가한다. 이때 규범의 민낯은 기존 구성원들이 아니라 이제 출근 첫날을 맞은 신입들의 눈에 비친 것이다. 신입들은 해당 조직에서 장차 성공하려면 무엇이 필요한지 첫날에 곧바로 파악하기 때문이다. 네 번째로 강력하고 지속 가능한 문화는 외부의 인재와 관점을 열린 마음으로 받아들이고 다섯째, 뚜렷하고 중요한 의미를 갖는 원칙에 기반한 덕목과 명백한 윤리에 의해 작동한다. 마지막으로, 구성원들이 '왜?'라는 질문을 던지는 데 주저함이 없고 그 대답을 영원히 기억하게 만드는 '파격적인 규칙'을 도입하려는 의지가 굳건하다.

호로위츠는 스스로 그 '왜'를 증명하기 위해 평소와는 다른 파격적인 길을 선택했다. 경제지 〈포춘〉이 선정한 500대 기업들의 사례를 조사하는 대신에 역사의 변두리로 달려간 것이다. 그리고 그곳에서 문화 구축의 핵심 요소가 되는 교훈과 통찰을 직접 삶으로 증명해낸 성공 스토리의 주인공들을 발견했다.

본질적으로 말해, 이 책의 내용과 구조는 책 속에 담긴 주제들을 완벽히 반영한다. 각 장의 서두에 인용한 전설적인 힙합 가수들의 노래 가사가 대표적이다. 게다가 역동적이고 생생한 전개로 독자들에게 잠시도 지루할 틈을 주지 않는다. 루베르튀르와 상고르 같은 이들이 알려주는 교훈들을 오늘날의 비즈니스와 정치 현장에 놀라울 정도로 이해하기 쉽게 적용시켜 생명력을 불어넣기 때문이다. 이는 클라우드 서비스 전문 업체 라우드클라우드(LoudCloud)의 전 CEO(chief executive officer, 최고경영자)이자 벤처캐피털(VC) 업체 앤드리슨호로위츠(Andreessen Horowitz)의 공동 창업자로 오늘날 가장 독특한 재능을 지닌 리더 중 한 사람으로 평가받은 그이기에 가능한 일이다.

뿐만 아니라 이 책은 흑백이 엄격히 분리된 미국 사회에서 고통의 시간을 보낸 아르투로 숌버그 같은 선구적 지식인들이 커다란 희생을 치러 지켜낸 역사적 전통에 경의를 표함으로써 감동을 준다. 무엇보다 '성인'으로 추대해도 손색이 없을 그들은, 미래 세대인 우리들이 '베일 너머'(behind the veil, 베일은 흑인들에게 둘러 쳐져 그들을 하나의 사회 속에서 차별하고 배제한다는 상징적인 의미를 가짐 - 옮긴이)로 눈을 돌려 번영을 꿈꿀 수 있는 진정으로 세계주의적인 문화를 구축하기 위한 교훈을 찾아낼 수 있도록 해준다.

호로위츠는 세상에 경종을 울릴 혁신적인 이 책의 토대를 사회의 중앙이 아닌 변두리에서, 그들만의 지혜로 무장한 문화 창조자들에게 뒀다. 이를 통해 그는 '우리가 하는 행동'과 그것으로 드러나는 '우리가 누구인가'를 다시 정의해줄 당대의 명작을 우리에게 선물한다.

**추천의 글** 조직을 변화시키는 힘은 무엇인가      **006**

**서장**      **015**

## 당신의 행동이 당신이 누구인지를 말해준다

문화는 가장 강력한 힘이다 | 성공적인 문화의 조건 | 이 책을 활용하는 방법

**1장**      **043**

## 문화와 혁명: 투생 루베르튀르와 아이티 혁명

투생 루베르튀르는 누구인가 | 흑인 혁명가의 등장 | 완전히 새로운 문화를 구축하다 | 혁명 후 루베르튀르는 어떻게 됐을까 | 아이티 혁명이 전 세계에 미친 영향력

**2장**      **077**

## 투생 루베르튀르의 문화 원칙을 적용하기

강점에 초점을 맞춘다 | 절대 잊을 수 없는 규칙을 세운다 | 복장을 통해 문화를 보여준다 | 외부인을 통해 변화를 꾀한다 | 무엇이 우선순위인지 명확히 한다 | 백 마디 말보다 행동으로 보여준다 | 어떤 윤리 규칙을 따르는지 명백히 밝힌다

**3장**      **141**

## 전사의 방식, 무사도

사무라이에게 문화는 어떤 의미였을까 | 언제나 죽음을 생각하라 | 행동으로 덕목을 정의하다 | 사무라이 정신을 현실에 적용하는 법 | 무사도는 어떻게 오랫동안 지속될 수 있었나 | 구체적 예시의 중요성

## 4장           165

### 다른 방식의 전사: 샤카 상고르의 인생 역전

문화 오리엔테이션의 충격 | 갱단의 두목이 되다 | 전환점: 의도하지 않은 결과 |
문화와 함께 스스로를 변화시키다 | 지금, 샤카 상고르는 어떤 사람인가

## 5장           195

### 샤카 상고르의 문화 원칙을 적용하기

문화가 사람들을 변화시킨다 | 타협할 수 없는 문화적 원칙을 만들어라 | 문화는
보편적이다 | 문화적 원칙이 무기로 돌변할 때 | 리더 스스로가 변해야 할 때는
언제일까 | 지속적인 접촉을 통해 문화를 변화시켜라

## 6장           213

### 칭기즈칸, 정복왕의 놀라운 포용성

군사 전략에 영향을 미친 문화의 힘 | 능력주의: 계급을 버리고 실리를 택하다 |
충성: 요구하지 않고 직접 보여준다 | 포용성: 핏줄, 인종, 종교를 초월하다

## 7장           237

### 포용의 문화를 구축하기

카브리니-그린에서 CEO로 | 오늘날 비즈니스 세상의 충성과 능력주의 | 포용성
을 완벽히 구현하는 법: 사람을 보라

## 8장           269

### 스스로에게 충실할 수 있는 문화를 설계하라

자신다워져라 | 그러나 변화가 필요한 부분도 알아야 한다 | 당신의 진짜 모습을
문화에 주입하라 | 문화가 전략을 먹어치운다고? 턱도 없는 소리 | 핵심 문화와
하위 문화 구분하기 | 세부적인 인재상을 구축하라 | 인정과 보상: 강력한 문화의
보편적 요소 | 효과적인 문화적 덕목의 특징

**9장**                                                             **299**

## 극단적 사례와 일벌백계의 본보기가 주는 교훈

고객에 대한 집착이 침체로 이어질 때 | 자신의 규칙을 깨뜨려라 | 문화가 이사회와 대립할 때 | 문화가 무너졌음을 보여주는 명백한 징후 | 일벌백계를 통한 교훈 | 문화 파괴자를 다루는 방법 | 위임과 통제 사이, 의사결정의 문화

**10장**                                                             **345**

## 위대한 문화를 창조하는 방법

신뢰: 진실을 이야기하기 | 개방: 나쁜 소식을 받아들이기 | 충성: 의미 있는 관계 구축하기 | 문화 점검표

참고문헌                                                           **366**
감사의 말                                                           **368**
크레디트                                                           **371**

# WHAT
# YOU DO IS

서장

—

## 당신의 행동이
## 당신이 누구인지를 말해준다

# WHO
# YOU ARE

당신이 누구인가는 벽에 보란 듯 걸어놓은 가치 목록으로 설명될 수 없다.
당신이 누구인가를 알려주는 것은 바로 당신의 '행동'뿐이다.
행동이 곧 당신 자신이다.

실패했다고, 모든 힘을 헛된 일에 낭비했다고 한탄해서는 아무 소용 없다. 오직 역경을 이겨낸 사람만이 쓰임새가 있을 것이다. 한 번도 실수를 해보지 않은 사무라이는 실수에서 비롯된 지혜를 절대 배우지 못할 것이다.

《하가쿠레(葉隱)》, 야마모토 쓰네토모(山本常朝)

내가 처음으로 창업한 회사는 라우드클라우드라는 기술 기업이었다. 초창기 시절, 회사 운영 경험이 부족했던 나는 업계의 CEO들과 리더들에게 여러 조언을 구했다. 그들이 들려준 조언은 한결같았다. "문화에 초점을 맞추세요. 문화가 가장 중요합니다."

그런데 내가 "문화란 정확히 뭘 말하는 건가요? 조직 문화에 영향을 주려면 내가 뭘 어떻게 해야 합니까?"라고 물었을 때 그들은 극도로 모호한 태도를 보였다. 이후 1년 반 동안 나는 이 질문의 답을 알아내기 위해 백방으로 노력했다. 문화란 반려동물과 함께 출근하는 것을 허용하고 사내 휴게실에서 요가 교실을 여는 걸 말하나? 아니다. 그런 것은 직원 복지 혜택이다. 문화는 기업이 지향하는 가치일까? 이 또한 아니다. 그건 목표다. 문화는 CEO의 성격과 CEO가 생각하는 우선순위일까? 이런 것들은 문화를 구축하는 데는 도움이 되지만 그 자체로 문화라고 부르기에는 무리가 있다.

라우드클라우드의 CEO로 있을 때 나는 우리 회사의 문화가 나 자신의 가치와 행동과 성격을 반영하는 거울 같은 거라고 막연히 생각했다. 그래서 내 모든 에너지를 '솔선수범의 리더십'에 집중시켰다. 그러나 시간이 지나면서 나는 당혹스러운 현실에 직면해 경악할 수밖에 없었다. 회사는 날로 성장하고 다양화되는데 문화를 구축하는 방법은 계속 제자리였던 것이다. 한마디로 통일성과 확장성이 없었다. 우리 회사의 문화는 각 부서의 관리자들이 육성했던 다양한 문화들이 뒤죽박죽 섞인 잡탕이 됐다. 더군다나 그런 문화 대부분은 계획에 따라 구축된 것이 아니라 순전히 즉흥적인 것이었다. 어떤 관리자들은 '호통형'으로 부하 직원들을 겁주며 윽박질렀고, 또 어떤 관리자들은 '소통 불능자'로 아무런 피드백도 제공하지 않았으며, 심지어 또 다른 관리자들은 이메일에 답장조차 하지 않았다. 그야말로 혼돈의 도가니였다.

그러던 중 우리 회사의 혼란스러운 문화를 단적으로 보여주는 사건이 하나 발생했다. 우리 회사의 어떤 중간 관리자가 문제의 발단이었다. 편의상 그를 서스턴이라고 부르자. 나는 서스턴을 상당히 유능한 직원이라고 좋게 평가하고 있었다. 마케팅 부서에서 일하던 그는 대단히 뛰어난 이야기꾼이었고 그런 화려한 입담은 마케팅에서 필수적인 기술이었다. 그러던 어느 날, 나는 직원들이 서스턴에 대해 이야기하는 것을 우연히 듣고는 충격을 받았다. 바로 그가 모든 일에 대해 끊임없이 거짓말을 함으로써 차원이 다른 이야기꾼이 됐다는 얘기였다. 사실 확인 후 나는 곧바로 그를 해고했고, 그렇게 그 문제가 표면적으로는 일단락된 듯 보였다. 하지만 근원적인 문제는 여전히 남아 있었고 그래서 그 문제를 해결해야 한다는 사실을 나는 잘 알았다. 그것은 우리 회사의 문화와 관련 있었다. 내가 서스턴이 상습적인 거짓말쟁이라는 사실을 알기까지 몇 년이나 걸렸고 심지어 그 기간 동안 그가 승진까지 했기 때문에, 직원들 사이에는 성과를 내기 위해서라면 거짓말을 해도 된다는 문화적인 공감대가 형성돼 있었다. 요컨대 직원들은 명백한 '본보기'를 통해 그런 교훈을 얻었다. 내가 알면서도 그의 거짓말을 용인한 것이 아니었다는 진실은 조금도 중요치 않았다. 그가 거짓말을 하고도 징계를 받기는커녕 승진했다는 사실이 직원들의 눈에는 거짓말해도 상관없다는 신호처럼 보였다. 직원들의 머릿속에서 그 메시지를 흔적도 없이 지우고 문화를 새롭게 정착시키려면 어떻게 해야 했을까? 나는 첫 실마리조차 찾을 수 없었다. 그야말로 백지상태였다.

나는 그런 일이 어떻게 작동하는지 진실로 이해하려면 더 깊이 파고들어야 한다는 사실에서 출발하기로 했다. 그래서 스스로에게 물었다. 아래의 질문 중에서 기업의 목표나 회사의 사명 선언문에 의지해 답할 수 있는 것은 과연 몇 개나 될까?

- 그 전화 통화는 오늘 중으로 꼭 회신해야 할 만큼 중요한 사안인가? 아니면 내일까지 기다려도 괜찮은가?
- 올해 인사고과가 있기 전에 급여를 올려달라고 요구해도 될까?
- 이 보고서는 이만하면 완성됐다고 봐도 될까? 아니면 작업을 좀 더 해야 할까?

- 그 회의에는 정시에 도착하면 될까?
- 출장 갈 때 숙소를 특급 호텔로 잡아도 될까? 아니면 저렴한 모텔에 머물러야 할까?
- 이 계약을 체결할 때 가격과 파트너십 중 뭐가 더 중요할까?
- 동료들의 잘못이나 실수를 지적해야 할까? 아니면 잘하는 것을 칭찬해야 할까?
- 오후 5시에 '칼퇴'해도 될까? 아니면 조금 야근하다가 8시쯤에 퇴근하는 게 좋을까?
- 경쟁사에 대해 얼마나 많이 조사해야 할까?
- 이번 신제품의 색상에 대해서는 어느 정도 토론하면 적당할까? 5분? 아니면 30분?
- 사내에서 발생하는 커다란 문제를 알게 됐다면 그것에 대해 무슨 말이든 해야 할까? 말한다면 누구에게 말해야 할까?
- 경쟁에서 이기는 것이 윤리보다 더 중요할까?

위의 질문 중에 기업 목표나 사명 선언문에 의지해 답할 수 있는 것은 하나도 없다.

더 정확히 말하면 위의 질문에는 '정답'이 없다. 오히려 당신 회사가 어떤 곳이고 무엇을 하며 어떤 회사가 되고 싶은가에 따라 정답이 달라진다. 쉽게 말해 이런 식의 질문들에 대한 직원들의 대답이 바로 '당신 회사의 문화'다. 왜일까? 문화는 당신이 관여하지 않을 때 회사가 뭔가를 결정하는 방식이기 때문이다. 또한 문화는 직원들이 매일 부딪히는 문제들을 해결하기 위해 사용하는 일련의 가정적 전제이기 때문이다. 뿐만 아니라 문화는 아무도 보는 눈이 없을 때 직원들이 어떻게 행동하는지를 말해주기 때문이다. 따라서 문화를 체계적이고 계획적으로 정립하지 않는다면, 문화의 3분의 2는 즉흥적으로 생겨나고 나머지 3분의 1은 실수로 점철될 것이다.

그렇다면 사실상 눈에 보이지 않는 이런 행동을 어떻게 설계하고 구체화시킬 수 있을까? 이는 내가 언젠가 샤카 상고르에게 물었던 질문이기도 했다. 1990년대부터 19년간 미시간의 교도소에서 수감 생활을 하던 중에 강력한 교도소 내 갱단을 이끌었던 상고르는 갱단의 성격상 조직원들의 목숨이 조직의 문화에 달렸다는 사실을 잘 알았다. 그가 대답했다. "그건 복잡한 문제입니다. 가령 누군가가 당신 조직원의 칫솔을 훔쳤다고 칩시다. 그러면 당신은 어떻게 하겠습니까?"

"크게 문제될 행동 같지는 않는데요. 그저 양치질을 하고 싶은 걸 수도 있잖습니까?" 내가 이렇게 대답하자, 그가 내 생각을 고쳐줬다. "그 사람은 단순히 이나 닦으려고 그 위험을 무릅쓴 것이 아닙니다. 그건 하나의 징후죠. 만약 우리가 아무런 대응을 하지 않으면, 그는 피해자에게서 앞으로 더 큰 무언가를 빼앗거나 심지어 그를 죽이고 그의 자리를 대신 차지해도 된다고 생각하게 됩니다. 따라서 내가 아무 행동도 취하지 않으면 나는 내 조직원 모두를 위험에 빠뜨리게 되죠. 그렇다면 도둑질한 사람을 죽이면 문제가 해결될까요? 그렇게 하면 일벌백계를 보여줘 그런 일의 재발을 막는 데는 효과가 있을 겁니다. 하지만 폭력은 또 다른 폭력을 부르기 마련입니다. 결국에는 폭력이 난무하는 문화가 만들어질 테지요." 그는 양손을 펴며 말했다. "제가 말했잖습니까? 그건 복잡한 문제라고요."

　조직의 문화를 구축하려면 당신이 어떤 문화를 원하는지부터 알아야 한다. 그런데 그게 생각처럼 쉽지 않다. 당신은 당신의 회사가 어디로 가고자 하는지는 물론이고 그 목표를 달성하기 위해 어떤 로드맵이 필요한지도 알아야 한다. 예를 들어보자. 많은 스타트업에서 근검절약 문화를 지극히 중요시 여긴다. 그런 점에서 볼 때 출장 간 직원들에게 저가 모텔에 머물도록 강제하는 것이 일면 타당해 보인다. 하지만 이것은 요즘말로 '케바케'다. 가령 구글에 연봉이 50만 달러인 영업 직원이 있는데, 프록터앤드갬블(P&G)과의 커다란 계약이 달린 중요한 회의를 위해 출장을 간다. 그리고 구글은 그를 잃고 싶지 않다. 이럴 경우 구글은 그가 회의에 대비해 특급 호텔에서 충분히 휴식하는 것을 더 좋아할 수도 있다.

　마찬가지 맥락에서, 스타트업 세상에서는 야근과 주말 근무를 밥 먹듯 하는 것이 표준이다. 한마디로 이 업계에서는 시간과의 싸움이 일상이다. 그러나 같은 스타트업인 업무용 메신저 서비스 회사인 슬랙(Slack)에서는 다른 풍경이 펼쳐진다. 창업자이자 CEO인 스튜어트 버터필드(Stewart Butterfield)는 근무 시간에 열심히 일한다면 능률적으로 많은 일들을 해낼 수 있다고 확신한다. 그래서 본인도 되도록 야근하지 않고 직원들에게도 가능한 정시 '칼퇴'를 권장한다.

　애플에게 효과적인 문화라고 해서 아마존에게도 반드시 효과적인 것은 아니다. 아니, 아마존과는 절대로 맞지 않을 것이 확실하다. 알려진 대로 애플은 세상에서 가장 아름다운 디자인을 만드는 데 최우선 순위를 둔다. 그 메시지를 강화하기 위해 애플은 50억 달러를 들여 거대한 우주선을 닮은 멋진 신사옥까지 지었다. 반면 아마존에서는 창업자이자 CEO인 제프 베이조스(Jeff Bezos)가 "경쟁 회사의 이익률은 우리 회사의 기회다"라고 말한 것으로 유명하다. 그는 이 신념을 강조하기 위해 10달러짜리 직원용 책상을 포함해 모든 부분에서 근검절약하는 짠돌이 문화를 만들었다. 이처럼 극과 극의 사례를 제공하는 애플의 문화와 아마존의 문화는 둘 다 성공적이다. 애플은 아마존보다 훨씬 더 아름다운 디자인의 제품들을 만들고, 아마존의 제품들은 애플의 제품보다 훨씬 더 저렴하다.

문화는 사명 선언문과는 전혀 다르다. 문화는 한번 만들고 끝나버리는 성격의 것이 아니다. 군대에 이런 말이 있다. "표준 이하의 뭔가를 발견하고도 아무 대응을 하지 않으면 그것이 또 다른 표준을 만든다." 문화도 똑같다. 문화와 어긋나는 뭔가를 보고도 무시한다면, 새로운 문화가 만들어진다는 이야기다. 반면에 비즈니스 환경이 변하고 전략이 진화함에 따라 그것에 맞춰 문화도 지속적으로 변하게 만들어야 한다. 사랑은 움직인다는 말처럼 목표도 언제나 움직이는 법이다.

## 문화는 가장 강력한 힘이다

비즈니스 세계에서는 강력한 문화를 구축했어도 아무도 원하지 않는 제품을 생산하는 기업의 운명은 불 보듯 빤하다. 실패하는 것이다. 그래서 언뜻 생각하면 문화가 제품보다 덜 중요하게 여겨질지도 모르겠다. 하지만 좀 더 깊이 들여다보면 다른 그림이 보인다. 문화는 특정한 시대에서는 난공불락 같았던 구조적 장애물을 시간이 지남에 따라 무너뜨리기도 하고 나아가 모든 산업과 모든 사회 시스템의 행동을 변화시키기도 한다. 이런 폭넓은 관점에서 볼 때 문화는 만물을 움직이는 우주의 절대적인 힘이라 할 수 있다.

1970년대 뉴욕 브롱크스 빈민가의 아이들이 새로운 예술 형태를 탄생시켰다. 바로 '힙합'이다. 그들은 한 세대 만에 가난과 인종차별은 물론이고 음악 산업의 거대한 반발을 잠재웠고 결국 세상에서 가장 인기 있는 음악 장르를 창조했다. 그들은 솔직함과 허슬러(hustler, 허슬은 돈을 벌기 위해, 나아가 삶의 목표를 달성하기 위해 비상한 노력을 기울이는 신체 활동이나 정신력을 말하고 힙합의 은어로는 길거리에서 돈을 버는 행위를 뜻함. 허슬러는 그렇게 하는 사람 또는 어떤 상황이라도 자기 일을 열심히 해내서 성공하는 사람을, 허슬러 정신은 어떤 장애물이 있어도 목표를 향해 무한히 노력하는 것을 의미함 - 옮긴이) 정신에 기초한 문화를 창조함으로써 세계 문화의 흐름을 완전히 바꿔놨다.

허슬러 정신은 힙합 DJ들이 자신들의 '기본 재료'를 조달한 방법에서 잘 드러났다. 그 재료는 다름 아닌 브레이크비트(breakbeat)였다. 쉽게 말해 노래에서 강한 비트가 나오는 구간, 무대에서 노래에 맞춰 춤을 추던 사람들이 한꺼번에 열광하는 부분을 일컫는다. 그리고 브레이크비트는 드럼과 베이스 또는 오직 드럼으로만 연주됐다. 사람들이 일찍이 들어본 적 없는 가장 새로운 브레이크비트는 가끔 무명 래퍼의 음반들에서 발견됐다. 그런데 말 그대로 무명이라 이런 음반을 찾는 사람이 거의 없었기에 음반 회사들은 갑자기 음반이 품절돼도 재고를 다시 채우지 않았고, 이것이 공급망 장애를 일으켰다. 허슬러 정신에 토대를 두는 힙합 세상의 기업가적 문화는 정확히 그 장애를 중심으로 작동했다. TV에서 랩뮤직 비디오를 최초로 방송했고 '샷-아웃'(shout-out, 래퍼들이 가사에서 존경 등의 의미로 다른 대상을 외치는 것 – 옮긴이)이라는 용어를 만들어낸 뮤직 비디오 감독이자 DJ이며 VJ인 랠프 맥대니얼스(Ralph McDaniels)가 한번은 내게 이렇게 말했다.

레니 로버츠(Lenny Roberts)라는 한 음반 수집가가 무명 래퍼의 음반들을 클럽들에 공급했어요. 그는 어떤 노래가 잘 팔릴지 족집게처럼 집어냈습니다. 그의 고향인 브롱크스에서는 모두가 브레이크비트를 듣고 브레이크댄스를 췄죠. 그는 브레이크비트를 아주 독특한 방법으로 홍보했습니다. 힙합의 할아버지로 불리는 아프리카 밤바타(Afrika Bambaataa)나 힙합의 선구자 그랜드마스터 플래시(Grandmaster Flash)에게 음반을 제공한 겁니다. 가령 플래시가 브레이크비트를 틀면 모든 DJ들이 '오, 세상에, 난 저 음반을 꼭 가져야겠어'라고 생각하고, 이내 날개 돋친 듯 팔려나갔습니다. 그래서 레니 로버츠는 오직 브레이크비트로만 구성된 음반을 제작하기로 했습니다. 브레이크비트 볼륨 1, 블레이크비트 볼륨 2 같은 형식으로요. 물론 그에게는 그 음악에 대한 저작권이 없었지만 아무도 신경 쓰지 않았습니다.

내가 책 속에서 힙합 가사들을 많이 인용하는 이유가 무엇인지 묻는 사람들이 더러 있다. 부분적으로는 내가 실패한 래퍼로서 갈증이 남아서다. 진짜다. 비록 알아주는 사람은 없었어도 나는 래퍼로 활동했었다. 그러나 가장 큰 이유는 따로 있다. 기업가, 비즈니스, 문화 등에 관한 내 아이디어 대부분은 힙합을 듣는 중에 떠오른다. 따라서 나는 힙합 음악에 감사하는 마음이 크고, 힙합 가사를 인용하는 것은 그런 감사의 마음을 표현하는 내 나름의 방식이다. 나는 특히 에릭 비 앤 라킴(Eric B. & Rakim)의 〈리더를 따르라〉나 런 디엠씨(Run-DMC)의 〈록의 제왕〉 같은 초기 힙합 노래들이 내가 기업가로서 하는 일을 단적으로 보여준다고 항상 생각했다. 요컨대 그런 노래 가사는 현재 내가 속한 문화와 완벽히 일치한다.

힙합의 허슬 정신이 힙합 산업의 원동력이었다면, 팬들의 마음을 사로잡은 부분은 솔직함이었다. 한번은 위대한 래퍼 나스(Nas)가 내게 자신의 어린 시절 얘기를 들려줬다.

어릴 적 저는 순수한 날것에 끌렸습니다. 세상은 〈브래디 번치(The Brady Bunch, 1969년부터 1975년까지 미국에서 방송된 시트콤으로 단란한 대가족의 이야기를 다룸 – 옮긴이)〉 속 '바른 생활 가족'처럼 흠 잡을 데 없이 완벽한 장소가 돼야 했었죠. 우리 모두가 브래디 번치의 가족처럼 되려고 노력하지만, 실제로는 〈꾸러기 클럽(The Little Rascals, 1930년대에 방송된 꼬마들의 귀여운 말썽을 다룬 TV 프로그램. 1994년 영화로 리메이크되기도 했다 – 옮긴이)〉의 악동들입니다. 랩 음악은 세상에서 실제로 무슨 일이 벌어지는지를 적나라하게 설명합니다. 범죄, 가난, 부패한 경찰 등등. 랩은 핌프 록(핌프는 포주, 악당, 한량 등을 뜻하며 핌프 록은 그런 인생을 살아가는 청년들의 쓰레기 같은 삶을 랩의 강렬한 사운드에 실어 적나라하게 터트린 음악 장르 – 옮긴이), 복음 성가, 펑키, 히피 등의 음악

스타일과 완벽히 결별했습니다. 요컨대 랩은 랩이 아닌 다른 모든 음악 형식을 제거했고, 오직 솔직함이 남을 때까지 모든 껍질을 벗겨내고 속살을 드러냈습니다.

한편, 뉴욕 브롱크스와 대륙 정반대에 있는 캘리포니아에서는 일단의 기술자들이 일련의 문화 혁신을 연거푸 일궈냈다. 이런 혁신이 결국에는 오늘날 비즈니스 세상의 거의 모든 운영 방식을 변화시키게 된다. 그 시작은 마이크로칩이라고 불리는 집적 회로(integrated circuit, IC)를 공동으로 발명한 밥 노이스(Bob Noyce)가 1960년대 미국의 군수 업체 페어차일드 카메라 앤드 인스트루먼트(Fairchild Camera and Instrument Corporation)의 페어차일드 반도체(Fairchild Semiconductor) 부문을 이끌면서부터였다.

뉴욕에 본사를 둔 페어차일드 카메라는 미국 동부 연안의 고유한 방식으로 비즈니스를 운영했고, 그것은 점차 미국 전역으로 퍼져 대기업들의 표준 운영 방식으로 자리 잡았다. 페어차일드의 창업자 셔먼 페어차일드(Sherman Fairchild)는 뉴욕 맨해튼에서 유리와 대리석으로 꾸며진 고급 저택에 살았다. 그리고 회사는 고위 임원들에게 운전사가 딸린 자동차는 물론이고 전용 주차구역도 제공했다. 미국의 소설가 겸 언론인 톰 울프(Tom Wolfe)는 1983년 남성 잡지 〈에스콰이어〉에 기고한 '로버트 노이스의 땜장이들'(Tinkerings of Robert Noyce)이라는 기사에서 그런 관행을 신랄하게 꼬집었다. "동부의 기업들은 봉건주의적인 조직 접근법을 취했다. 심지어 그런 사실을 인지하지도 못했다. 맨 꼭대기에는 왕과 영주들이 있었고, 그들 아래로 신하, 병사,

자작농, 농노 등이 층층이 포진했다."

그러나 밥 노이스는 모회사인 페어차일드 카메라를 포함해 동부식의 운영 방식을 정면으로 거부했다. 페어차일드 반도체에서는 제품을 발명하고 비즈니스를 주도하는 사람들이 기술자들이므로, 그들을 자작농처럼 대우하는 동부의 봉건주의적 접근법이 전혀 맞지 않다고 생각했다. 그래서 페어차일드 반도체는 전혀 다른 접근법을 선택했다. 모두가 아침 8시까지 출근해야 했고, 주차구역도 선착순이어서 지위와는 상관없이 일찍 출근할수록 가장 좋은 주차구역을 차지했다. 캘리포니아 새너제이에 위치한 페어차일드 반도체의 본사는 빼곡한 칸막이로 공간을 분리한 커다란 창고였고 아무도 정장을 입지 않았다.

노이스는 전문 관리자들을 채용하지 않았다. 그는 "상명하달식의 지시가 아니라 코칭이 오늘날 최고의 리더십이다. 직원 모두가 자신이 잘하는 일을 할 수 있도록 장애물을 제거하라"고 주장했다. 그는 새로운 문화를 창조했고, 이른바 '권한 위임'의 문화였다. 노이스의 문화에서는 모두가 책임자였고 노이스는 단지 그들을 도와주는 조력자였다. 가령 새로운 아이디어를 생각해낸 연구가는 1년 정도 누구한테서도 결과에 대한 독촉을 받지 않고 마음껏 그 아이디어를 실험할 수 있었다.

노이스가 확립한 자율과 독립의 문화에 맛을 들인 직원들 중 다수가 나중에 자신의 사업체를 직접 차렸다. 레이시언반도체(Raytheon Semiconductor), 시그네틱스(Signetics), 제너럴 마이크로일렉트로닉스(General Microelectronics), 인터실(Intersil), 어드밴스드 마이크로 디바이스(Advanced Micro Devices, AMD), 쿠알리다인(Qualidyne) 등이 대표적이다. 이렇게 해서 그가 의도한 것은 아니었지만 어쨌든 노이스는 실리콘밸리의 문화를 창조했다.

1968년에는 노이스 자신도 페어차일드 카메라의 차기 CEO 경쟁에서 밀려나자 페어차일드 반도체를 떠나 새로운 회사를 창업했다. 그는 페어차일드 시절의 동료인 고든 무어(Gordon Moore)와 젊은 물리학자 앤디 그로브(Andy Grove)와 손잡고 인텔(Intel)을 창업해 아직 걸음마 단계였던 데이터 스토리지 분야에 도전장을 내밀었다. 특히 무어는 18개월마다 마이크로칩 용량은 2배로 증가하고 가격은 절반으로 하락한다는 무어의 법칙(Moore's law)의 주창자로 유명하다.

인텔에서 노이스는 자신의 평등주의적 아이디어들을 새로운 차원으로 승격시켰다. 무엇보다 직원 모두가 똑같이 칸막이로 공간이 구분된 커다란 사무실 하나에서 일했고 노이스 역시 예외가 아니었다. 또한 점심은 샌드위치와 탄산음료로 간단히 해결했고, 부사장 직급은 아예 존재하지 않았다. 게다가 각 사업 부문은 중간 관리자들이 이끌었고, 그들은 막대한 의사결정 권한을 행사했으며 노이스와 무어가 그들 관리자를 감독했다. 뿐만 아니라 회의에서는 비록 의제는 리더가 정했지만 모든 참석자가 동등한 입장이었다. 하지만 뭐니 뭐니 해도 인텔의 가장 두드러진 특징은 노이스가 기술자들은 물론이고 대부분의 직원들에게 상당한 스톡옵션을 제공했다는 점이었다. 연구와 제품이 쌍두마차로 견인하는 비즈니스 부문에서 기술자들이 회사의 주인이 된다면 주인의 역할에 더욱 걸맞게 행동할 거라는 판단에서였다.

울프는 〈에스콰이어〉에 기고한 기사에서 "인텔에서는 모두가 '인텔 문화'에 관한 교육 프로그램에 의무적으로 참가해야 했다. 노이스도 예외가 아니었다"고 말했다. 특히 신입 직원들에게는 앤디 그로브가 직접 나서서 인텔의 문화를 교육시켰다. 훗날 인텔의 CEO에 오르고 뛰어난 문화 혁신자로 이름을 날리게 되는 그로브가 직원들에게 이렇게 물었다. "여러분은 인텔의 접근법을 어떻게 요약하겠습니까?" 그러면 누군가가 이런 식으로 대답했다. "인텔에서는 다른 사람이 해줄 때까지 기다리지 않습니다. 당신이 직접 공을 잡고 뜁니다." 그로브가 대답했다. "틀렸습니다. 인텔에서는 공을 잡아 바람을 뺀 후 접어서 주머니에 넣습니다. 그런 다음 다른 공을 잡아 들고 달려가 골라인을 넘었을 때 주머니에 있던 바람 빠진 공을 꺼내 다시 부풀립니다. 그렇게 해서 6점이 아니라 12점을 따냅니다(미식축구에서는 상대 진영 골라인 너머로 공을 갖고 들어가면 6점을 득점한다 - 옮긴이)."

이런 분위기는 아이디어들이 번성하는 비옥한 토양이 됐다. 실리콘밸리를 단 두 마디로 정의하면, '아이디어가 최고'라는 것이다. 하지만 획기적인 아이디어는 예나 지금이나 관리하기가 힘들다. 여기에는 크게 두 가지 이유가 있다. 첫째, 혁신적인 아이디어들은 성공보다 실패할 확률이 훨씬 더 높다. 둘째, 혁신적인 아이디어들은 성공하기 전에 항상 논란을 야기한다. 이를 뒤집어 생각하면, 모두가 곧바로 이해할 수 있는 아이디어는 혁신적인 아이디어가 아니라고 봐도 무방하다.

실패를 용납하지 않고 엄격한 책임을 묻는 문화를 상상해보자. 이것은 미국의 '동부 비즈니스' 세상에서 매우 보편적인 문화로, 경영진은 자신의 위상을 유지하는 데 급급했고 실패를 피할 수만 있다면 무슨 일이든 마다하지 않았다. 여기에 비록 실패할 가능성은 90퍼센트지만 일단 성공하면 1,000배의 투자 수익이 기대되는 아이디어가 있다고 가정해보자. 정말로 한 번 해볼 만한 모험이지 않은가. 하지만 실패를 처벌하는 기업은 절대로 그런 아이디어에 자금을 대지 않을 것이다.

계층적 위계 구조가 가진 장점 하나는 명백히 나쁜 아이디어를 제거하는 데 매우 탁월하다는 점이다. 하나의 아이디어가 계층 구조의 맨 꼭대기에 다다랐다는 것은 그동안 각 단계를 거치면서 다른 모든 아이디어와 비교되고 검증되는 과정에서 살아남았다는 뜻이다. 누가 봐도 좋은 확실한 아이디어만이 살아남는다. 지극히 당연한 것 아니냐고? 그렇게 생각할 수도 있다. 그러나 여기서 간과되는 문제가 있다. 명백히 좋은 아이디어가 진정으로 혁신적인 아이디어와 동의어는 아니라는 사실이다. 오히려 가끔은 진정으로 혁신적인 아이디어가 처음에는 아주 허접한 아이디어처럼 보인다. 업계의 어떤 전설적인 사건들을 떠올려보면 정확히 알 수 있다. 전기통신 회사 웨스턴 유니언(Western Union)은 알렉산더 그레이엄 벨(Alexander Graham Bell)의 전화기 관련 특허와 기술들을 품에 안을 기회가 있었지만 이를 제 발로 뻥 차버렸다. 웨스턴 유니언은 그동안 전보 사업을 운영하면서 통신 사업의 수익성은 정확성과 광범위한 도달 범위에 달려 있다는 사실을 익히 알고 있었다. 그런데 당시 전화는 정확성과 도달 범위에서 완전히 낙제점이었다. 전화 통화는 소음이 너무 심하고 끊기기 일쑤였으며 장거리 전화는 꿈도 꿀 수 없었기 때문이다. 손가락질 받았던 혁신적인 아이디어는 또 있다. 온라인 백과사전 위키피디아(Wikipedia)도 미운 오리 새끼로 출발했다. 처음에는 농담 취급을 받았을 정도였다. 전문성이라곤 없는 대중이 작성한 글 따위가 세계 최고 석학들의 작업을 대체하는 것이 가당키나 할까? 그런데 어떻게 됐는가? 오늘날 위키피디아는 역사상 어떤 사전보다 훨씬 광범위한 내용을 다루고, 덕분에 많은 사람들이 그것을 유일한 백과사전으로 생각하는 수준이 됐다.

인텔은 개개인의 권한을 강화하고 획기적인 아이디어들에 기회를 내주는 문화를 구축했고, 그 문화가 더 나은 비즈니스 운영 방식의 시대를 활짝 열었다. 소프트웨어 개발자이자 내 사업 파트너인 마크 앤드리슨(Marc Andreessen)이 오래전 〈월스트리트저널〉에 '소프트웨어가 세상을 집어삼키고 있다'(Software is Eating the World)라는 제목의 에세이를 기고했다. 그는 기술이 어떻게 해서 기술 산업을 초월해 서점부터 택시 산업과 호텔까지 전통적인 모든 비즈니스를 잠식하는지 상세히 설명했다. 이제 기성 기업들은 양자택일의 상황으로 내몰렸다. 노이스가 구축한 문화를 채택하든가 아니면 생사를 가르는 실질적인 위협의 맹공격에서 제물이 되든가 둘 중 하나를 선택할 수밖에 없었다. 일례로 제너럴모터스(General Motors, GM)는 자율주행 자동차 부문으로 진출하기 위해 스타트업 크루즈오토메이션(Cruise Automation)을 인수하면서 스톡옵션을 채택했다. 또한 월마트도 온라인 쇼핑몰 제트닷컴(Jet.com)을 인수하면서 비슷한 접근법을 취했다.

기술이 어느덧 하나의 명백한 소비자 현상으로 자리 잡게 되자 비기술 산업의 종사자들도 이 기술을 활용하는 좋은 아이디어들을 앞다퉈 생각해냈다. 그러나 외부에서 기술을 들여온 이들 스타트업의 시도는 대부분 실패로 끝났다. 이유가 뭘까? 단순히 아이디어의 세부 사항을 충족시키는 애플리케이션이나 웹사이트를 개발하기는 쉽다. 하지만 확장하고 진화하며 예외 사항들을 유연하고 적절하게 다루는 등등의 '고차원적' 역량을 제공하는 뭔가를 만드는 것은 훨씬 어렵기 때문이다. 훌륭한 기술자는 회사의 지분을 소유해 명실상부 주인이 되어야만, 그런 모든 일은 물론이고 회사와 동반 성장할 제품을 개발하는 데 시간과 노력을 아낌없이 투자할 것이다. 밥 노이스는 그런 역학 관계를 잘 알았고 그것을 뒷받침하는 문화를 창조했으며 그로써 세상을 변화시켰다.

## 성공적인 문화의 조건

문화가 조직에 강력한 영향을 미친다는 것에는 의문의 여지가 없다. 이제 남은 숙제는 명백하다. 문화를 구축하고, 사람들의 마음에 문화를 깊이 각인시키며, 문화가 잘못될 때 바로잡을 수 있는 방법을 알아내는 것이다. 이런 질문들은 내가 더 큰 질문을 던지고 더 광범위한 준거 기준을 찾게 만들었다. 문화는 각기 다른 환경적 맥락에서 어떻게 작동할까? 문화가 장기적으로 지속될 수 있는 원동력은 무엇일까?

나는 오래전부터 역사에 관심이 많았다. 특히 모든 선천적인 조건들을 이겨내고 주어진 상황 속에서 예상과 확연히 다르게 행동했던 역사적인 인물들에게 흥미를 느꼈다. 예컨대, 노예의 신분으로 태어나서 훗날 노예 혁명을 일으켜 아이티의 노예들을 해방시켰던 주인공도 내 예상을 보기 좋게 뒤엎었다. 나는 노예 출신인 그가 혁명 과정에서 스스로 노예들을 소유할 거라고는 전혀 예상하지 못했다. 하지만 그는 노예들을 소유했다. 일단 역사의 한 페이지를 장식했던 문화들이 사람들의 관점에 어떤 영향을 미쳤는지 이해하게 되자 더 큰 궁금증이 생겼다. 나는 사람들이 스스로와 자신의 문화를 바꾸기 위해 무엇을 해야 했는지에 대해 생각하기 시작했다. 그것을 알면 내가 원하는 종류의 문화를 구축하는 데 확실히 도움이 될 것 같았다.

그렇게 나는 대표적인 문화 모델이 될 사람 4명을 선택했고, 특히 이들 중 1명은 지금도 열정적으로 활동을 이어가고 있다. 본격적으로 시작하기에 앞서 분명히 밝히고 싶은 것이 있다. 나는 이상적인 문화적 '완성품'을 원한 것이 아니라는 점이다. 이상적이기는커녕 내가 고른 모델 중에는 지극히 폭력적이거나 시빗거리가 될 만한 문화도 있다. 그보다 나는 놀랄 만큼 효과적으로 자신이 원하는 문화를 만들어낸 사람들을 찾는 데 주안점을 뒀다. 그리고 각각의 모델은 내게 다음과 같은 커다란 질문을 하게 만들었다.

- 인류 역사상 성공한 노예 혁명이 단 한 번뿐인 이유는 무엇일까? 그리고 아이티 혁명의 영웅 투생 루베르튀르는 노예 반란을 조화롭게 조직하기 위해 어떻게 노예 문화를 재설계했을까?
- 일본의 사무라이 행동 강령인 무사도는 무사 계급이 700년간이나 일본을 지배하고 오늘날의 일본 문화를 형성하게 만들었다. 어떻게 그런 일이 가능했을까? 그들에게 권한과 힘을 실어

췄던 문화적 덕목들은 어떤 것이었을까? 사무라이들은 무사도의 원칙을 '가치'가 아니라 '덕목'이라고 불렀다. 덕목은 당신이 '무슨 행동'을 하는가를 보여주는 반면에 가치는 그저 당신이 '무엇을 믿는가'를 말해줄 뿐이다. 본문에서 살펴보겠지만 중요한 것은 행동이다(지금부터 나는 이상적인 것은 '덕목'으로, 오늘날 대부분의 기업들이 중요하게 받드는 것을 말할 때는 '가치'로 지칭할 것이다). 사무라이는 정확히 어떤 방법으로 문화가 행동에 초점을 맞추게 했을까?

- 칭기즈칸은 인류 역사상 가장 거대한 제국을 건설했다. 어떤 비결이 있었을까? 그는 유목 생활을 하던 몽골의 소수 부족에서 태어난 철저한 비주류였고 어릴 적에는 자신의 부족민들의 손에 감금된 적도 있었다. 그랬으니 기존의 계층적 위계 구조를 무너뜨리고 싶은 마음이 오죽했을까. 이는 충분히 이해된다. 하지만 그는 단순히 기존 질서의 와해를 넘어 혁신적이면서도 포용적인 능력 중심 사회를 세웠다. 정확히 어떻게 했기에 그런 위업을 이뤄냈을까? 적들은 한 걸음도 앞으로 나가지 못했는데 그는 끊임없이 성장하고 개선할 수 있었던 원동력은 무엇이었을까?

- 샤카 상고르는 살인죄로 19년형을 선고받아 미시간주의 한 교도소에서 수감 생활을 하면서 교도소 내 갱단을 이끌었다. 그의 갱단은 그의 지휘하에 교도소 내에서 가장 단합이 잘되고 가장 용맹한 집단으로 성장했을 뿐 아니라 이전과는 전혀 다른 조직으로 탈바꿈했다. 그의 비결은 뭐였을까? 문화는 어떻게 그를

살인자로 만들었으며 그는 어떻게 그 문화의 지배자가 될 수 있었을까? 그는 어떻게 사회의 낙오자 집단을 응집력 강한 팀으로 변신시켰을까? 마지막으로, 그는 어떻게 자신이 속한 조직에서 자신이 싫어하던 측면들을 이해하고 스스로를 변화시킴으로써 교도소의 전체 문화를 변화시킬 수 있었을까?

기업은 갱단, 군대, 국가와 마찬가지로 구성원들의 일상적인 아주 작은 행동들로 이뤄지는 커다란 조직이며, 따라서 구성원들의 사소한 행동에 기업의 존망이 결정된다. 하지만 특정 기업이 성공하는 근원적인 이유가 자사의 문화 때문인지 아니면 다른 요인이 있는지 알아내기란 쉽지 않다. 대부분의 경영 서적들은 광범위하고 사회학적인 관점에서 문화를 고찰하지 않을뿐더러 성공한 기업들에만 현미경을 들이대고 성공적인 기업 문화를 분석하려고 노력한다. 그러나 이러한 접근법은 원인과 결과를 혼동하게 만든다. 사회적으로 크게 성공했음에도 견고하지 못하거나 일관성이 없고, 심지어 해로운 문화를 가진 기업들이 아주 많다. 실제로도 '잘 키운 효자 제품' 하나로 비참한 문화적 환경을 거뜬히 극복하는 회사들이 있다. 하지만 결코 오래가지는 못한다. 내 말을 못 믿겠다면, 영원할 것 같았던 거대 에너지 기업 엔론(Enron)이 어쩌다가 한순간에 역사의 뒤안길로 사라졌는지 떠올려보라(전기와 천연가스를 공급하던 엔론은 6년 연속 〈포춘〉 선정 '미국에서 가장 혁신적인 회사'로 꼽히며 번성했지만 실적 지상주의 문화가 불러온 회계 부정으로 2001년 파산했다 – 옮긴이).

생존자 편향(survivorship bias, 성공한 사람이나 기업들만을 고려함으로써 잘못된 판단을 내리게 되는 편향 – 옮긴이)을 피하기 위해 나는 역설계하지 않을 작정이다. 자칫하면 성공한 기업들에만 초점을 맞춰 그들을 성공의 반석에 올려준 일등 공신이 그들의 문화였다고 잘못된 결론을 도출하는 논리적 오류를 범할 수 있기 때문이다. 대신에 리더들이 자신의 문화를 특정한 방식으로 강화하기 위해서 사용했던 문화적 기법들과 그런 노력이 어떻게 전개됐는지에 초점을 맞출 예정이다. 따라서 이 책에서 절대적이고 완벽한 '최고의 문화'를 찾을 수 있을 거라는 기대는 아예 하지 마라. 그럼 무엇을 기대하면 되냐고? 당신의 문화가 당신이 바라는 대로 작동하게 해줄 비법들을 만날 준비를 하라.

## 이 책을 활용하는 방법

나는 먼저 앞에서 소개했던 네 가지 역사적인 모델 각각을 요모조모 살펴보고, 그런 다음 오늘날 그런 모델과 동일한 문화적 기법들을 사용하는 비즈니스 사례들을 소개하려 한다. 1장에서 7장까지는 투생 루베르튀르와 칭기즈칸 같은 리더들의 문화관과 더불어, 모든 것이 그들을 배척했던 지극히 불리한 상황에서조차 변화를 이뤄내기 위해 그들이 고안했던 문화적 도구들에 대해 알아볼 것이다. 특히 당신이 현실에서 적용해봄직한 관행들을 눈여겨보길 바란다. 아울러 그들의 관점이 당신의 관점과 아주 다른데도 어떻게 서로가 놀라울 정도로 연결될 수 있는지에 주목하라. 가령 사무라이는 모든 요소들이 서로 톱니바퀴처럼 조화를 이루는 문화를 어떻게 설계했을까? 10대 후반 교도소에 처음 수감돼 교도소 시스템이 어떻게 굴러가는지 밑바닥부터 알아내야 했던 샤카 상고르의 경험은 당신 조직의 신입들의 경험과 어떤 관련이 있을까?

문화를 세운다는 것은, 구성원들이 혼자 있을 때도 당신이 원하는 방식으로 행동하도록 만드는 것보다 훨씬 복잡한 과정이다. 그들을 하나의 동일 집단으로 묶을 수 없다는 사실을 명심하라. 다른 말로 그들은 출신 국가도, 인종도, 성별도, 배경도, 심지어 태어난 시대도 다르다. 요컨대 그들 각자는 당신의 조직에 각기 다른 문화적 출발점을 제공한다. 그런 사람들에게 공통된 일련의 규범들을 준수토록 하고, 나아가 그런 규범에 어느 정도 만족하도록 만드는 일은 복잡한 퍼즐 그림을 맞추는 것만큼이나 풀기 힘든 문제다.

그들을 당신이 바라는 유형의 사람으로 만들고 싶다면, 가장 먼저 그들이 어떤 사람인지 정확히 이해해야 한다. 그렇게 할 수 있는 간단한 일련의 단계들을 알려주고 싶은 마음이야 굴뚝같지만 세상에 그런 공식은 존재하지 않는다. 대신에 우리는 문화에 관한 질문들을 다양한 관점에서 살펴볼 것이다.

그리고 그런 노력의 일환으로 본문의 각 장에 오늘날 비즈니스 세계에 대입해볼 수 있는 구체적인 사례들을 담았다. 대부분은 내가 자신의 조직을 변화시키기 위해 노력했던 리더들과 나누었던 대화를 재구성한 것이다. 가령 투생 루베르튀르의 문화적 기법들이 현실에 적용된 또는 그런 기법을 적용해야 했던 구체적인 예시로, 넷플릭스의 창업자 겸 CEO 리드 헤이스팅스(Reed Hastings), 우버의 창업자로 CEO에서 불명예 퇴진한 트래비스 캘러닉(Travis Kalanick), 2016년 미국 대선에서 패한 힐러리 클린턴(Hillary Clinton) 등의 사례를 소개할 것이다. 또한 칭기즈칸의 문화적 포용주의 비전과 맥도날드 역사상 최초의 흑인 CEO인 돈 톰슨(Don Thompson)과 프론티어커뮤니케이션(Frontier Communications)의 CEO를 지낸 매기 윌더로터(Maggie Wilderotter)의 리더십 사이에 어떤 공통점이 있는지 알아볼 것이다.

후반부의 첫 스타트로는 당신의 성격과 당신 회사의 전략을 이해하는 방법과 더불어 그런 이해를 바탕으로 당신이 성공하기 위해 필요한 문화를 구축하는 방법에 대해 자세히 공부할 것이다. 문화는 리더가 행동으로 문화에 명백히 참여하고 말로써 그것을 옹호하는 토양에서만 꽃을 피우고 열매를 맺는 법이다. 그러나 자신이 지지하는 문화적 가치들에 대한 아주 명확한 정의에 근거해서 행동하는 사람은 거의 없다. 그렇다면 당신이 어떤 사람인지, 당신의 조직은 당신의 어떤 측면을 반영하고 반영하지 않는지 확인하려면 어떻게 해야 할까? 당신 스스로 따르고 싶은 종류의 리더가 되려면 어떻게 해야 할까?

마침내 우리의 문화 기행은 종착지로 향한다. 뒷부분에서는 당신의 문화가 내부적인 갈등을 야기하거나 여타의 비즈니스 우선순위와 상충할 수 있는 극단적 사례들에 집중할 것이다. 그런 다음 모든 문화의 공통점이라고 할 수 있는 몇 가지 요소들을 다룰 예정이다. 마지막으로 중요한 문화 원칙들을 일목요연하게 점검하는 목록표로 이번 문화 여행의 마침표를 찍으려 한다.

문화는 모두가 당신이 원하는 방식으로 행동하게끔 마법을 부리는 도깨비 방망이가 아니다. 그보다 문화는 당신이 원하는 방향으로 사람들이 행동하기를 희망하는 일련의 행동 체계다. 비판가들은 기업들이 '문화가 붕괴됐다'는 둥 '도덕적으로 부패했다'는 둥 공격하기를 좋아한다. 하지만 '버그'가 없이 완벽히 기능하는 문화는 사실상 존재하지 않고 있다면 기적과도 같다. 특히 대규모 조직 중에서 모든 가치를 거의 완벽한 수준으로 실행하는 조직은 없다. 그러나 가치들을 훨씬 성공적으로 실천하는 조직들은 더러 있다. 요컨대 문화와 관련하여 우리의 목표는 완벽해지는 것이 아니라 더 나아지는 것이다.

마지막으로 실망스러운 말을 해야겠다. 위대한 문화가 꼭 당신의 회사를 위대하게 만들어주지는 않는다. 당신의 제품이 월등히 뛰어나지 않다면 또는 시장이 당신의 제품을 원하지 않는다면 당신의 회사는 아무리 사내 문화가 훌륭해도 실패할 것이다. 기업과 문화의 관계는 운동선수에 비유하면 영양과 훈련의 관계와 같다. 기량이 출중한 선수는 영양 공급이 다소 부족하고 훈련 기법이 약간 미진해도 성공할 가능성이 높다. 반면에 재능이 부족한 선수는 완벽히 균형 잡힌 영양을 섭취하고 죽을힘을 다해 훈련해도 올림픽 경기에는 출전할 수 없을 것이다. 하지만 좋은 영양을 섭취하고 양질의 훈련을 받으면 어떤 선수든 기량이 향상된다.

여기까지 이야기하면 이제 이런 생각이 들지 싶다. '훌륭한 문화가 성공을 보장하지 못할진대 굳이 문화에 신경 쓸 이유가 있을까?'라고 말이다. 하지만 더 멀리 보자. 당신의 직원들은 언젠가 당신의 회사를 칭찬하는 언론 보도나 회사가 받은 상들을 잊게 된다. 또한 분기별 실적도 기억하지 못할 것이다. 심지어 당신 회사의 제품들에 대한 기억도 갈수록 흐릿해진다. 그렇지만 그들이 영원히 잊지 못할 것이 있다. 당신 회사에서 일하면서 어떤 기분을 느꼈고 그 회사에서의 경험으로 자신이 어떤 사람이 됐는지는 영원히 그들의 기억 속에 남는다. 이렇듯 회사의 성격과 정신은 영원히 그들과 함께한다. 그런 것들은 일이 잘못될 때 그들을 하나로 묶어주는 강력한 접착제가 된다. 뿐만 아니라 그들이 매일 소소한 결정을 내릴 때마다 길잡이가 되어주며, 그런 결정들이 모여서 진정한 목적의식이 된다.

혹시라도 이 책에서 완벽한 문화를 구축하기 위한 광범위한 기법들을 찾게 될 거라고 기대하지 마라. 모든 분야에 들어맞는 완벽한 문화란 존재하지 않는다. 어떤 문화의 강점은 동전의 양면처럼 반대로 그 문화의 약점이 될 수도 있다. 게다가 생존을 위해 어쩔 수 없이 문화의 핵심 원칙들을 깨뜨려야하는 상황도 간혹 있다. 문화는 지극히 중요하되, 당신이 문화의 순수성만을 고집하다가 회사가 실패한다면 당신의 방식이 틀린 것이다.

그러면 당신은 이 책에서 무엇을 기대할 수 있을까? 먼저 고대에서 현대까지 문화 기행을 떠난다. 그 여행 과정에서 당신은 모든 조직이 던지는 가장 근본적인 질문에 대해 어떻게 대답해야 할지 배울 수 있다. 우리는 누구인가? 언뜻 단순해 보여도 이 질문은 절대로 단순하지 않다. 당신이 누구인가는 당신이 없을 때 사람들이 당신에 대해 어떻게 말하는지를 보면 알 수 있기 때문이다. 당신은 고객들을 어떻게 대하는가? 어려움에 처한 사람들을 기꺼이 도와주는가? 당신은 믿을 수 있는 사람인가?

당신이 누구인가는 벽에 보란 듯 걸어놓은 가치 목록으로 설명될 수 없다. 직원 총회에서의 훈시도, 마케팅 캠페인도 당신을 설명할 수 없다. 심지어 당신의 믿음도 당신을 나타내지 못한다. 당신이 누구인가를 알려주는 것은 바로 당신의 '행동'뿐이다. 행동이 곧 당신 자신이다. 이 책을 통해 당신이 되고자 하는 사람이 되기 위해 꼭 해야 하는 행동들을 할 수 있도록 도와주려 한다. 이제 그 여정을 시작해보자.

# WHAT
# YOU DO IS

1장

—

## 문화와 혁명:
## 투생 루베르튀르와 아이티 혁명

# WHO
# YOU ARE

행동에는 반드시 보편성이 있어야 한다.
말인즉 모든 맥락에서 윤리에 부합하게 행동해야 한다.

노예의 핏줄, 왕의 심장.

나스(Nas)의 〈스틸매틱(Stillmatic)〉

2007년, 나는 내 손으로 창업해 키운 데이터센터 자동화 소프트웨어 업체 옵스웨어(Opsware)를 휴렛패커드(Hewlett-Packard, HP)에 매각했고 인수 작업이 원활히 마무리될 때까지 힘을 보탰다. 그리고 나자 아무 할 일이 없었다.

기업가로서 나는 늘 거꾸로 생각하는 역발상의 습관을 기르기 위해 노력했다. 페이팔의 창업자 피터 틸(Peter Thiel)의 말마따나, 획기적인 아이디어를 찾는 비결은 아무도 믿지 않는 뭔가를 믿는 것에 있다. 그래서 나는 역으로 생각하기 시작했다. 모든 사람이 확실하다고 믿는 아이디어는 무엇일까? 그러자 '노예제는 상상을 초월할 만큼 끔찍했는데도 아주 광범위하게 행해졌다'는 생각이 가장 먼저 떠올랐다. 그렇다면 보편적인 이 사실에 대한 역발상적 관점은 어떤 걸까? 노예제가 그토록 넓은 지역에서 시행되다가 폐지됐다면, 그게 더 충격적이지 않았을까? 황당하게 들리겠지만, 일단 그 문제를 파고들자 내가 마치 '큰 사고를 칠' 것 같은 기분이 들었다. 노예제는 인류가 역사를 기록한 이래로 언제나 인류와 함께했다. 주요한 모든 종교가 노예제를 용인했고, 특히 성서와 코란은 도처에서 노예제를 길고 상세히 설명한다. 게다가 1600년대에는 세계 인구의 절반 이상이 노예였다. 그런 노예제가 어떻게 종식될 수 있었을까? 노예제라는 악습의 고리를 끊은 것은 인류의 위대한 업적 가운데 하나고, 그중 최고봉은 아이티 혁명이다.

유구한 인류 역사에서 독립 국가를 탄생시킨 성공한 노예 혁명은 아이티 혁명 단 한 번뿐이었다. 물론 알다시피 중국 한나라 시대의 노예들과 오토만 제국의 기독교 노예들도 봉기했다는 기록이 있다. 그리고 15세기부터 19세기까지 성행했던 노예 매매로 아프리카에서 팔려온 1,000만 노예 중 일부가 일으킨 반란에 관한 이야기 역시 수없이 많다. 그러나 성공한 노예 반란은 딱 하나였다. 모든 노예 반란에 불을 지폈던 강력한 동인에 대해서는 생각할 필요도 없다. 세상에 자유보다 사람들을 더 고무시키는 명분이 있을까? 그런데도 성공한 노예 반란이 하나뿐인 이유는 뭘까?

노예제는 노예들의 인간성을 파괴함으로써 문화의 발전을 가로막고, 붕괴된 문화로는 백전백패할 수밖에 없기 때문이다. 잠깐 당신이 노예라고 상상해보자. 당신이 어떤 일을 하든 당신에게는 1원 한 장 돌아오지 않는다. 더군다나 당신과 당신 가족이 언제든 팔리거나 죽임을 당할 수 있는 상황에서 사려 깊고 체계적으로 일하는 것에 신경 써야 할 아무런 이유가 없다. 또한 글을 배우는 것이 금지될 뿐 아니라 지식을 습득하고 축적하는 데 유용한 도구들이 하나도 허락되지 않는다. 이는 당신이 삶의 다른 방식을 배울 수도, 다른 노예들과 소통할 수도, 주인이 어떤 삶을 사는지 알 수도 없다는 뜻이다. 심지어는 주인의 기분에 따라 언제든 강간이나 매질을 당하고 팔다리가 잘릴 수도 있다. 이처럼 끔찍한 잔혹 행위들이 구조적으로 자행되는 환경은 교육의 기회가 박탈당하고 신뢰 수준이 낮으며 당장의 생존에 근시안적으로 초점을 맞추는 문화로 이어진다. 결과적으로 이런 문화는 단결된 군대를 조직하는 데 전혀 도움이 되지 못한다.

그런데 노예로 태어난 한 남자가 노예 문화의 새판을 짰다. 도대체 어떻게 했을까? 투생 루베르튀르는 생도맹그(Saint-Domingue, 노예 혁명이 발발하기 전 아이티의 옛 이름)에서 오합지졸 노예 병사들을 막강한 군대로 탈바꿈시켜 당시 유럽에서 가장 강력한 군사력을 보유한 스페인, 영국, 프랑스를 차례로 무찔렀다(오늘날 카리브 해의 히스파니올라(Hispaniola) 섬은 동쪽의 도미니카 공화국과 서쪽의 아이티로 나뉜다. 루베르튀르가 활동하던 18세기 지금의 도미니카 공화국은 스페인의 식민지 산토도밍고(Santo Domingo)로 불렸고 지금의 아이티는 산토도밍고의 프랑스어 명칭인 생도맹그로 불렸다 - 옮긴이). 도대체 비결이 뭐였을까? 루베르튀르의 노예 군대는 나폴레옹이 대패를 당했던 워털루 전투보다 프랑스에 더 많은 사상자를 안겨줬다. 도대체 무슨 일이 있었을까?

혹시 생도맹그의 노예들이 다른 지역에서보다 덜 가혹한 대우를 받았을 거라고 생각할지도 모르겠다. 정말로 루베르튀르의 주변 환경이 혁명을 일으키기에 특별히 좋은 조건이었을까? 결론부터 말하면 절대 그렇지 않았다. 노예가 매매되던 시대에 미국으로 팔려온 노예는 50만 명을 넘지 않았던 것에 반해, 생도맹그에는 들어온 노예는 90만 명에 육박했다. 그러나 미합중국이 탄생하고 프랑스혁명이 발발한 1789년, 미국의 노예는 거의 70만 명이었지만 생도맹그의 노예는 46

만 5,000명에 불과했다. 이를 어떻게 해석할 수 있을까? 생도맹그에서는 사망률이 출생률을 크게 앞질렀다. 요컨대 생도맹그 전체가 하나의 도살장이라 해도 과언이 아니었다.

생도맹그의 노예들은 차마 입에 담기도 힘들 만큼 극악무도한 잔혹 행위를 당했다. 역사학자이자 사회학자인 시릴 라이어널 로버트 제임스(Cyril Lionel Robert James)는 루베르튀르와 아이티 혁명을 다룬 대서사시《블랙 자코뱅》에서 생도맹그 노예들에게 가해진 잔혹 행위를 자세히 기술한다.

> 주인들은 노예를 매질하다가 잠시 멈추고는 불에 달군 뜨거운 나무 토막을 엉덩이에 갖다 댔다. 또한 피가 흐르는 상처에는 소금, 후추, 유자, 숯, 알로에, 뜨거운 재 등을 뿌렸다. 뿐만 아니라 팔, 다리와 귀를 자르는 신체 절단이 예사로 자행됐고 가끔은 '공짜로' 누릴 수 있는 쾌락마저 빼앗기 위해 은밀한 부위까지 도려냈다. 이 외에도 노예의 팔과 손등과 어깨에 불타는 밀랍을 부었고, 펄펄 끓는 사탕수수 추출액을 머리 위로 쏟았으며, 산 채로 불태웠고 약한 불에 올려 서서히 구웠으며, 가능한 모든 신체 부위에 화약을 가득 채운 다음 성냥불을 붙여 산채로 폭파시켰다. 심지어 목까지 땅에 묻은 상태로 머리에 설탕을 잔뜩 발라 파리 떼가 꼬여 빨아먹게끔 만들었다.

짐작하겠지만 이처럼 잔인한 고문이 자행되는 환경은 서로를 불신하고 반목하는 극히 절망적인 문화로 이어졌다. 흑인 노예들과 흑백 혼혈인 물라토(mulatto)들이 서로 미워했다. 거의 백인에 가까운 물라토는 백인 피가 50퍼센트 섞인 물라토를 멸시했고, 그는 다시 물라토와 흑인 사이에서 태어나 백인 피가 25퍼센트인 혼혈을 경멸하는 식이었다.

더군다나 식민 열강들은 노예 반란을 단박에 진압할 수 있는 막강한 군사력을 자랑했다. 생도맹그는 전 세계 설탕의 3분의 1과 커피의 절반을 생산하는 까닭에 세상에서 가장 수익성이 좋은 알짜배기 식민지였다. 이렇게 돈이 되다보니 생도맹그를 둘러싸고 막대한 전략적 이해관계가 얽힐 수밖에 없었다. 또한 당연히 모든 식민 제국이 생도맹그를 탐냈고 손에 넣으려 혈안이 됐다.

내가 이런 설명을 길게 하는 이유가 궁금한가? 결론은 아이티는 반란을 일으키기에 이상적인 환경이 절대 아니었다는 점이다.

루베르튀르의 반란을 단순한 노예 봉기로 생각하면 안 된다. 오히려 철저한 군사 전략에 기반하고 지속적인 변화에 목표를 둔 훨씬 복잡한 파괴적 혁명이었다. 적들조차도 천재라고 인정했던 루베르튀르는 노예 문화는 물론이고 자신을 노예로 만든 유럽의 식민지 문화에서 가장 유익한 요소들만 골라 결합시켰고, 문화에 대한 자신의 뛰어난 통찰들을 적절히 버무렸다. 그리하여 탄생한 혼성 문화는 두려움을 모르는 강력한 군대와 노련한 외교 수완의 밑거름이 됐고 경제와 통치에 대한 장기적인 관점에 영감을 줬다.

## 투생 루베르튀르는 누구인가

전해지는 말에 따르면, 루베르튀르는 1743년 생도맹그의 브레다

(Brda) 사탕수수 농장에서 노예로 태어났다. 그의 개인적인 삶에 관해 알려진 이야기는 단편적이고 불확실하다. 그도 그럴 것이, 미천한 노예들의 삶에 대해 누가 상세히 기록하려 했겠는가. 역사가들마저도 아이티 혁명의 많은 전환점에 관해 의견이 엇갈리는 지경이다. 그들의 의견이 일치하는 것은 딱 하나, 혁명의 지도자가 아주 비범한 인물이었다는 점뿐이다.

어릴 적 루베르튀르는 하도 허약하고 병치레가 잦아서 그의 부모님조차 아들을 '병든 말라깽이'(Sickly Stick)라고 부르며 오래 살지 못할 것으로 생각했다고 한다. 하지만 그것도 잠시, 12살이 되자 운동 시합이 붙으면 농장에서 그를 이길 소년이 없었을 만큼 그는 뛰어난 기량을 보였다. 게다가 어린 나이임에도 생도맹그 식민지에서 가장 뛰어난 기수라는 명성을 얻었다.

루베르튀르의 외모는 볼품이 없었다. 160센티미터 남짓한 단신인데다가 아무리 뜯어봐도 잘생긴 편은 아니었다. 하지만 말수가 적고 속을 꿰뚫듯 날카로운 눈매가 돋보이던 그는 대단히 정력적이고 집중력이 뛰어났다. 거기다가 하루에 두 시간만 자고 바나나 몇 개와 물 한 잔으로 며칠을 버틸 수도 있을 만큼 강철 체력을 자랑했다. 심지어 환갑에 가까운 나이가 됐을 때도 가끔 말을 타고 하루에 200킬로미터를 달리며 노익장을 과시했다. 무엇보다 그는 흑인으로서는 드물게 읽고 쓸 줄 알았고 나름의 지위도 얻었으며 성격과 인품까지 좋아서 아이티 혁명이 발발하기 훨씬 전부터 노예들 사이에서 명성이 아주 높았다. 그는 자신이 노예들의 지도자가 될 운명이라는 사실을 한순간도 의심하지 않았다.

10대 때 루베르튀르는 농장의 노새와 소를 관리하는 일을 맡았다. 당시 가축 관리인은 대개 백인 남성들의 몫이었다. 그는 귀한 선물 같은 이 기회를 허투루 쓰지 않았다. 자유 시간에는 독학으로 공부했고 주인의 서재를 수시로 들락거리며 다양한 문학을 섭렵했다. 특히 그때에 읽었던 책 두 권이 그의 인생에 커다란 영향을 끼쳤다. 로마 황제 율리우스 카이사르(Julius Caesar)의 전쟁 기록《갈리아 원정기》와 계몽주의 시대 프랑스 저술가였던 레널 신부(Abbé Raynal)가 유럽과 극동 지역 간의 교역을 상세히 기록한《두 인도의 역사(Histoire des deux Indes)》였다. 그는 카이사르의 저서를 통해 정치와 군사 기술에 대한 이해를 넓혔고, 레널의 저서를 통해서는 생도맹그와 유럽의 경제에 관한 면밀한 기초 지식을 쌓았다.

그러나 아무리 읽고 쓸 줄 알고 당당한 직책이 있어도 흑인으로서 겪는 근본적인 핍박을 피해가지는 못했다. 한번은 이런 억울한 일도 있었다. 어느 날 루베르튀르는 미사를 마친 후 기도서를 들고 돌아오는 길에 한 백인을 마주쳤다. 훗날 그는 그 낯선 남자가 "'흑인은 글을 배워서는 안 된다는 사실을 모르느냐'고 호통치며 나무 작대기로 내 머리통을 박살냈다"고 회상하곤 했다. 그는 얼른 사죄하고 비틀거리며 집으로 돌아왔고, 그 사건을 잊지 않으려는 일종의 '기념품'으로 피가 흥건한 조끼를 오래도록 보관했다. 몇 해가 지나고 노예 반란이 발발한 후 그는 그 남자를 다시 만났는데, 루베르튀르의 전기를 집필했던 필리프 지라르(Philippe Girard)는 고소하다는 투로 "바로 그 자리에서 그 남자를 죽여버렸다"고 적었다.

그런 루베르튀르에게 은인이 나타났다. 농장의 변호사였던 프랑수아 바용 드 리베르타드(François Bayon de Libertat)였다. 리베르타드는 루베르튀르의 비범한 능력을 알아봤고 그를 마부로 삼았으며 1776년 즈음 마침내 그를 자유인으로 풀어줬다. 이제 그는 돈을 받고 리베르타드의 마차를 몰았다. 당시 흑인들 중에 노예 신분에서 벗어나 자유인이 되는 비율은 1,000명 중에 채 한 명도 되지 않았다. 아이티 혁명의 아버지는 한 백인과 특별한 유대 관계를 형성함으로써 자신의 자유를 쟁취했다.

루베르튀르는 리베르타드가 탄 마차를 몰 때마다 이를 인맥 확대의 기회로 만들었다. 결과적으로 볼 때, 훗날 혁명의 동지가 되는 거의 모든 사람을 그 당시에 만났다. 뿐만 아니라 그는 그 시간들을 통해, 프랑스의 식민지 통치 방식들을 이해하고 완벽히 통달할 수 있었다. 그렇게 시간이 흐르면서 그는 생도맹그 식민지에서 일찍이 아무도 이해하지 못한 뭔가를 차츰 깨닫게 됐다. 바로 행동을 결정하는 것은 피부색이 아니라 문화라는 진실이었다.

루베르튀르는 아주 놀라운 행보로 이 진실을 단적으로 입증했다. 자유인이 된 후에 직접 노예들을 사서 '주인'이 됐지만 대부분 해방시켜줬던 것이다. 뿐만 아니라 그는 식민지 방식을 발전시키려 노력했다. 이는 선택의 문제가 아니라 솔직히 당시 그에게는 그 방식 말고 다른 대안이 없었다. 바로 노예 노동력에 의지하는 것이었다. 일례로 루베르튀르는 1779년 돈을 벌기 위해 13명의 노예들이 일하던 커피 농장을 임대한 적도 있었다. 비록 이 시도는 이내 실패로 막을 내렸지만 소득도 있었다. 당시 노예들 중에 쟝-자크 데살린(Jean-Jacques Dessalines)이라는 흑인이 있었는데, 그는 훗날 루베르튀르의 부사령관이 되는 인물이다. 루베르튀르와 데살린의 얽히고설킨 얄궂은 운명에 대해서는 나중에 설명하겠지만, 결론만 말하면 데살린이 그의 등에 칼을 꽂는다.

그렇다면 루베르튀르가 상업에서 독립국 수립으로 관심을 급선회한 동기는 뭐였을까? 정확히는 몰라도, 1784년에 있었던 어떤 사건이 촉매제로 보인다. 그는 노예 해방 지지자로 노예 반란을 학수고대했던 레널 신부의 유명한 글을 읽었다. "이제 필요한 것은 용감한 지도자뿐이다. 그는 어디에 있는가? 하늘의 명으로 억압받고 고통받으며 억울한 처지에 놓인 어린 양들을 책임져줄 위대한 그 사람은 도대체 어디에 있는가?" 일설에 따르면 루베르튀르는 레널 신부의 글을 읽고 또 읽어 마음 깊이 새겼고 자신이 레널이 애타게 찾던 용감한 지도자이기를 꿈꿨다고 한다.

## 흑인 혁명가의 등장

1789년 프랑스혁명이 발발했다. 그 소식은 프랑스 식민지였던 생도맹그에도 전해졌고, 이를 계기로 반란의 기운이 움트기 시작했다. 마침내 1791년 망케(Manquets) 농장에서 최초로 반란이 발생했고, 이 사건은 이웃 농장들의 노예들을 각성시켰다. 그리고 채 몇 년이 지나지 않아 반란 세력은 5만 명으로 불어났다. 이는 미국 땅에서 발생한 역사상 가장 큰 노예 반란의 100배에 해당하는 규모였다.

루베르튀르는 망케 농장의 노예 반란에 대한 소문을 익히 들었을 뿐 아니라 추측컨대 반란 계획을 수립하는 데 어떤 식으로든 도움을 주지 않았을까 싶다. 그러나 처음부터 그 반란에 깊이 발을 담그지는 않았다. 오히려 반란이 어떻게 진행되는지 잠자코 지켜보다가 한 달 무렵이 지났을 때에야 비로소 동참했다. 당시 생도맹그 식민지는 수많은 분파와 파당이 난립했고 동맹 관계가 수시로 바뀌는 등 정치적 상황이 극도로 복잡했다. 게다가 장기적으로 생도맹그 전체에 무슨 일이 벌어질지는 고사하고, 정작 다음 주에 자신의 농장에서 무슨 일이 벌어질지도 안개 속처럼 불확실했다.

반란군에 합류했을 때 40대 후반이었던 루베르튀르는 이미 '투생 영감'(Old Toussaint)으로 불렸다. 몇 달 지나지 않아 그는 스스로를 여단장에 임명했고, 당시 가장 강력했던 3개 반란군 중 하나를 지휘했다. 하지만 그는 반란군들을 규합할 필요가 있었다. 그래서 루이 16세가 반란군의 노력에 대한 대가로 주당 3일 휴일을 약속하는 문서를 자신에게 발행해줬다고 말하는 등 자신이 프랑스 국왕의 대리자인 양 행세했다. 그가 이런 계략을 구사할 수 있었던 까닭은 추종자 대부분이 글을 읽고 쓸 줄 모르는 이른바 까막눈이었기 때문이다.

1791년부터 2년간 루베르튀르와 노예 반란군이 혁혁한 무공을 올리며 날로 기세가 등등해지자 결국 1793년 프랑스가 그들을 진압하기 위해 1만 1,000명의 병사를 파병하는 극단적인 카드를 빼들었다. 이는 프랑스가 미국 독립 전쟁 중에 해외에 파병한 병사들보다 더 많은 숫자였다. 1793년 파리에서 루이 16세가 단두대에서 처형된 이후 영국과 스페인이 생도맹그를 침략했고, 양국의 속내는 똑같았다. 프랑스가 어지러운 국내 정세로 한눈을 판 사이에 황금알 낳는 거위인 생도맹그를 품에 안는 것이었다. 스페인이 프랑스와의 전쟁을 선포하자 루베르튀르는 스페인의 사령관을 찾아가 휘하의 병사 600명을 스페인 군대에 편입시키겠다고 제안했고, 이후 다른 반란 세력들도 스페인 군대에 속속 합류했다. 이런 공을 인정받아 그는 스페인 군대의 연대장에 올랐고 프랑스 군대를 향해 총부리를 겨눴다.

그러나 이듬해 루베르튀르는 스페인을 배신하고 프랑스 군대에 투항하기로 결정했다. 이는 비단 자신만이 아니라 휘하 병사들을 위한 결정이었다. 그렇게 채 1년도 지나지 않아 그는 5,000명으로 불어난 반란군을 이끌고 불과 얼마 전에 스페인 군대를 도와서 자신들의 손으로 정복했던 거의 모든 프랑스 식민지를 재탈환했으며, 여전히 스페인 편에서 싸우던 몇몇 반란군도 궤멸시켰다. 이렇듯 루베르튀르 군대에 연이어 패배하고 엎친 데 덮친 격으로 유럽 본토에서도 군사적으로 밀리자 스페인은 할 수 없이 먼저 화평의 손을 내밀었다. 결국 스페인은 루베르튀르가 무찌른 첫 번째 유럽 열강이라는 명에를 썼다.

스페인 다음으로 루베르튀르가 총부리를 겨눈 유럽 강대국은 생도맹그에 2개의 대규모 대대를 파병한 영국이었다. 그러나 루베르튀르의 노예 군대는 잘 훈련받은 대규모 전문 군인들의 적수가 되지 않았고 결국 1795년 퇴각하기에 이른다. 당시 생도맹그에서 활동하던 약 50만 명의 흑인 노예 병사들이 그의 반란군에 합류했음에도 불구하고 2년간 수세를 면치 못했다. 그러나 승리의 여신은 결국 루베르튀르에게 미소를 보냈다. 시간과 게릴라 전투와 황열병이 영국군을 무너뜨리고 그에게 승리를 안겨준 것이다. 생도맹그에 파병된 2만 명의 영국군 중에서 1만 2,000명이 전사했고, 1798년 영국은 나머지 병사들을 철수하기로 반란군과 협상했다. 이렇게 해서 루베르튀르는 생애 두 번째로 유럽의 강대국을 상대로 승리를 거뒀다.

1801년 루베르튀르는 오늘날 도미니카 공화국에 해당하는 지역으로 여전히 스페인의 지배하에 있던 산토도밍고를 침략했다. 결과는? 드디어 그의 군대는 스페인을 히스파니올라 섬에서 영원히 몰아냈다. 1801년 7월 7일 루베르튀르는 한때 자신이 노예로 있던 섬 전체를 다스리는 총독에 올라 새로운 헌법을 즉각 선포하기에 이른다. 생도맹그는 명목상으로는 여전히 프랑스의 식민지로 남게 될 터였다. 그러나 새로운 헌법은 노예제도를 폐지했고 모든 직업을 모든 인종에게 개방했으며 생도맹그가 사실상 독립국으로서 활동하도록 보장했다. 불과 10년 만에 루베르튀르와 그의 군대는 누구도 상상하지 못했던 일을 현실로 만들었다.

## 완전히 새로운 문화를 구축하다

1797년 오랜 반란의 한복판에서 루베르튀르는 두 가지 능력을 증명했다. 첫째, 그는 군대를 효과적으로 통솔하는 지휘관의 능력을 입증했다. 둘째, 새로운 삶의 방식에 대한 자신의 비전으로 사람들을 설득하고 그들에게 영감을 주는 능력도 보여줬다. 루베르튀르와 그의 군대의 활약에 위협감을 느낀 생도맹그의 백인 부총독 뱅상 드 보블랑 (Vincent de Vaublanc)은 프랑스 의회에 나가 생도맹그가 '무식하고 잔인한 흑인들'의 손에 넘어갔다고 경고했다. 보블랑의 의회 연설은 프랑스에 엄청난 충격을 안겨줬고, 파리에서 아이티 혁명에 반대하는 운동이 조직됐다는 소문까지 돌았다.

이에 대해 루베르튀르는 아이티 혁명을 정당화하는 성명서를 발표하며 인종과 문화에 대한 자신의 이론을 설명했다. 필리프 지라르는 루베르튀르의 전기에 이렇게 썼다. "루베르튀르는 보블랑의 주장들을 하나씩 열거한 다음 각 주장을 조목조목 반박했다. 첫째, 흑인들은 선천적으로 게으르고 무식한 야만인이 아닌데 노예제가 그들을 그렇게 만들었다. 둘째, 아이티 혁명 중에 약간의 폭력이 자행된 것은 변명의 여지가 없지만 프랑스혁명에서도 폭력은 있었다. 오히려 노예들은 자신들을 아주 잔인하게 억압했던 농장주들에게 엄청난 자비를 베풀었다." 요컨대 루베르튀르는 노예 출신의 흑인 자유인들이 자신들의 문화를 아주 높은 수준으로 끌어올렸다고 역설했다. 이에 대한 확실한 마침표로 그는 성명서 말미에서 그들이 "프랑스 시민으로 불릴 권리"가 있다고 당당히 재천명했다.

1798년 루베르튀르가 영국 정부와 화평과 외교 관계를 두고 협상을 벌인 후에 영국의 관보인 〈런던가제트(London Gazette)〉는 이런 기사를 실었다.

> 투생 루베르튀르는 적들이 '산적'(brigand)이라고 천대했던 흑인이다. 그러나 어느 모로 보나 그는 흑인들이 주장하는 권리를 정당화하고 사람의 됨됨이가 피부색과는 무관하다는 사실을 입증하기 위해 태어난 사람이다.

아프리카 출신 노예를 가장 많이 매매했던 영국에서, 그것도 관보인

〈런던가제트〉가 루베르튀르를 이렇듯 공개적으로 추켜세웠다. 게다가 당시는 영국에 노예제가 엄연히 존재했고 그로부터 35년이 지난 후에야 영국은 노예제를 폐지했다. 이것은 루베르튀르의 생각이 옳았음을 단적으로 보여줬다. 노예들의 행동을 결정하는 것은 그들의 본성이 아니라 노예제도의 '문화'라는 것을 말이다. 이제 유럽인들도 그 사실을 분명히 깨닫기 시작한 터였다.

대서양 너머 일부 미국인들의 시각도 그런 식으로 바뀌는 것이 뚜렷이 관찰됐다. 1798년 프랑스와 갈등을 빚던 중에 미국 의회는 프랑스는 물론이고 프랑스 식민지들과의 교역을 일체 금지했다. 당연히 생도맹그와의 상업적 교류도 중단됐다. 이에 루베르튀르는 당시 토머스 피커링(Thomas Pickering) 미국 국무장관과 통상 금지령 해제를 협상하기 위해 조지프 부넬(Joseph Bunel)을 급파했다. 특히 노예제가 유지되던 미국의 감성에 호소하기 위해 백인을 특사로 선택하는 데서 그의 용의주도함을 엿볼 수 있다. 결과적으로 말해, 그의 전략은 제대로 먹혀들었다. 1799년 미국 의회는 존 애덤스(John Adams) 대통령이 자국의 무역에 방해가 되지 않는 모든 프랑스 영토와의 통상 금지령을 철회토록 승인했다. 그 법령은 누가 봐도 생도맹그를 염두에 둔 조치라는 사실이 명백했고, 그래서 '루베르튀르 조항'(Louverture clause)이라는 별칭이 붙었다.

피커링은 루베르튀르에게 서한을 보내 미국이 생도맹그와의 교역을 재개할 거라는 소식을 직접 알려줬다. 필리프 지라르는 루베르튀르의 전기《투생 루베르튀르(Toussaint Louverture)》에서 피커링의 서한을 한껏 미화시켰다.

피커링은 화려한 미사여구로 끝을 맺었다. "진심을 담아, 총독님의 충성스런 신하, 근배(謹拜)." 한때 노예였던 사람에게 극진한 외교적 미사여구가 특별한 의미를 주었음에 분명했다. 루베르튀르는 백인 유력 인사들이 스스로를 '충성스런 신하'라고 낮춰 부르는 이런 상황이 몹시 낯설었다.

1865년 미국의 수정헌법 제13조가 노예제도를 폐지하기 67년 전에 미국 의회는 이처럼 노예 출신의 한 흑인을 위해 특별 조항까지 만들었다. 이는 미국이 그의 피부색을 통해서가 아니라 그가 창조한 문화를 토대로 그와 협상했다는 사실을 반증한다.

이렇게 루베르튀르는 노예 문화를 전 세계적으로 존경받는 문화로 탈바꿈시켰다. 어떻게 했을까? 간단히 말하면 그는 일곱 가지 핵심 전술을 사용했다. 지금부터 그의 전술을 하나씩 자세히 해부해보자. 조직 문화를 변화시키고 싶다면 누구라도 그의 전술을 사용할 수 있다.

## 효과적인 방식을 유지한다

루베르튀르는 가장 먼저 500명을 직접 선발해 군대를 조직했고, 그런 다음 햇병아리 병사들에게 철저히 군사 교육을 시켰다. 시간이 흐르면서 그들도 지휘관인 그와 더불어 전쟁의 기술을 함께 익히며 어엿한 병사들로 거듭났다. 그는 이런 방법을 통해 거의 동질화된 새로운 문화를 구축할 수 있었다. 그는 효율적인 군대를 만들기 위해서는 병사들의 문화를 고양시켜야 한다는 사실을 잘 알았다. 아울러 자신이 구축한 노예 문화가 커다란 강점들을 지닐 뿐더러 근거 없는 사상 누각 같은 새로운 문명을 구축하려고 시도해봤자 절대 성공하지 못할 거라는 사실도 명확히 인식했다. 그런 시도가 얼마나 헛된지는 훗날 레닌(Lenin)을 보면 분명하다. 어쨌든 사람들은 새로운 문화적 규범들을 쉽게 채택하지 않는 것은 물론이고 전혀 새로운 체제를 모두가 일시에 받아들이는 것도 절대 불가능하다.

루베르튀르는 강력한 군대를 만들기 위해 기존의 문화적 강점 두 가지를 활용했는데, 결과적으로 이는 아주 탁월한 선택이었다. 하나는 노예들이 한밤에 치르는 부두교(주로 서인도제도 특히 아이티의 흑인들이 믿는 다신교-옮긴이) 의식에서 불렀던 노래였다. 그는 독실한 가톨릭 신자였고 훗날 부두교를 금지하고 불법화하게 된다. 그러나 다른 한편으로는 실용주의자로서 수중에 있는 도구를 효과적으로 사용할 줄 알았다. 그리하여 루베르튀르는 단순하고 기억하기 쉬운 부두교의 노래를 고차원적인 의사소통 기술로 전환시켰다. 유럽인들은 원거리에서 의사소통을 할 수 있는 암호화된 수단이 전혀 없었지만 루베르튀르의 군대는 그런 수단이 있었다. 먼저, 그의 병사들은 숲속에 무리 지어 곳곳에 매복해 적군들을 포위했다. 그런 다음 유럽 병사들은 절대 이해할 수 없는 부두교의 노래들을 부르기 시작했고, 특정한 구절을 일제히 공격을 개시하라는 신호로 삼았다.

두 번째 강점은 루베르튀르의 군대에 합류하기 전부터 군사 기술을 익힌 병사들이 많았다는 사실이다. 개중에는 아프리카의 앙골라-콩고 해안에서 벌어진 전쟁들에 참전했던 병사들도 있었다. 루베르튀르는 그들의 게릴라 전술을 적극적으로 받아들였다. 소수의 병력으로 적을 포위 공격하기 위해 의도적으로 숲속에서 적과 교전하는 전술이 대표적이다. 2장에서 알아보겠지만, 그는 나중에 이 전술을 유럽 군대의 가장 선진적인 전술들과 결합시켜 어떤 적들도 일찍이 접해보지 못했던 독특한 혼성 부대를 조직하게 된다.

## 파격적인 규칙을 세운다

당신이 노예라고 가정해보자. 당신은 아무것도 소유할 수 없고 부를 축적할 방법도 수단도 없으며 당신의 삶과 목숨 그리고 가족을 포함해 모든 것을 사전 경고 한마디 없이 빼앗길 수 있다. 대개의 경우 이 것은 놀라울 만큼 근시안적인 사고를 촉발시키고, 이는 다시 신뢰를 파괴한다. 내가 눈앞의 단기적인 이익을 추구하기보다 당신과 맺은 약속을 지키고자 한다면 무엇이 전제돼야 할까? 지금 당신을 배신함으로써 얻는 이득보다 미래에 당신과의 관계에서 얻는 이득이 더 클 거라고 확신할 수 있어야 한다. 내일이 없다고 생각하면 신뢰도 있을 수 없다.

이런 역학 관계는 군대 내에서 문제를 야기할 가능성이 크다. 신뢰는 군대를 포함해 모든 거대 조직을 이끄는 기본 토대기 때문이다. 신뢰가 없으면 의사소통이 붕괴한다. 이건 또 왜일까? 인간의 모든 상호작용에서 필수적인 의사소통의 양은 상호 신뢰의 수준과 반비례하기 때문이다.

내가 당신을 완전히 신뢰하면 당신이 무슨 행동을 하든지 나는 어떤 설명도, 의사소통도 필요하지 않다. 당신이 하는 모든 일이 내게 가장 이롭다는 사실을 아는 까닭이다. 반대로 당신을 전혀 신뢰하지 않으면 아무리 많은 대화나 설명도 혹은 합리적인 추론도 내게는 소귀에 경 읽기일 뿐이다. 어차피 당신이 진실을 말하거나 내게 가장 좋은 방향으로 행동할 거라고 절대 믿지 않을 테니 그렇다. 이렇듯 조직이 성장함에 따라 의사소통은 조직의 가장 큰 문제로 떠오른다. 이때 병사들이 지휘관을 근본적으로 신뢰하면, 그렇지 않은 경우보다 의사소통이 훨씬 효율적으로 이뤄질 것이다.

루베르튀르는 군대 전반에서 신뢰를 구축하기 위해 파격적인 규칙을 하나 정했다. 얼마나 충격적인 규칙이었던지 병사들의 입에서는 "우리에게 그 규칙이 왜 필요합니까?"라는 볼멘소리가 절로 나왔다. 그것은 바로 결혼한 장교들은 후처를 둘 수 없다는 규칙이었다. 당시 강간과 약탈이 병사들 사이에서 하나의 규범으로 자리 잡은 마당에 장교들에게 결혼 서약을 존중하라고 강요하는 규칙이 불합리하게 들렸으리라는 점은 자명하다. 장교들이 "설마, 농담이겠지!"라고 말하는 소리가 귀에 들리는 듯하다. 그들이 그 규칙에 대한 이론적 근거를 요구했으리라는 점은 불을 보듯 빤하다.

여기서 '왜?'라는 그 질문이 핵심이다. 모든 구성원이 '왜?'라고 물으며 이유를 요구할 때, 그 질문에 대한 대답이 조직의 문화를 규정하기 때문이다. 그리고 모든 구성원이 그 대답을 기억할 것이기 때문이다. 또한 새로운 구성원이 들어올 때마다 그 이유를 반복해 설명해줄 것이고, 결국 그 '이유' 자체가 문화 구조에 깊이 뿌리내릴 것이기 때문이다. 만약 신임 장교가 "왜 후처를 두지 말라는 건지 다시 한 번 설명해주십시오"라고 요구했다면, "우리 군대에서는 귀관의 말이 가장 중요하기 때문이다. 만약 귀관이 혼인 서약을 지킬 거라고 믿을 수 없다면, 귀관이 우리에게 하는 약속을 지킬 거라고 어떻게 믿을 수 있겠나?"라는 대답을 들었을 것이다(그러나 이 문제를 복잡하게 만드는 복병이 하나 있었으니, 루베르튀르에게는 혼외 자식들이 있었다는 점이다. 세상에 완벽한 리더는 없는 법이다).

결혼, 정직, 충성은 루베르튀르가 원하던 사회를 상징하는 3대 가치였다. 그는 파격적인 단순한 규칙 하나를 통해 그 가치 모두를 자신이 만든 문화의 DNA에 깊이 각인시켰다.

## 성공을 부르는 복장을 한다

투생 루베르튀르가 반란군에 합류해보니 병사 대부분은 말 그대로 벌거숭이에 가까웠다. 그들은 들에서 일하다가 반란군에 곧장 가담했는데, 본래가 벌거벗고 일하는 것에 익숙했다. 루베르튀르와 동료 혁명 투사들은 이들 오합지졸을 정식 군대로 변신시키는 데 도움이 될 방법을 찾아야 했다. 아울러 그들이 엘리트 정예병이라는 기분을 느끼도록 해줄 필요도 있었다. 그래서 루베르튀르와 동지들은 가능한 가장 정교한 군복을 착용했다. 이것은 자신들이 누구이고 자신들의 목표가 무엇인지를 지속적으로 상기시키는 효과가 있었다.

필리프 지라르는 루베르튀르의 전기에서 이렇게 적었다.

반란군은 자신들이 약탈이나 일삼는 단순한 폭도가 아니라는 사실을 어떻게든 보여주고 싶었다. 그래서 부관, 통행증, 번듯한 장교 임명장, 온갖 장식 등등 구체제하의 유럽 군대가 사용하던 외형적인 요소들을 모조리 받아들였다.

루베르튀르의 전기를 집필한 많은 작가들의 눈에는 그런 노력이 되레 우스꽝스럽고 터무니없는 코미디처럼 보였다. 그들은 반란군의 투쟁 목적이 유럽인들과 그들이 지지하는 모든 것을 파괴하는 데 있다고 생각했기 때문이다. 하지만 절대 그렇지가 않았다. 오히려 루베르튀르가 이끌던 반란군은 자신들을 해방시켜줄 군대를 만들고, 자신들의 독립을 지탱해줄 문화를 구축하기 위해 싸웠다. 따라서 자신들보다 먼저 성공했던 군대들로부터 최상의 관행들을 받아들이는 것이 그들에게는 전혀 이상하지 않았다. 2장에서 알아보겠지만, 복장 규정처럼 단순해 보이는 뭔가가 행동을 변화시킬 수 있고 그 결과로 문화까지 변하게 만들 수 있다. 이는 비단 전쟁에서만이 아니라 비즈니스에도 적용된다.

## 외부 리더를 활용한다

리더는 자신이 적용하고 싶은 방식들을 실천하는 외부 문화에서 리더들을 영입함으로써 문화를 변화시킬 수 있다. 율리우스 카이사르가 로마 제국을 건설할 때 이 방법으로 커다란 효과를 봤다. 카이사르는 종종 정복지의 지도자들을 처형하는 대신에 그들이 현지 문화에 대한 뛰어난 이해를 바탕으로 계속 통치할 수 있게 그들의 기존 지위를 보장해줬다. 루베르튀르는 아마도 카이사르의 《갈리아 원정기》에서 그 아이디어를 얻었을 것으로 여겨진다.

그러나 루베르튀르가 직면한 상황은 카이사르와는 달랐다. 생도맹그에서는 노예제의 양극단에 있는 사람들이, 즉 억압하는 사람이나 억압당하는 사람이나 피부색을 근거로 서로를 판단하고 정형화하는

데 익숙했다. 그럼에도 불구하고 그는 흑백 혼혈인 물라토들을 자신의 군대에 편입시켰을 뿐 아니라 프랑스 군에서 망명하는 왕당파 장교들도 기꺼이 받아들였다. 특히 그런 망명 장교들을 이용해 효율적인 참모진을 조직했고 병사들에게 정통적인 군사 기술들을 훈련시켰다. 그가 백인들을 대동하고 나타났을 때 흑인 병사들이 대경실색했다는 사실에서 보듯, 이것은 결코 쉬운 일이 아니었지만 그는 확고했다. 한번은 흑인 병사들이 몰려와 백인이나 물라토의 명령은 따르지 않겠다고 반발한 적도 있었다. 이에 루베르튀르는 포도주 한 잔과 물 한 잔을 잘 섞은 다음 "어떤 게 포도주고 어떤 게 물인지 구분할 수 있겠나? 우리도 함께 섞여서 살아야 하네"라고 설득했다.

초창기 기업 문화는 단순한 하나의 목표를 중심으로 조직화된다. 사람들이 원하는 제품이나 서비스를 시장에 내놓는 것이다. 그러나 성장을 거듭할수록 기업은 초창기 때와는 다른 새로운 도전들에 맞닥뜨릴 수밖에 없고, 그런 도전을 해결하기 위해 반드시 진화해야 한다. 루베르튀르도 그들 기업과 다르지 않았다. 적을 이기려면 적을 알아야 하는 법, 그는 프랑스를 무찌르기 위해 프랑스의 문화와 군사 전술을 이해하고 완벽히 터득할 필요가 있었다. 그래서 그 지식을 보유한 리더들을 자신의 군대에 기꺼이 받아들였다.

새로운 영역으로 진출하고 싶은 기업이라면 그 목표에 맞춰 자사의 문화를 변화시키는 것이 당연한 수순이다. 그런데도 그런 변화를 거부하는 기업이 의외로 흔하다. 일례로 많은 소비재 기업들은 기업 시장(enterprise market), 다른 말로 대기업들에게 제품이나 서비스를 판매하는 시장에 진입하고 싶으면서도 직원들이 말쑥한 정장을 입는 것은 원하지 않는다. 그들 기업은 자신들이 가진 기존 문화로 새로운 비즈니스 환경을 충분히 감당할 수 있다고 믿는다. 그러나 그들은 자신들의 믿음과는 정반대인 처참한 성적표를 받게 된다.

위대한 문화를 구축한다는 것은 문화를 주변 환경에 순응시킨다는 뜻이다. 또한 가끔은 진입하거나 완벽히 흡수해야 필요가 있는 외부 문화로부터 리더들을 들여온다는 뜻이기도 하다.

## 문화적 우선순위를 보여주는 결정을 한다

루베르튀르의 사례가 증명하듯 리더의 결정이 반직관적일수록 문화에는 더 강력한 영향을 미친다. 그는 아이티 혁명에서 가장 반직관적인 결정 하나를 통해 문화를 정립했다.

루베르튀르의 반란군이 히스파니올라 섬 전체를 손에 넣고 나자 많은 병사들은 농장주들에게 지난날의 앙갚음을 하고 싶었다. 그의 입장에서는 병사들의 바람을 들어줘 농장주들을 즉시 총살토록 명령하는 것이 그들의 저항을 최소화하는 방법이었을 것이다. 일종의 전리품으로 말이다. 게다가 반대 상황이었다면 농장주들도 그를 살려두었을 리 만무했다. 하지만 그는 복수심을 극도로 싫어했고, 복수심은 문화를 더 높이 끌어올리기는커녕 파괴할 거라고 믿었다.

한편 루베르튀르가 농장주들을 무조건 죽일 수 없었던 또 다른 실리적인 이유도 있었다. 프랑스와의 전쟁을 위해 군자금을 마련해야 하는 처지였던 것이다. 만약 나라의 곳간이 빈다면 그의 혁명은 실패할 것이 빤했다. 생도맹그의 경제는 전적으로 농업에 의존했다. 달리 말하면, 농업이 죽으면 생도맹그는 절대로 중요한 국가가 될 수 없을 터였다. 이런 절박한 상황은 그의 말에서 고스란히 드러난다. "농업이 번창해야 흑인들의 자유가 보장된다." 그는 농장들이 경제적인 자립을 확보하려면 이제까지처럼 대규모로 운영해야 한다는 것을 잘 알았다. 또한 농장을 운영하려면 농장주들이 지닌 지식과 경험과 기술이 필요했고, 이 때문에 그들에게 계속 의지할 수밖에 없다는 사실도 정확히 꿰뚫었다.

이에 루베르튀르는 당근과 채찍을 동시에 들었다. 먼저 농장주들을 살려줬을 뿐 아니라 그들이 자신의 땅을 계속 소유할 수 있게 허락했다. 대신에 그는 농장주들이 수익의 4분의 1을 노동자들에게 임금으로 배분해야 한다는 강제 조건을 달았다. 게다가 농장주들은 농장에서 나오는 수입으로만 생활해야 한다고 명령했다. 그래야 그들의 직접적인 책임하에 노동자들에게 임금을 성실히 지불하고 그들을 잘 대우해줄 거라는 판단에서였다. 이 명령을 어길 시, 그들의 농장은 가차 없이 몰수됐다.

이런 양면적인 결정을 통해 루베르튀르는 천 번의 연설이 해내지 못했을 뭔가를 이뤄냈다. 아이티 혁명은 보복에 목적을 두지 않고 생도맹그의 경제적 안정이 아이티 혁명의 최우선 순위라는 사실을 명확히 한 것이다. 그가 "보복은 안 된다"고 말한 것도 아주 훌륭했지만, 그 문화를 정착시킨 것은 그의 '행동'이었다.

## 언행을 일치시킨다

리더의 열정적인 참여 없이는 어떤 문화도 번영할 수 없다. 얼마나 잘 설계했든, 얼마나 신중하게 프로그램화했든, 문화적 요소들을 얼마나 철저하게 적용했든, 책임 있는 사람의 일관성 없는 행동이나 위선적인 행동은 모든 것을 망치게 된다.

쉬운 예를 들어보자. 어떤 CEO가 시간 엄수를 사내 문화의 최우선 원칙으로 결정한다. CEO는 시간 엄수야말로 존중의 문제라고 열변을 토하며 직원들의 공감을 얻어낸다. 특히 직원들의 시간은 회사의 가장 귀중한 자산이라고 강조한다. 이는 누군가가 지각하면, 그것은 사실상 동료들의 시간을 훔치는 도둑질과 다름없다는 뜻이다. 그런데 정작 CEO 본인이 모든 회의에 늦는다. 이럴 경우 시간 엄수 원칙을 충실히 지킬 직원이 과연 얼마나 될까?

루베르튀르는 이러한 점을 완벽히 이해했다. 그는 지휘관으로서 병사들에게 아주 많은 규율을 요구했다. 그러나 본인도 자신의 기준들을 지키기 위해 노력을 아끼지 않았다. 일례로 그는 병사들과 숙식을 함께했고 그들의 노동을 분담했다. 가령 대포를 옮겨야 할 때는 팔을 걷어붙이고 도왔다. 심지어 한번은 대포를 옮기던 중 한쪽 손이 대포에 깔려 심하게 으스러지기도 했다. 또한 적을 공격할 때는 최선봉에 서서 돌진했고, 이는 알렉산드로스 대왕 이후로 유럽인들이 지휘관에게서 거의 볼 수 없었던 솔선수범의 모습이었다. 뿐만 아니라 전투에서 총 17번이나 부상을 입었다.

루베르튀르는 이런 식으로 자신의 신뢰성을 몸소 입증함으로써 신뢰를 구축하기 시작했다. 시릴 제임스는 《블랙 자코뱅》에서 이렇게 말했다. "병사들을 생각하고 아끼는 활동을 끝없이 이어간 덕분에 그는 병사들의 신뢰를 얻었다. 1796년 즈음에는 무지하고 굶주리며 억압받고 불안에 떨던 사람들 사이에서 그의 말은 곧 법이었다. 생도맹그 북부 지방에서 그들이 믿고 따를 수 있는 사람은 루베르튀르뿐이었다.”

루베르튀르는 자신의 가치관을 투명하게 반영하는 문화를 구축하고 싶었고, 따라서 그는 자신의 말을 누구보다도 앞장서서 실천했다. 보복을 금지하는 그의 약속이 아주 좋은 예다. 그는 남부 지방에서 반란군을 이끌던 물라토 지휘관으로, 자신의 경쟁자였던 앙드레 리고(André Rigaud)와 나이프 전투(War of Knives)에서 맞붙었다. 치열한 전투 끝에 승리했지만 보복을 금지하는 그의 말이 시험대에 올랐다. 리고는 그에게 반기를 들었을 뿐 아니라 그의 근본적인 권위를 대놓고 비웃었으며 백인-물라토-흑인으로 이뤄진 계층적 신분제도가 옳다고 선언했다. 그럼에도 그는 리고의 마지막 추종자들에 대해 이렇게 평결했다. “우리가 우리에게 잘못한 이를 용서하듯이 우리의 잘못을 용서하라. 다들 자신의 자리로 돌아가라. 나는 이미 모든 것을 잊었다.”

문화가 정착되려면 리더는 영감을 준다고 생각되는 가치에만 의존해서는 안 된다. 반드시 리더의 실질적인 가치를 반영해야 문화가 정착된다. 리더는 무엇보다도 자신의 행동을 통해 즉, 앞장서서 본보기를 보여줌으로써 문화를 구축하기 때문이다.

## 윤리를 명백히 한다

모든 기업은 자사가 진실하다고 믿고 싶어 한다. 그러나 직원들에게 물어보면 다른 이야기를 듣게 될 것이다. 그렇다면 기업들이 진실하고 싶으면서도 진실하기가 힘든 이유는 무엇일까? 진실성은 추상적이고 장기적인 개념이기 때문이다. 진실성이 이번 분기에 매출 증가로 이어질까? 그럴 가능성은 없지 싶다. 솔직히 그 반대의 상황이 벌어질지도 모른다. 진실성이 제품 출시를 가령 1주일이라도 앞당겨줄까? 이 또한 언감생심이다. 이럴진대 우리가 진실성에 신경 쓸 이유가 있을까?

기업의 진실성과 정직 그리고 품위는 문화의 측면에서 볼 때 장기적인 투자다. 그런 가치에 투자하는 목적은 단기간의 실적을 향상시키거나 경쟁에서 이기거나 또는 새로운 직원을 유치하는 것이 아니다. 그보다는 직원들 입장에서는 일하기가 더 좋고 고객의 입장에서는 오래 거래하기가 더 좋은 회사로 만드는 데 그 목적이 있다. 이런 가치는 공짜로 얻을 수 없다. 단기적으로는 매출과 인적 자원과 투자 면에서 쓰디쓴 대가를 치러야 할 수도 있다. 대부분의 기업들이 그런 가치에 실질적이고 진정성 있는 방식으로 투자하지 못하는 까닭도 바로 여기에 있다. 그러나 차차 알아보겠지만, 오늘날의 기업 세상에서 양심적인 행위를 강제하지 않았을 때 이것이 종종 기업을 무너뜨리는 부메랑으로 돌아오기도 한다.

앞서 말했지만 진실하게 행동하기가 어려운 이유 중 하나는 진실성이 명확한 경계가 없는 추상적인 개념이어서다. 일례로 당신이 직원들을 윤리적으로 잘 대우해도 고객들에게 거짓말을 한다면, 자화자찬할 일은 결코 아니다. 직원들이 당신의 그런 이중성을 알아차리고 거짓말로 서로를 속이기 시작할 것이기 때문이다. 행동에는 반드시 보편성이 있어야 한다. 말인즉 모든 맥락에서 윤리에 부합하게 행동해야 한다.

이것을 정확히 이해했던 루베르튀르는 체계적이고 집요하며 끈질긴 노력을 통해 휘하 병사들의 행동 수준을 점점 더 높이 끌어올렸다.

그는 단기적인 게임을 하지 않았다. 그의 최종적인 꿈은 사람들이 구성원이라는 사실에 자부심을 느낄 군대와 국가를 차례로 건설하는 것이었다. 다른 말로 그는 당장의 아이티 혁명을 성공시키고, 종국에는 위대한 나라를 건설코자 했다. 그는 자신의 원대한 이 꿈을 이루려면 반드시 장기적으로 생각해야 한다는 사실을 정확히 이해했다.

루베르튀르는 개개인의 근면성, 사회의 도덕성, 공공 교육, 종교적 관용, 자유 무역, 시민의 긍지, 인종 간 평등 등에 토대를 두는 새로운 국가를 건설하고 싶었다. 아울러 그는 이 목표 달성이 개개인의 책임에 달려 있다고 강조했다. "시민들이여, 여러분이 새로운 정치적 지위를 획득한 것은 영광스러운 일로, 이에 감사하는 마음을 가져야 한다. 헌법이 모든 프랑스 시민들에게 부여하는 권리를 획득하는 데는 헌법이 여러분에게 요구하는 의무도 따라온다는 사실을 잊지 마라." 또한 그는 병사들에게 매우 직접적으로 지시했다. "나를 실망시키지 마라. 약탈하고 싶은 마음에 지지 마라. 우리 땅에서 적들을 완전히 몰아낸 후에 승리의 전리품에 대해 생각할 시간이 충분히 있을 것이다. 우리는 영원히 사라지지 않을 자유를 쟁취하기 위해 싸우는 것이다. 그 자유야말로 세속적인 소유물 중에서 가장 귀중하다."

단언컨대 루베르튀르의 윤리적 지침은 더없이 명백했다. 몇몇 CEO들은 제품 출시 같은 목표들을 아주 명확히 표현하면서도 법률 준수 같은 문제에 대해서는 꿀 먹은 벙어리가 될 때가 많다. 이것은 치명적인 결과를 낳을 수 있다. 진실성이 다른 목표들과 상충하는 경우가 많으므로 진실성은 문화의 DNA에 명확하고 구체적으로 각인돼야 한다. 가령 기업이 취해야 할 윤리적인 행동이 무엇이고 그런 행동을 어떻게 실천할 수 있는지에 대해 상세히 알려주지도 않으면서 직원들이 윤리적으로 행동하기를 바란다면, 누구를 채용하든 윤리적인 기업이 되는 길은 요원할 것이다.

바로 이렇기 때문에 루베르튀르는 자신이 주장하는 윤리적 지침들의 엄중함을 보여주고자 철저하게 집행했다. 그의 군대와 싸웠던 프랑스 장군 팜필레 드 라크루아(Pamphile de Lacroix)는 어떤 편지에서 "루베르튀르의 병사들은 유럽의 어떤 군대보다도 엄격한 규율을 따라야 했다"고 적었다. 시릴 제임스가 자세히 기록했듯 특히 루베르튀르 군대는 프랑스 군대와 극명한 대조를 이루었다. "데수르스(Dessources)를 포함한 일부 장군, 자작, 기사, 망명 병사들 할 것 없이 프랑스 군대는 대포와 탄약고를 닥치는 대로 파괴했고, 동물들을 몰살했으며 농장에 불을 지르는 등 사면 협정을 위반했다. 이에 반해 굶주리고 헐벗은 루베르튀르의 흑인 병사들은 마을로 진군하면서도 규율이 아주 엄격해서 단 한 건의 폭력도 약탈도 저지르지 않았다."

루베르튀르는 영국과의 전쟁 중에 병사들이 먹을 식량이 부족했을 때조차도 가난한 백인 여성들에게 식량을 나눠줬다. 그는 어떤 편지에서 "가뜩이나 식민지 산업으로 피해를 입은 불행한 일부 백인들에게 또다시 비운이 닥쳤다고 하니 가슴이 찢어진다"고 적었다. 그들 백인 여성도 '경이로운 그 사나이'에게서 받은 도움에 대해 소문을 냈고, 심지어 한때 노예였던 못생기고 늙은 그 남자를 아버지라고 불렀다. 잠시 이 책을 접고 주변 사람들에게 식민지의 백인 여성들이 아이티 혁명을 이끌었던 노예 출신 지도자를 '아버지'라고 불렀다는 이야기를 들려줘보라. 하나같이 믿지 않을 것이다. 사실 누가 들어도 믿기 힘든 이야기다. 그러나 한 치의 과장도 거짓도 없는 진실이다. 윤리의 힘은 그토록 대단하다.

1801년이 되자 그동안 루베르튀르가 문화에 공들인 대대적인 투자가 드디어 열매를 맺기 시작했다. 흑인과 물라토들이 생도맹그를 이끄는 동안 농작물 수확량이 프랑스 식민지 시절 최대 수확량의 3분의 2 수준까지 회복했다. 이로써 진실성의 가치가 여실히 증명됐다.

## 혁명 후 루베르튀르는 어떻게 됐을까

그러나 아이티 혁명의 영웅 루베르튀르의 말로는 너무 허무했다. 그가 1801년 헌법을 선포한 후 나폴레옹은 이처럼 독립을 공공연하게 과시하는 행위에 격노했고 그를 제거하기로 마음먹었다. 이듬해 루베르튀르 휘하의 부사령관으로 성정이 거칠고 불같던 장-자크 데살린 장군이 생도맹그에 주둔하던 나폴레옹의 최고위 장군과 손잡고 자신의 상관을 잡을 함정을 팠다. 루베르튀르는 그들의 음모를 까맣게 모른 채 외교 회담에 참석했다가 그대로 체포됐고 배에 실려 프랑스로 압송된 후 교도소에 갇혔다. 그리고 얼마 남지 않은 생의 마지막 날들을 가혹한 학대를 받으며 옥고를 치르다가 1803년 4월 7일 뇌졸중과 폐렴으로 옥중에서 사망했다.

한편 나폴레옹은 눈엣가시였던 그를 제거한 후 카리브해 전역에서 노예제도를 부활시키는 일에 박차를 가했다. 이것은 데살린이 나폴레옹에게서 등을 돌리게 만든 주된 원인이었다. 데살린은 모든 반군 세력들을 자신의 지휘하에 통합했고 나폴레옹 군대를 몰아냈으며 1804

년 1월 독립을 선언했다. 그는 생도맹그를 아이티로 개명했고 그해 말에 스스로 황제에 즉위했다.

데살린은 루베르튀르가 아주 오랫동안 진두지휘했던 혁명을 드디어 완성했다. 그러나 이내 그는 자신의 상관이 살아 있었다면 경멸했을 두 가지 결정을 하게 된다. 첫째, 아이티에 거주하던 프랑스 백인 대부분을 처형하라고 명령했고 둘째, 모든 사유지를 국유화했다. 이로써 그는 아이티 혁명의 아버지가 힘겹게 이뤄낸 문화적, 경제적 진전의 상당 부분을 일시에 퇴보시켰다.

1825년 마침내 프랑스가 아이티를 외교적으로 승인했다. 그러나 프랑스는 데살린의 근시안적인 결정들에 대한 잔인한 보상을 받아냈다. 자국의 노예와 농장들이 피해를 입었다면서 아이티에게 오늘날 210억 달러에 해당하는 엄청난 배상금을 물린 것이다. 이런 과거의 유산이 그렇잖아도 서구 사회에서 '영원한' 최빈국인 아이티를 지금까지도 괴롭히고 있다.

정말 가슴 아픈 이야기이다. 그런데 어쩌다가 일이 그 지경에 이르렀을까? 루베르튀르는 문화와 인간 본성에 관한 천재였으면서도 정작 자신에게 서서히 다가오는 배신의 기운을 왜 알아차리지 못했을까? 어떤 점에서 보면 그는 그리스의 영웅 오이디푸스를 닮았다. 오이디푸스는 스핑크스의 수수께끼를 풀었지만 자신과 가장 가까운 사람들을 정확히 꿰뚫어보지 못했다. 루베르튀르는 인간의 잠재력에 대한 본인의 낙관적인 관점에 눈이 멀어 인간 본성의 뼈아픈 일부 진실들을 알아보지 못했다.

루베르튀르는 프랑스혁명과 그것이 공개적으로 약속했던 자유를 믿었고, 그래서 나폴레옹을 인종차별주의자가 아니라 프랑스혁명이 이뤄낸 계몽의 산물로 생각하는 치명적인 실수를 저질렀다. 그러나 나폴레옹은 명백히 인종차별주의자였다. 예컨대 한번은 격분하여 "프랑스 식민지에 있는 모든 흑인에게서 견장을 떼어낼 때까지 전쟁을 멈추지 않을 것이다"고 이를 갈았다. 루베르튀르는 프랑스에 대한 충성심 때문에 프랑스 군대가 침략했을 때 독립을 선언하지 않았다. 만약 그때 독립을 선언했다면 어땠을까? 아마도 생도맹그 전체가 그의 통치 아래서 하나로 뭉쳤을 것이다. 그러나 그는 우유부단한 모습을 보이며 망설였다.

또한 루베르튀르는 자신이 최선의 결과를 위해 노력한다는 점을 병사들이 믿어줄 거라고 확신했다. 아니, 지나치게 믿은 나머지 중요한 사실을 알아채지 못했다. 병사들이 농업 우선주의에서부터 프랑스와의 사이에서 외교적 해결책을 찾으려는 부단한 노력 그리고 보복을 금지하는 규칙에 이르기까지, 모든 것에 불안감을 느낀다는 사실을 짐작조차 못한 것이다. 루베르튀르는 '눈에는 눈, 이에는 이' 방식으로 갚아주는 보복이 감정에 미치는 강력한 힘을 이해하지 못한 반면 데살린은 당한 만큼 돌려주는 앙갚음의 통쾌한 힘을 정확히 이해했다.

시릴 제임스가 그것을 아주 적절히 요약했다. "데살린이 눈앞의 상황을 명료하고 간단하게 볼 수 있었던 데는 일자무식한 그로서는 프랑스 문명과 연결될 만한 유대가 거의 없었기 때문이다. 그는 더 멀리 볼 수 있는 눈이 없었기에 바로 자신의 코앞에서 벌어지는 일을 제대로 봤을 뿐이다. 요컨대 루베르튀르는 무지가 아니라 계몽으로 인해 실패했다."

결과를 놓고 보면, 루베르튀르가 구축한 문화는 여러모로 부족한 그의 부하들이 충실히 따르기에는 너무나 벅찼던 것이 분명했다. 그러나 그의 문화는 지속적인 힘이 있었다. 나폴레옹은 루베르튀르를 무너뜨린 후에 생도맹그에 노예제도를 부활시키려고 애썼다. 그러나 나폴레옹은 그가 남긴 군대에 의해 대패했다. 이리하여 비록 죽은 사람이었지만 루베르튀르는 세 번째로 유럽의 초강대국을 무너뜨렸다. 나폴레옹은 영국과의 워털루 전투에서보다 생도맹그에서 더 많은 손실을 입었고, 뼈아픈 대가를 치러야 했다. 나폴레옹은 생도맹그에서의 참담한 패배로 말미암아 오늘날 미국의 루이지애나주를 포함해 15개 주의 일부를 1,500만 달러의 헐값을 받고 미국에 매각할 수밖에 없었다. 훗날 나폴레옹은 루베르튀르를 내세워 생도맹그를 통치했어야 했다는 회한을 고백하기도 했다.

## 아이티 혁명이 전 세계에 미친 영향력

생도맹그의 노예 혁명은 생도맹그의 대동맥으로 깊숙이 스며들었고, 결국 카리브해의 섬들로 점차 퍼져나갔다. 나중에는 아이티 혁명 전사들과 그들의 추종자에게서 영향을 받아 브라질, 콜롬비아, 베네수엘라, 네덜란드 식민지 쿠라사우(Curacao), 프랑스의 해외 주(州) 과들로프(Guadeloupe), 푸에르토리코, 쿠바, 루이지애나 등에서 반란이 발생했다. 적어도 부분적으로는 그랬다. 이런 반란은 식민 제국들인 프랑스, 영국, 스페인이 카리브 지역에서 영원히 철수하는 데 결정적인 역할을 했다.

루베르튀르의 영향력은 미국 땅에도 닿았다. 특히, 노예제도 폐지론자였던 존 브라운(John Brown)에게 영감을 줬고 결국 웨스트버지니아주 하퍼즈 페리(Harpers Ferry)의 병기창에 대한 공격으로 이어졌다. 브라운은 그 공격이 미국의 노예들이 봉기하는 촉매제가 되기를 희망했다. 비록 공격은 실패로 돌아갔고 브라운은 참수됐지만 하퍼즈 페리 공격은 노예제도를 둘러싼 미국 내 긴장을 고조시켰고, 1년 후 남부의 분리 탈퇴와 남북전쟁으로 이어졌다.

역사상 가장 위대한 문화 천재 중 한 사람이었던 투생 루베르튀르는 자신의 조국을 위해 꿈꾸었던 삶의 방식을 영원히 정착시키지는 못했다. 그러나 그는 서구 사회가 노예 문화에서 자유 문화로 전환하는 데 유익한 밑거름이 됐다. 루베르튀르는 여러 실수들을 저지르는 바람에 옥중에서 안타까운 생을 마감했지만, 우리 모두는 그의 땀과 피를 발판 삼아 해방된 자유를 얻었다.

# WHAT
## YOU DO IS

2장

—

투생 루베르튀르의
문화 원칙을 적용하기

# WHO
## YOU ARE

품질, 디자인, 보안, 재무 정책, 고객 관리 등
조직 성과에서 가장 중요한 측면들은 하나같이 문화가 주도한다.

> 깜둥아, 나는 살인자여도 폭력을 조장하지는 않아.
>
> 미고스(Migos)의 〈슬리퍼리(Slippery)〉

이제 현재로 돌아와보자. 투생 루베르튀르가 아주 기발한 방식으로 노련하게 사용한 문화 기법들은 오늘날의 기업들에서도 최고의 진가를 발휘한다.

## 강점에 초점을 맞춘다

1997년 스티브 잡스(Steve Jobs)가 CEO로 복귀했을 때 애플은 상황이 좋지 않았다. 아니, 좋지 않은 정도를 넘어 그야말로 초상집 분위기였다. 1985년 잡스가 해고됐을 때 13퍼센트였던 시장점유율은 3.3퍼센트까지 추락했고, 가용 운영 자금이 달랑 3달치에 불과해 부도 직전이었다. 오죽했으면 컴퓨터 제조 업체 델(Dell)의 창업자이자 CEO였던 마이클 델(Michael Dell)이 어떤 컨퍼런스에서 애플의 회생 방안에 대한 질문을 받고 "나라면 회사 문을 닫고 남은 돈을 주주들에게 돌려주겠습니다"라고 했을까.

애플 내부에서조차 거의 모든 직원들이 애플을 잡아먹은 죽음의 소용돌이가 개인용 컴퓨터 즉, PC 경제학(personal computer economics)이라고 알려진 현상에서 비롯했다는 통설을 믿었다. PC 경제학 이론이란, IBM 복제품이 사방으로 퍼진 데서 보듯 컴퓨터 제조 산업이 PC 하드웨어를 상품화했기 때문에 이제는 수익을 창출하려면 사용자에게 PC와 자체적인 운영체제(OS)를 제공하는 수직적 통합(vertical integration, 기업이 원료에서부터 제조, 판매, 유통까지 통제하는 접근법 – 옮긴이)에서 벗어나 수평적인 선택에 초점을 맞춰야 한다는 것이다. 쉽게 말해 컴퓨터 제조는 외부 업체들에게 맡기고 애플은 그 컴퓨터에 탑재되는 OS를 판매하는 것이 돈이 된다는 뜻이다.

게다가 거의 모든 산업 분석가들도 애플이 맥 OS를 회사의 주력 상품으로 판매해야 한다고 조언했다. 특히 1997년 IT 전문 잡지 〈와이어드〉는 "애플이여, 이제 그만 인정하시지. 당신네들은 이미 하드웨어 시장에서 퇴출됐어!"라고 선언했다. 심지어 잡스와 함께 애플을 창업했던 스티브 워즈니악(Steve Wozniak)도 이런 관점에 동조했다. "우리는 가장 아름다운 OS를 만들었다. 그러나 소비자가 우리 OS를 가지려면 2배의 웃돈을 주고 우리 컴퓨터를 구입해야 했다. 그것은 명백히 실수였다."

하지만 스티브 잡스는 그 모든 조언을 귓등으로도 듣지 않았다. 더 정확히 말하면, 정반대로 했다. CEO로 복귀한 이후 그가 처음 내린 결정 중 하나는 하드웨어 제조 업체들에게 제공하던 맥 OS 라이선스 프로그램을 폐지하는 것이었다.

당시 PC 경제학 말고 컴퓨터 제조 산업을 지배하던 또 다른 신념이 있었다. 기업들은 서버와 프린터에서부터 PC와 노트북에 이르기까지 컴퓨터 사슬의 모든 연결점에 진입함으로써 시장점유율을 극대화할 필요가 있다는 것이었다. 마찬가지 맥락에서 기업들은 잠재적인 모든 사용자를 고려해 PC의 형태와 크기를 다변화할 필요가 있다고 여겼다. 여기서도 잡스는 대세를 거슬렀고, 애플의 사령탑에 다시 오르자마자 자사 제품의 대부분을 과감히 쳐냈다. 특히 서버와 프린터는 애플의 제품 라인업에서 전부 빠졌고 PC 제품군의 대다수 모델도 철퇴를 맞았다. 심지어 애플이 개발한 세계 최초의 PDA였던 뉴턴(Newton)도 역사에서 영원히 사라졌다.

왜 그랬을까? 잡스는 애플이 처한 상황을 전혀 다른 각도에서 바라봤다. 복귀 직후에 열린 한 직원 총회에서 그가 직원들을 향해 물었다. "자, 우리 회사의 문제가 무엇인지 한번 얘기해볼까요?" 그러고는 자기가 먼저 대답했다. "바로 제품이 문제입니다!" 잡스는 곧바로 또 이렇게 물었다. "그렇다면 제품들에 어떤 문제가 있을까요?" 이번에도 그가 직접 대답했다. "제품들이 순 엉터리입니다!"

잡스는 애플이 직면한 문제가 PC 산업의 경제학 구조와는 전혀 무관하다고 생각했다. 그저 애플이 할 일은 더 나은 제품을 만들면 그만이었다. 물론 더 나은 제품을 만들려면 애플의 문화를 변화시킬 필요가 있을 터였다. 그리고 더 나은 제품을 만드는 방법은 딱 하나, 마이크로소프트(MS)가 아니라 애플의 강점들에 초점을 맞추는 것이었다.

하드웨어와 소프트웨어의 통합은 언제나 애플이 가장 잘하던 일이었다. 최고의 전성기 시절 애플은 프로세서 속도와 스토리지 용량 같은 업계의 벤치마크들이 아니라, 매킨토시처럼 사람들의 창의성을 자극하는 제품들을 만드는 데 주안점을 뒀다. 통합에 있어서는 정말이지 애플을 따를 기업이 없었다. 그리고 애플이 통합의 1인자일 수 있었던 이유는 사용자 인터페이스(user interface, UI, 컴퓨터와 상호작용하며 컴퓨터를 편리하게 이용할 수 있도록 해주는 시스템 및 장치 – 옮긴이)부터 하드웨어와 절묘하게 어울리는 색상에 이르기까지 제품의 모든 측면을 통제하는 능력을 소유한 덕분이었다. 잡스는 이런 자사의 강점을 정확히 이해하는 직원들을, 다른 말로 자신처럼 사용자 경험을 총체적으로 통제하고자 했던 완벽주의자들을 채용하기 위해 노력을 아끼지 않았다. 천재 디자이너로 나중에 아이폰, 맥북 등 애플의 간판 제품들을 디자인하는 조너선 아이브(Jonathan Ive)도 그런 직원 중에 하나였는데, 잡스는 '영혼의 단짝' 아이브에 대한 믿음을 공공연히 드러냈다. "그는 우리 일의 핵심을 누구보다 잘 이해한다."

애플이 1997년 첫선을 보여 선풍적인 인기를 끌었던 '다른 것을 생각하라'(Think Different) 광고 캠페인은 간디, 존 레넌, 알베르트 아인슈타인 같은 창의성의 천재들을 등장시켰다(이 광고는 흔히 '다르게 생각하라'고 알려져 있지만 애플은 그 문구가 'Think differently'가 아니라 'Think something different'를 줄인 말이라고 발표한 바 있다 – 옮긴이). 잡스의 말을 직접 들어보자. "우리 애플 직원들은 우리가 누구인지를 잊었습니다. 당신이 누구인지를 기억하는 방법 하나는 당신의 영웅들이 누구인지를 기억하는 것입니다." 애플이 위대한 기업으로 다시 도약하기 위해서는 과거에 자사를 위대한 기업으로 만들어줬던 문화적 강점에서 시작해야 했다.

잡스가 제품 라인업을 대폭 줄이는 특단의 조치를 취한 데는 철저한 계산이 깔려 있었다. 그는 애플이 기술 사양, 피드, 속도 등 불특정 다수를 겨냥하는 일련의 비인간적인 측면이 아니라 개개인에게 훌륭한 사용자 경험을 제공하는 인간적인 측면에 초점을 맞춰야 한다고 생각했다. 시간이 흐름에 따라 그는 아이팟, 아이패드, 아이폰으로 제품 라인업을 확장하게 되지만 한번도 '수평적'인 확장을 시도하지 않았다. 다른 말로 소프트웨어와 하드웨어의 통합 정책을 계속 유지했다. 심지어 고객 경험에 대한 통제를 강화하기 위해 잡스는 애플 스토어라는 직영 오프라인 매장을 시작했고, 이는 세계 최대 매출을 달성하는 소매 비즈니스 중 하나로 자리 잡게 된다.

앞서 말했듯 스티브 잡스가 CEO로 복귀했을 당시 애플의 운영 자금은 고작 3개월치뿐이었다. 이 글을 쓰는 지금 현재, 애플은 명실상부 세상에서 가장 가치 있는 기업이 됐다.

애플이 업계의 놀림감이었을 때 기존 문화에서 완전히 탈피하고 싶은 마음이 어찌 없었겠는가. 실제로 잡스의 전임자였던 길버트 아멜리오(Gilbert Amelio)가 바로 그 길을 선택했다. 하지만 루베르튀르가 노예 문화의 가장 유익한 측면들을 자신의 군대에서도 그대로 지켜나갔듯, 애플의 창업자였던 잡스는 애플의 고유한 강점들이 새로운 사명의 토대가 돼야 한다는 점을 명확히 이해했다.

## 절대 잊을 수 없는 규칙을 세운다

수년간 조직 문화를 이끌 강력한 규칙을 세울 때에는 따라야 하는 몇 가지 원칙이 있다.

- **단순 명료해서 기억하기 쉬워야 한다** 사람들은 규칙을 잊을 때

문화도 함께 잊는다.

- **사람들에게 '왜?'라는 질문을 반드시 이끌어내야 한다** 규칙은 엽기적이고 충격적이어서 모든 사람이 "진심이에요?"라고 반문하게 만들 정도의 것이어야 한다.
- **문화에 직접적인 영향을 미쳐야 한다** '왜?'에 대한 답은 그 규칙의 문화적 의미를 오해의 여지없이 명확히 설명해야 한다.
- **구성원들은 거의 매일 그 규칙을 맞닥뜨려야 한다** 아무리 기억하기 쉬워도 구성원들이 1년에 한 번 마주칠까 말까 하는 상황에만 적용된다면 빛 좋은 개살구다.

톰 커플린(Tome Coughlin)은 2004년부터 2015년까지 12시즌 동안 미국 프로풋볼리그 NFL 소속 뉴욕 자이언츠의 코치를 지낼 당시 파격적인 규칙을 만들어 언론을 광분케 만들었다. 바로 "정시 도착은 지각이다"라는 규칙이었다. 커플린은 모든 회의를 5분 일찍 시작했고 지각하는 선수들에게 무려 1,000달러의 벌금을 물렸다. 그러니까 정시에 도착하면 벌금을 내야 했다. 도대체 무슨 이런 엽기적인 규칙이 있냐고?

처음에는 '커플린 타임' 규칙이 호응을 얻지 못했고 여기저기 잡음이 많았다. 심지어 몇몇 선수들이 NFL에 진정서까지 제출했고, 〈뉴욕 타임스〉는 그의 규칙을 신랄하게 비판했다.

자이언츠의 새 사령탑에 오른 톰 커플린은 선수 운영 부서를 제대로 장악하지 못한 채 불안하게 출발했고 겨우 경기 하나를 치렀을 뿐인데도 벌써 그의 리더십이 붕괴할 조짐들이 보인다. 지난 일요일 경기에서 자이언츠가 필라델피아 이글스에 17 대 31로 대패한 직후, NFL 선수 협회는 자이언츠의 선수 3명이 커플린을 상대로 진정서를 제출했다고 공식 발표했다. 그들은 커플린이 미팅에 늦었다는 이유로 벌금을 부과했다고 주장했다.

라인백(lineback, 수비 라인 바로 뒤에서 수비하는 선수 – 옮긴이)인 카를로스 에먼스(Carlos Emmons)와 배럿 그린(Barrett Green) 그리고 코너백(cornerbacker, 공격 라인에서 멀리 떨어져 공을 받는 와이드리시버 앞에 서서 수비하는 선수 – 옮긴이)인 테리 커즌(Terry Cousin)이 몇 주 전 미팅 예정 시간에 몇 분 일찍 도착했다는 이유로 각각 1,000달러의 벌금을 받았다. 지난 비시즌 중에 영입한 자유 계약 선수(free agent, FA)인 3명 모두 미팅을 시작하기 전에 도착하라는 이야기만 들었다고 주장했다.

그 사건을 취재하던 〈뉴욕타임스〉의 기자에게 커플린은 "선수들은 이유를 불문하고 미팅에 늦으면 절대 안 됩니다"라고 단호하게 말했다. 이어서 "그들이 정시에 왔다면 정시에 왔겠지요. 그런데 미팅은 5분 일찍 시작합니다"라고 덧붙였는데 동정심이라고는 없고 가히 원칙주의자에 '커플린 대령'이라는 별명에 걸맞은 반응이었다. 그는 또한 자신의 규칙을 돌에 새기듯 더없이 명백하게 만들었다.

커플린의 규칙은 기억하기 쉬웠을까? 그렇다. '왜?'라는 질문을 이끌어냈을까? 선수들이 미식축구 협회에서부터 〈뉴욕타임스〉에 이르기까지 모든 사람이 "대체 왜?"라고 질문했으니 두 번째 조건 역시 통과다. 선수들은 그 규칙을 매일 맞닥뜨렸을까? 물론이다. 어딘가에 참석할 일이 있을 때마다 그 규칙이 따라붙었다. 그렇다면 커플린은 무엇을 위해 그 규칙을 만들었을까?

자이언츠가 커플린의 리더십 아래서 11번의 시즌을 보내며 슈퍼볼을 두 번 들어 올린 후에 쿼터백(quarterback, 공격 라인의 정중앙에 위치한 센터의 바로 뒤에서 전술을 지시하는 선수 – 옮긴이) 라이언 나시브(Ryan Nassib)가 〈월스트리트저널〉과의 인터뷰에서 커플린 규칙의 문화적 의도에 대해 설명했다.

커플린 타임은 규칙이라기보다는 마음가짐에 더 가깝고, 어떤 점에서는 선수들의 자기 수련법이다. 선수들이 시간을 필히 엄수하고 항시 주의를 기울이며 완벽히 참여할 준비가 된 상태에서 미팅을 시작할 수 있도록 해주기 때문이다. 그게 다가 아니다. 경기장을 벗어나 현실 세상에 나올 때도 선수들은 이미 모든 것에서 '5분 일찍'이 습관화돼 있을 것이므로 커플린 타임은 아주 유익한 생활 방식이 된다.

비즈니스 세상에서 효과적인 파트너십을 구축하는 것은 어려운 기술이다. MS와 인텔 간의 파트너십, 고객 관계 관리(customer relationship management, CRM) 응용 프로그램 전문 기업 시벨시스템(Siebel Systems)과 글로벌 경영 컨설팅 회사 액센추어(Accenture) 간의 파트너십 같은 성공 스토리들은 전설로 통한다. 그런데 화려한 성공에 눈이 멀어 간과해서는 안 되는 불편한 진실 또한 있다. 모든 성공에는 100번의 실패가 따른다는 점이다. 하나의 조직에서 모든 구성원들의 이해관계를 일치시키기란 매우 어렵다. 그러나 기업들 간에 이해관계를 일치시키는 것에 비하면 새 발의 피다. 후자는 거의 불가능하다.

1980년대 경영 서적들은 윈-윈 파트너십이라는 개념의 전도사를 자처했다. 하지만 안타깝게도 그 아이디어는 상당히 추상적이었다. 한 치 앞도 모르는 게 세상일인데, 지금의 파트너십이 미래에 윈-윈 거래일지 어떻게 알 수 있겠는가? 또한 이익을 딱 절반씩 나눠 갖는 때가 언제인지 정확히 판단하는 게 가능할까? 뿐만 아니라 파트너십을 체결하면 그에 맞춰 필수적으로 조직의 문화를 조정해야 할 텐데, 윈-윈 아이디어는 그 문제를 해결하지 못한다. 가령 비즈니스 문화의 모든 것이 승리에 초점이 맞춰져 있다면, 행동들을 어떻게 변화시켜야 윈-윈 사고방식을 지닐 수 있을까? 심지어 그 개념의 의미는 왜곡하기도 아주 쉽다. 오죽하면 검은 속내가 있는 협상가들의 단골 레퍼토리가 "우리는 이 거래가 윈-윈하기를 바랍니다"일까.

1998년 다이앤 그린(Diane Greene)은 가상 OS(virtualized operating system) 소프트웨어 개발 회사 VM웨어(VMware)를 공동으로 창업했다. 회사의 성공 여부는 그녀의 파트너십 전략에 달려 있었다. 하지만 가상 OS 시장은 역사상 최악의 윈-루즈 파트너십을 경험한 분야였다. MS가 IBM과 '파트너십'을 체결함으로써 데스크톱 OS 시장을 완벽히 장악해서 독점한 것이다. 따라서 VM웨어의 잠재적 파트너들은 MS와 IBM의 파트너십과 비슷한 무늬만 윈-윈 계약을 제안하는 모든 독자적 OS 개발 업체에 대해 극도로 회의적일 터였다.

이에 그린은 파격적인 규칙을 생각해냈다. 'VM웨어가 49를 갖는다는 조건으로 49대 51 파트너십 계약을 체결한다'는 규칙이다. 정말일까? 그린이 팀원들에게 협상에서 일부러 지라고 말했을까? 당연히 그 규칙은 "왜 그렇게 밑지는 계약을 해야 하지?"라는 질문을 하게 만든다.

그린의 말을 직접 들어보자. "저는 파트너들에게 유리한 방향으로 계약을 체결할 수 있도록 우리 회사 비즈니스 개발 담당자들에게 모든 권한을 위임했습니다. 일방적인 파트너십은 성공하지 못할 것이기 때문입니다." 그린의 규칙이 내부 저항에 부딪혔을까? 아니다. 오히려 직원들은 안도의 한숨을 내쉬었다. VM웨어의 직원들은 파트너들과 상호 이익이 되는 관계를 원했고, 그린의 규칙이 그렇게 할 수 있는 길을 열어준 것이었다. 당연한 말이지만 50대 50 윈-윈보다 정확히 49대 51로 나누는 것이 더 어려웠다. 그러나 VM웨어의 직원들은 그 규칙의 이면에 있는 그린의 진짜 의도를 정확히 이해했다. "협상할 때는 소소한 이익에 얽매이지 말고 파트너에게 양보해도 좋다." 그린의 단순한 그 규칙에 힘입어 VM웨어는 인텔, 델, HP, IBM 같은 거물 기술 기업들과 연달아 파트너십을 맺는 쾌거를 이뤘고, 덕분에 VM웨어의 시가총액이 600억 달러 이상으로 치솟았다.

아주 독특한 문화를 구축한 대기업들이 있다. 유통 공룡 아마존의 문화도 독특함에서는 누구에게도 뒤지지 않는다. 특히 아마존은 아주 다양한 방식으로 자사의 열네 가지 문화 원칙을 널리 알린다. 그중에서도 파격적인 규칙을 내세운 몇몇 방법이 가장 효과적이지 싶다. '근검절약 원칙'을 예로 들어보자. 아마존은 근검절약에 대해 다음과 같이 정의한다. "근검절약은 더 적은 자원으로 더 많이 실현함을 뜻한다. 제약 조건들이 생기면 창의성을 더욱 발휘하고 자립심이 커지며 무언가를 발명하게 된다. 직원 수를 늘리거나 예산을 많이 확보한다고 해서, 또는 고정비를 더 많이 지출한다고 더 좋은 것은 아니다."

근검절약의 원칙을 정말 잘 정의했다. 그런데 그것이 공염불이 아니라 진심이라는 것을 어떻게 보여줄 수 있을까? 아주 좋은 사례가 있다. 아마존 직원들의 책상은 건축자재 등을 판매하는 홈디포(Home Depot)에서 구입한 값싼 문짝에 다리 4개를 달아 만들었다. 물론 그런 문짝 책상에 인체 공학적인 기능들을 기대하는 것은 우물 가서 숭늉 찾는 격이다. 그러나 신입 직원이 충격을 받아 토끼눈을 뜨고 왜 조잡한 간이 책상에서 일해야 하는지 물으면, 누구도 이의를 제기할 수 없는 한결같은 대답이 돌아왔다. "우리는 돈을 아낄 수 있다면 무엇이든 합니다. 그래야 고객들에게 가장 저렴한 비용으로 최상의 제품들을 제공할 수 있기 때문입니다." (오늘날 아마존은 모든 직원이 문짝 책상에서 일해야 한다고 고집하지 않는다. 근검절약의 문화가 이미 깊이 뿌리내려 그런 극단적인 조치가 필요 없어서다. 게다가 요즘 시중에는 홈디포에서 파는 문짝보다 더 저렴한 책상들도 널렸다.)

아마존의 열네 가지 문화 원칙 중에서 일부는 상당히 추상적이다. 예를 들어 '깊게 파고들어라'는 원칙은 리더들이 모든 수준의 업무에 관여하고 항시 세부 사항을 파악하며 자주 점검할 뿐 아니라 성과 지표와 실제 현장 상황이 일치하지 않을 때는 더욱 철저히 조사하라고 촉구한다.

정말 좋은 아이디어다. 그런데 이런 식으로 철저하고 깊이 파고드는 습관을 문화에 어떻게 주입할 수 있을까? 여기에서도 파격적인 규칙 하나가 커다란 도움이 된다. 바로 '회의 시 파워포인트 사용 금지' 규칙이다. 이는 프레젠테이션이 하루의 시작이요 끝인 업종에서 그야말로 파격적이고 충격적인 규칙으로 받아들여진다. 아마존에서 누군가가 회의를 소집하기 위해서는 회의에서 다룰 사안을 설명하고 해당 사안에 대한 자신의 입장을 담은 보고서 형식의 짧은 문서를 준비해야 한다. 회의가 시작하면, 가장 먼저 모든 참석자가 침묵 속에서 발표자가 준비한 문서를 정독한다. 그런 식으로 모든 참석자가 제공된 일련의 배경 정보를 완벽히 숙지한 후에야 비로소 본격적인 토론이 시작된다.

아마존의 아리엘 켈먼(Ariel Kelman) 마케팅 담당 부사장은 그 규칙이 회의를 더욱 효율적으로 만든다고 설명한다.

> 복잡한 뭔가에 대해 이야기해야 한다면 사람들이 관련 데이터를 가능한 신속하게 숙지토록 하는 것이 관건입니다. 그래야 당면한 비즈니스 결정에 대해 사실에 기반을 둔 지적인 대화를 나눌 수 있기 때문입니다.
>
> 예를 들어 신제품의 가격을 책정하기 위한 회의를 소집한다고 가정해보죠. 이런 회의에서는 신제품의 비용 구조가 어떻게 되는지, 고정비와 변동비 등이 각각 얼마인지 밝혀야 합니다. 게다가 각각의 장점과 단점을 가진 세 가지 잠재적인 가격 모델이 있을 수도 있습니다. 이런 모든 정보는 너무 방대해서 한꺼번에 소화하기 어렵습니다. 정보의 과부하에 걸리는 것이죠.
>
> 이번에는 자리에 앉아서 어떤 참석자가 이 모든 정보를 발표하는 것에 귀를 기울인다고 생각해보죠. 그림이 그려지실 겁니다. 대부분의 참석자들은 이 모든 데이터를 적절히 이해하고 오랫동안 주의를 집

중할 만큼 인내심이 없습니다. 대개는 그런 정보를 이해하는 데만도 너무 많은 시간이 소요됩니다. 많은 연구가들이 이 문제를 연구했고, 똑같은 결과를 내놓았습니다. 그들에 따르면, 거의 모든 사람들의 뇌는 새로운 정보를 접할 때 정보를 눈으로 읽는 것이 귀로 듣는 것보다 7배나 빨리 그리고 더욱 효과적으로 받아들일 수 있습니다. 뿐만 아니라 사람들에게 자신의 계획을 서면 형식으로 제출하도록 요구하면 또 다른 장점도 있습니다. 자신의 아이디어를 더욱 상세히 표현하게 만드는 강제적 효과가 생기는 것입니다.

문화는 행동들의 집합이다. 아마존은 모든 회의에 앞서 직원들에게 사려 깊은 행동을 강제적으로 요구함으로써 자사 문화를 하루하루 올바른 방향으로 이끈다.

페이스북이 아직 걸음마 단계였을 때 창업자 마크 저커버그(Mark Zuckerberg)는 페이스북의 성장 동인을 정확히 꿰뚫었다. 바로 사용자였다. 사용자가 늘어날수록 페이스북이 더 좋은 소셜네트워크가 될 터였다. 당시는 소셜네트워크 서비스의 원조 격인 마이스페이스(MySpace)의 사용자가 훨씬 더 많았으므로 페이스북이 마이스페이스를 추월하려면 더 나은 소프트웨어를 개발하는 것이 급선무였다. 더 좋은 기능을 제공하고 더욱 사용자 친화적이며 잠재적인 새로운 사용자들을 매우 효과적으로 끌어들일 수 있는 소프트웨어 말이다. 동시에 저커버그는 페이스북에게 시간이 많지 않다는 것도 잘 알았다. 만약 마이스페이스가 일정 수준 이상으로 성장하면, 그것은 단순한 오락 애플리케이션에서 벗어나 하나의 사회 공공재가 되어 천하무적이 될지도 몰랐다.

1분 1초가 아쉬웠던 저커버그에게 가장 필요했던 가치는 속도였고, 그래서 그는 파격적인 규칙을 세웠다. "발 빠르게 움직이고 낡은 틀을 깨뜨려라."(move fast and break things) 당신이 기술자인데 그 규칙을 처음 듣는다고 상상해보자. '낡은 틀을 깨뜨리라고? 나는 새로운 무언가를 만드는 것이 핵심이라고 생각했어. 그런데 저커버그는 왜 우리에게 낡은 틀을 깨뜨리라고 말하는 거지?' 정확히는 몰라도 그의 의중을 짐작해볼 수는 있다. 당신이 혁신적인 제품을 개발했는데, 그 제품을 계속 밀어붙이면 코드베이스(code base, 소프트웨어 개발에서 특정 소프트웨어 시스템, 응용 소프트웨어, 소프트웨어 구성 요소를 만들기 위해 사용되는 소스 코드의 모임 – 옮긴이)를 불안정하게 만들 위험이 있다. 그런데 그런 위험을 감수하면서까지 그 제품을 밀어붙일 가치가 있을지 확신이 서질 않는다. 하지만 당신은 이미 그 답을 안다. 발 빠르게 움직이는 것은 강점이다. 그 과정에서 기존의 틀을 깨뜨리는 것은 충분히 감내할 만한 부산물이다. 시간이 흐른 후 저커버그는 그 규칙이 그토록 강력한 힘을 발휘할 수 있었던 근본적인 이유를 깨달았다. 그 규칙은 페이스북이 원하는 것은 물론이고 원하는 것을 얻기 위해 페이스북이 무엇을 포기해도 되는지를 명확히 설명한 덕분이었다.

저커버그의 바람대로 페이스북은 마이스페이스를 따라잡았을 뿐 아니라 저만치 따돌렸다. 그러자 페이스북이 추구해야 하는 새로운 사명들이 생겨났다. 소셜네트워크 사이트를 플랫폼으로 전환하는 것도 그중 하나였다. 이제는 '발 빠르게 움직여라'는 덕목이 자산보다는 부채에 가까웠다. 외부 개발자들이 페이스북 사용자들을 위한 애플리케이션들을 개발함에 따라 근본적인 플랫폼이 계속 파괴됐고, 이것은 페이스북 파트너들의 사업을 위험에 빠뜨렸다. 이에 저커버그는 방향 전환이 절실해졌다. 2014년 그는 널리 알려진 자신의 기존 규칙을 버리고 비록 식상하되 변화한 환경에 어울리는 새로운 슬로건을 채택했다. "안정된 인프라 안에서 발 빠르게 움직여라."(move fast with stable infrastructure) 이렇듯 문화는 사명에 맞춰 반드시 진화해야 한다.

흔히 말하는 '엄친딸'의 표본 머리사 메이어(Marissa Mayer)도 파격적인 규칙으로 변화를 모색한 비즈니스 리더 중에 한 사람이다. 2012년 야후의 부활이라는 막중한 사명을 안고 깜짝 등판했을 때 야후는 포털 거인으로서의 옛 명성을 찾아보기 힘들었다. 오히려 직원들의 불성실한 근무 태도로 악명이 높았다. 메이어는 야후가 자신의 '친정'인 구글과 경쟁하려면 무엇보다 직원들이 더욱 노력할 필요가 있음을 잘 알았다. 이에 그녀는 솔선수범을 보이기 시작했고, 아침 일찍 출근해 밤늦게까지 미친 듯이 일에 매진했다. 하지만 아침에 출근해보면 회사 주차장은 여전히 텅 비어 있었다.

2013년, 더는 안 되겠다고 생각한 메이어는 특단의 조치를 내린다. 얼마나 충격적이고 파격적이었던지 회사 내부에서는 물론이고 외부에서조차 엄청난 반발을 불러왔다. '근무 시간에는 반드시 사무실에 출근해야 한다. 지위고하를 막론하고 재택근무는 전면 금지한다'는 선언이었다. 야후는 명실상부 IT 기업이었다. 그것도 재택근무를 가능하게 해준 도구들을 발명한 기술 기업이었다. 온 세상이 분노로 들끓자 메이어가 자신의 입장을 차분하게 설명했다. 그녀는 재택근무하는 직원들이 가상 사설 네트워크(virtual private network, VPN) 서버에 접속한 기록을 살펴봤다고 했다. 야후 직원들은 작업 파일에 안전하게 접속하기 위해 VPN을 반드시 사용해야 했기 때문이다. 그런데 접속 기록을 보니 '집에서 일하는' 직원 대부분이 사실상 전혀 일하지 않는 것으로 드러났다고 한다.

이에 메이어는 사람들을 충격에 빠뜨리는 결정을 할 수밖에 없었다. 문화를 급격하게 변화시키지 않으면 회사의 운명도 위험하다는 절박함에서였다. 결과적으로 말해, 메이어의 노력 덕분에 야후는 직원들이 근면하고 성실히 일하는 예전의 문화를 되찾았다. 하지만 내리막길을 걷던 야후를 되돌리기에는 역부족이었다. 야후는 예전의 명성을 되찾지 못했다. 이 사실에 주목할 필요가 있다. 문화의 속성이 본래 어떤지를 잘 보여주기 때문이다. 문화는 일을 더 잘하는 데는 도움이 되지만, 문화 자체가 기존 전략을 수정하거나 강력한 경쟁자를 무너뜨리지는 못한다.

## 복장을 통해 문화를 보여준다

2014년 메리 배라(Mary Barra)는 GM 역사상 최초의 여성 CEO에 올랐다. 고졸 생산직으로 GM에 입사해 한 우물만 파다가 CEO까지 꿰찬 배라는 가장 먼저 사내에 팽배한 관료주의를 깨부수고 싶었다. 관료주의가 직원들의 숨통을 죄었고 관리자들을 무력한 허수아비로 만들었기 때문이다. 이런 환경에서 허울뿐인 관리자들이 직원들과 적극적으로 소통하고 그들에게 지침을 제공하기는 애당초 그른 일이었다. 외려 그들은 업무에서 사사건건 광범위한 규칙 체계에 의존했다. 무엇보다 10쪽에 달하는 복장 규정이 최악이었다. 배라는 관료주의적 체계를 무너뜨리고 문화를 바꾸기 위해 10쪽에 달하는 복장 규정을 단 두 마디로 줄였다. '적절하게 입어라'(dress appropriately)로.

배라는 와튼 경영대학원이 주최하는 인적자원 분석 컨퍼런스 (People Analytics Conference)에서 그것에 얽힌 전말을 자세히 소개했다.

> 제가 그 아이디어를 내자 HR 부서가 처음에는 이의를 제기했어요. 적절하게 입으라고 비공식적으로는 말해도 되지만, 사규에는 훨씬 더 상세하게 표현할 필요가 있다고 말했죠. 그러면서 그들은 "오해를 불러오는 부적절한 이미지나 문구가 새겨진 티셔츠는 금지한다"는 것처럼 구체적이고 세부적인 내용을 포함시켰죠.

배라는 당혹스러웠다. "기껏해야 티셔츠인데 부적절해봐야 얼마나 부적절할까요?"라고 청중들을 향해 농담 반 진담 반으로 물었다.

> 결국 저는 "안 돼요. 거두절미하고 딱 두 마디면 충분해요. 그게 내가 원하는 전부예요"라고 강하게 밀어붙여야 했어요. 그 뒤에 일어난 일은 제가 우리 회사의 민낯을 들여다볼 수 있는 일종의 창문이었어요.

배라는 새로운 복장 규정을 발표한 직후에 고위 임원 한 사람에게서 이메일을 받았다.

> 그 임원이 이렇게 말하더군요. "좀 더 실질적인 복장 규정을 시행할

필요가 있습니다. 적절하게 입으라는 말만으로는 충분하지 않습니다." 그래서 제가 직접 그에게 전화를 걸었어요. 관료주의가 얼마나 뿌리깊었던지 제가 직접 전화했다는 사실에 그는 약간 충격을 받은 듯 보였죠. 저는 그에게 그것만으로 왜 부족한지 이해할 수 있게 도와달라고 말했어요. 그랬더니 그 임원은, 자기 부서의 일부 팀원들은 촉박한 통보를 받고 급하게 정부 관료들을 만나야 하는 일이 잦기 때문에 그런 회의에 대비해 적절한 복장을 갖출 필요가 있다고 설명하더군요.

"그렇다면 좋아요. 그 부분에 대해 먼저 팀원들과 얘기해보시겠어요?"라고 제가 제안했죠. 그 임원은 GM에서 입지가 탄탄한 리더였고 예산만도 수백만 달러에 이르는 상당히 중요한 부문을 책임지고 있었어요. 몇 분 후 그에게서 전화가 왔어요. "팀원들과 얘기하고 아이디어들을 생각해봤습니다. 정부 관료들과 자주 만날 필요가 있는 팀원 4명이 사물함에 정장 바지를 갖다두기로 뜻을 모았습니다." 이렇게 우리는 문제를 해결했어요.

그 변화는 GM의 모든 경영진에게 시각적인 메시지를 지속적으로 보냈다. 가령 직원을 만날 때마다 관리자는 자신도 모르게 이런 생각을 하게 됐다. '저 사람의 복장이 적절한가?' 만약 그렇지 않다고 생각되면 관리자인 자신이 어떻게 하는 게 가장 좋은지, 민감한 이 문제에 대해 솔직하게 말해도 기분이 상하지 않을 만큼 나는 저 직원과 관계가 좋은 편인지 고민하게 됐다. 요컨대 새로운 복장 규정은 관리자들에게 본연의 임무를 수행할 수 있는 힘을 부여했을 뿐 아니라 그렇게 하도록 만들었다. 바로 직원들을 관리하는 일이었다.

할리우드의 유명 연예기획사 크리에이티브 아티스트 에이전시(Creative Artists Agency, CAA)를 공동 창업한 엔터테인먼트 산업의 대부 마이클 오비츠(Michael Ovitz)가 CAA 사장으로 재직할 당시 그는 메리 배라처럼 명백한 직원 복장 규정을 강요하지는 않았다. 하지만 속을 들여다보면 달랐다. 그녀와는 달리 그의 의중에 암묵적인 복장 규정이 있었음이 분명했다. 그의 말을 직접 들어보자. "1970년대 중반이었는데도 여전히 우리 세상은 청바지와 티셔츠가 모두의 제복이었던 1960년대 문화에서 벗어나지 못하고 있었다네"라고 오비츠가 회상했다. "나는 그런 문화에 맞설 대항적인 접근법을 찾을 필요가 있었지." 그가 결국 찾아낸 복장 규정은 자신이 추구했던 권위주의적 문화에서 비롯했다. "짙은 색상의 품위 있는 정장을 입고 사람들을 만나면 믿기 힘든 일이 벌어지네. 상대보다 우위에 설 수 있는 강력한 힘이 절로 생기는 것이지. 존중을 받고 싶다면 존중을 이끌어내는 방식으로 행동해야 하는 법이야."

오비츠는 항상 짙은 색상의 고상한 정장을 차려입어 자신의 생각을 행동으로 보여줬을 뿐, 절대로 누구에게도 자신처럼 옷을 입으라고 대놓고 말하지 않았다. 그렇다고 그런 암묵적인 복장 규정을 따르지 않았을 때 대가가 따라오지 않았다는 말은 아니다. "한번은 LA에 폭우가 내린 적이 있었는데 직원 몇몇이 청바지 차림에 장화를 신고 출근하더군. 나는 한 에이전트에게 다가가 '오늘 멋지게 입었군. 자네 오늘 촬영장에 나가나?'라고 물었지. 그 이야기는 삽시간에 퍼져 회사 전체가 크게 술렁였다네." 오비츠는 그 에이전트에게 힙합 식의 최후

통첩을 날린 것이었다. 자네는 허슬러야, 고객이야? 세계적인 에이전트야, 배우 지망생이야? 입 밖으로 낸 적은 거의 없었지만 단호한 이 접근법은 이내 CAA를 복장 규정을 거의 완벽히 준수하는 집단으로 변화시켰다. "단 한 곳, 음악 부서만은 예외였어. 본래 뮤지션들이 정장족들을 선천적으로 좋아하지 않잖나."

그런 암묵적인 복장 규정이 CAA의 사내 문화에 미친 영향은 아주 깊고도 지대했다.

> 정장은 우리 기업 정신의 일부가 되었다네. 우리 모두는 고전적이고 고상하며 보수적인 프로였다는 말일세. 그런 복장은 우리가 굳이 큰 소리로 말할 필요도 없이 우리가 지향하는 모든 것을 대변했다네. 요컨대 우리는 그 무엇도 아닌 우리 문화를 통해, 사람들이 우리 문화 때문에 우리 회사를 존중하게 만들었지.

복장은 당신이 할 수 있는 가장 가시적인 행동이다. 또한 조직 전체의 행동을 견인하는 가장 중요하면서도 보이지 않는 강력한 힘이 될 수도 있다. 오비츠는 그것을 이렇게 요약한다. "문화는 눈에 보이는 것보다 눈에 보이지 않은 것에 의해 형성되네. 즉, 문화는 의지로 이뤄지지."

## 외부인을 통해 변화를 꾀한다

라우드클라우드의 CEO였을 때 나는 한창 잘나가던 클라우드 서비스 회사를 기업용 소프트웨어를 개발하는 조무래기 회사로 전환시킬 필요가 있었다. 그것은 생존을 위한 불가피한 선택이었다. 2000년대 초 닷컴과 텔레콤 거품이 붕괴한 이후, 거의 무한대였던 클라우드 서비스 시장의 규모가 하룻밤 새 사실상 제로로 몰락했다. 우여곡절 끝에 옵스웨어라는 이름표를 달고 호기롭게 새 출발을 했지만, 소프트웨어 시장에서 우리를 기다리고 있던 것은 블레이드로직(BladeLogic)이라는 강력한 경쟁자였다. 여차하면 우리는 블레이드로직에 밀려 찍소리도 못 내보고 문을 닫을 판이었다. 나는 블레이드로직을 상대로 이기려면 문화를 대대적으로 변화시킬 필요가 있음을 깨달았다.

라우드클라우드는 창업했을 때부터 수요가 무한했던 터라 우리는 그런 수요를 충족시키는 것에 초점을 맞추는 문화를 구축했다. 이를 위해 우리는 권한을 분산시키고 성장에 방해되는 장애물을 제거하며 일하기 좋은 직장을 만드는 데 문화적인 역량을 집중했다. 하지만 옵스웨어가 대기업들에게 플랫폼을 판매하는 기업용 소프트웨어 회사로 성공하기 위해서는 라우드클라우드와는 다른 문화가 필요했다. 무엇보다 긴급성, 경쟁력, 정확성 등으로 특징지어지는 문화를 구축해야 했고, 그런 문화를 구축하려면 그런 자질을 가진 리더를 영입할 필요가 있었다.

나는 고심 끝에 컴퓨터 지원 설계(computer aided design, CAD) 소프트웨어 회사인 파라메트릭 테크놀로지 코퍼레이션(Parametric Technology Corporation, PTC)에서 일하던 마크 크래니(Mark Cranney)를 옵스웨어의 영업 총괄 책임자로 데려왔다. 그런데 그는 나머지 직원들과 문화적인 궁합이 맞지 않았다. 아니, 솔직히 말하면 그와 우리 사이의 문화적 궁합은 완전히 상극에 가까웠다. 옵스웨어의 직원 대부분은 서부 해안 출신답게 평상복 차림에 싹싹하고 느긋한 성격이었고, 무신론자에 민주당 지지자였으며, 특히 모든 사람이 가장 선한 의도를 가진다고 생각했다. 반면에 크래니는 모르몬교도였고 양복 정장과 넥타이 차림을 고수하는 보스턴 출신이었으며 모든 사람을 몹시 의심하며 경계했다. 무엇보다 그는 세상에서 가장 경쟁심이 강한 사람 중에 하나였다. 하지만 크래니는 옵스웨어 호에 승선한 이후 4년에 걸쳐 침몰하던 옵스웨어를 구했을 뿐 아니라 우리가 누구도 기대하지 못했던 성과를 달성하며 회사를 이끌었다.

물론 내가 그를 구원투수로 등판시켰으니 그의 강점을 누구보다 잘 알았다. 그가 우리에게 필요했던 긴급성, 노하우, 규율 등을 보유한 인물이라는 사실을 나는 면접 때에 바로 알아봤다. 그렇지만 나는 그가 왜 굳이 우리 회사를 선택했는지는 알 수가 없었다. 우리 배가 침몰 중이고 또한 우리 직원들이 자유분방하고 히피 성향이 강한 사람들이라는 점에서 볼 때 그의 눈에는 우리가 영락없는 패배자처럼 보였을 텐데 말이다. 그런 상황에서 무엇이 그에게 위험을 감수하게 만들었을까? 그 궁금증은 최근에야 풀렸다. 나는 우리 회사를 선택한 이유를 직접 물어봤다가 그의 대답을 듣고 너무 황당해 깜짝 놀랐다.

저는 동부 해안에 본사가 있는 PTC에서 젖 먹던 힘까지 다해 조직 사다리의 위쪽으로 올라갔습니다. 기를 쓰고 올라가보니 PTC 꼭대기에는 족벌주의 정치가 판을 치고 있었죠. 그래서 다른 영업직 일자리를 찾아 보스턴에서 족히 40곳의 문을 두드려봤습니다. 그런데 한 곳도 마음에 들지 않았습니다.

사실 옵스웨어의 채용 담당자에게서 여러 번 전화가 왔지만 가타부타 확답을 주지 않았습니다. 그러다가 마침내 마음을 정했고 그에게 전화를 걸어 거절 의사를 명백히 밝혔습니다. "캘리포니아로 가고 싶은 생각이 전혀 없습니다. 캘리포니아는 집값이 살인적인 데다가 문화도 구리고 영업직을 인정해주지도 않습니다. 더욱이 옵스웨어는 블레이드로직 사람들이 '옵스웨어'(Oopsware, 옵스는 '아이고', '아뿔싸' 등의 뜻이 있음 - 옮긴이)라고 놀리는 곳이 아닙니까? 제가 그런 회사를 갈 만큼 멍청이는 아닙니다."

제가 분명히 거절했음에도 그 사람이 끈질기게 전화를 해왔고, 결국 저도 밑져야 본전이라는 심정으로 한 발 양보했습니다. 그러나 쓸데없는 오해를 받지 않으려고 단단히 못을 박았습니다. "좋습니다. 일단 앤드리슨 씨와 호로위츠 씨를 한 번 만나보죠. 하지만 그냥 만나기만 하는 겁니다." 저는 창업자들만 만난다는 가벼운 마음으로 샌프란시스코 공항에 내려 휴대폰을 확인했습니다. 그때 처음 알았습니다. 저를 인터뷰할 면접관이 일개 사단이나 된다는 사실을요.

제가 다가가니 대표님이 칸막이에서 나오더군요. 저는 '젠장, CEO도 칸막이 책상에서 일하는 회사네'라고 속으로 생각했습니다. 칸막이들을 보니 제가 처음에 가졌던 의심이 굳어졌습니다. 설렁설렁하고 놀기 좋아하고 의견 일치에 목매달고 모두에게 발언권이 공평하게 주어지는 자칭 수평적인 회사 말입니다. 그런 환경이 기술자들에게는 좋겠지요. 그러나 영업과 마케팅 사람들에게는 그런 환경이 고역입니다. 영업직들은 매일 전쟁을 치러야 하고, 그래서 일사분란하게 움직일 필요가 있습니다. 더욱이 회의실들에 붙은 이름도 너무 황당했습니다. 소금과 후추(Salt-N-Pepa), 악명 높은 B.I.G.(Notorious B.I.G.)라고 쓰여 있었죠. '도대체 무슨 생각으로 회의실에다가 이런 기이한 이름을 붙인 거야?'라고 생각했습니다. 나중에 그것이 래퍼들의 이름이라는 사실을 알았을 때 '아이고, 이 회사 얼마 못 가겠군' 하고 생각했죠.

대표님과 마주 앉았을 때 제가 말했죠. "사장님, 본격적인 대화를 시작하기 전에 옵스웨어의 채용 과정이 어떻게 진행되고 채용 기준이 무엇인지 알고 싶습니다. 일개 사단이 저를 면접하고 그들 모두가 찬반 투표를 한다면 굳이 CEO가 왜 필요한지 저로서는 잘 납득이 안 되는군요." 그러자 대표님이 자리에서 벌떡 일어나더니 말했죠. "야, 이 싸가지 없는 새끼야. 내가 CEO라고. 내가 결정해!"라고요. 대표님이 "야, 이 싸가지 없는 새끼야!"라고 말하는 순간 저는 속으로 '어라, 가만. 어쩌면 이 회사에서 일할 수도 있겠는걸' 하고 생각했습니다.

나는 깜짝 놀랐다. 정말 그게 다라고? "야, 이 싸가지 없는 새끼야!" 때문이라고? 물론 면접에서 함직한 발언은 아니었지만 내 나름대로 심오한 의도가 숨어 있긴 했었다. 크래니를 있는 그대로 바라보고 그가 속한 문화적 맥락에서 그를 마주하고 싶었던 것이다. 나의 그런 기꺼운 노력에 그도 화답해주었다. 그는 경계심을 풀고 우리에게 자신의 승부수를 띄울 수 있을 만큼 마음이 편안해졌던 것이다.

우리가 그를 품에 안은 것은 타이밍이 아주 절묘했고 천우신조였다. 우리는 기업 대상의 영업 문화도 아직 자리를 잡지 못했지만 그 문화를 뒷받침해줄 모든 것, 즉 영업 철학, 방법론, 태도 등도 하나같이 크게 모자랐다. 우리는 거래를 따내는 접근법이 필요했고, 우리를 확실히 차별화시킬 영업 전략이 절실했으며, 지는 것을 싫어하는 승부사적 태도도 시급했다. 크레니는 그 모든 자질의 결정체였다. 그리고 그 모든 것은 그의 영업 철학에서 비롯했다. 그는 영업 직원이 고객을 납득시키거나 아니면 고객에게 납득당하거나 둘 중 하나라고 믿었다. 다시 말해, 고객에게 당신의 제품을 납득시키지 못한다면 고객은 당신의 제품을 사지 않으려는 이유를 당신에게 납득시킨다.

크레니는 8명으로 구성된 옵스웨어 영업 팀에 중대한 '네 가지 C'를 주입했다. 이른바 영업맨의 네 가지 자질이었다. 첫 번째 C는 능력(competence)이었다. 당신이 판매하는 제품에 관한 전문 지식과 그 지식을 증명해 보이는 과정이 여기에 해당됐다. 구체적으로 말해 구매자의 필요와 예산을 확인함으로써 구매자의 구매 행위를 정당화시켜주고, 구매자가 자신의 구매 기준이 무엇인지 확인하도록 도와주는 동시에 경쟁자들을 따돌릴 전략을 실행하며, 고객 회사의 기술적 구매자(technical buyer, 인적자원, 법무 등의 지원 업무를 제공하는 사람들로 기술을 포함해 여러 요소를 고려해 구매를 결정함 – 옮긴이)와 실리적 구매자(economic buyer, 회사 자원의 투입에 관한 재량권을 가지고 구매 여부를 최종적으로 결정하는 담당자 – 옮긴이)에게서 최종 승인을 얻는 등등이 능력이라는 범주에 포함됐다. 능력이 갖춰지면 당신의 관점을 명확히 설명할 수 있는 자신감(confidence)이 생기는데, 이것이 바로 두 번째 C였다. 이런 자신감은 다시 세 번째와 네 번째 C로 이어졌다. 당신에게 용기(courage)를 주고, 이런 용기를 통해 구매자가 당신의 제품을 구매하지 않으려는 이유에 설득당하지 않을 수 있는 확신(conviction)을 가질 수 있었다. 크래니는 영업 팀원들을 철저히 훈련시키고 그들을 시험하며 그들이 위의 네 가지 C에 대한 책임감을 갖도록 만드는 데 온 힘을 쏟았다.

크래니는 영업을 팀플레이 경기라고 생각했다(그렇다고 그가 영업을 재미있는 협업적 활동으로 만들었다고 오해하지는 마라. 절대 그렇지 않았다). 그는 대부분의 영업 담당자들에게는 '오즈의 마법사' 문제가 있다고 즐겨 말했다. 겁쟁이 사자와 뇌가 없는 허수아비와 심장이 없는 양철 나무꾼처럼 스스로의 힘으로 성공하기 위해 필요한 용기나 뇌나 심장이 부족했다는 말이다. 바로 그 부분에서 프로세스와 팀의 역할이 중요했다. 각 영업 팀의 모든 구성원은 기술 영업 담당, 거래처 관리 담당, 계약 체결 담당 등 각자가 수행해야 하는 고유한 역할이 있었고 만일 누군가가 자신의 역할을 완벽히 수행하지 못하면 전체가 위험한 상황에 처했다. 이러한 철두철미한 체계는 아주 짧은 시간 내에 효과를 거두기 시작했다. 크래니가 옵스웨어에 합류하고 9개월 만에 영업 팀은 30명으로 불어났고 거래 성사율도 40퍼센트 초반에서 80퍼센트 중반으로 2배나 증가했다.

크래니는 영업을 일종의 미식축구처럼 생각했고 그래서 시계와 점수판에서 눈을 떼지 않았다. 그는 우리의 노력에 방해가 되는 사람을 그냥 봐주는 법이 없는 데다가 꾸물대지 않고 '빨리빨리' 처리해야 하는 급한 성격 탓에 팀원들과 적잖이 충돌을 빚었다. 그가 우리 회사에 들어오고 얼마 지나지 않았을 때 이런 일도 있었다. 미국 최대의 화물 특송 업체 페덱스(FedEx)에서 실시하던 우리 회사의 기술적 개념 증명(proof of concept, POC, 신제품이나 신기술을 시장에 도입하기 전에 성능에 대한 검증을 실시하는 것 – 옮긴이) 중 하나를 시찰하기 위해 테네시주 멤피스로 출장을 갔을 때의 일이다. 우리는 고객 회사들의 서버들을 관리할 수 있다고 홍보했고 이를 증명하기 고객 회사의 네트워크 환경에 우리 소프트웨어를 심었다. POC는 본래가 복잡하고 스트레스가 많은 작업이었다. 네트워크 장비의 유형과 서버 그리고 소프트웨어가 아주 다양했으니 그럴 수밖에 없었다. 우리 회사의 가장 유능한 현장 기술자 중 하나인 칩 스타키(Chip Starkey)가 멤피스에서 POC 과정을 이끌고 있었는데, 크래니가 스타키에게 영업 담당자였던 마이크가 어디에 있는지 물었다. 스타키는 "마이크는 여기에 한 번도 오지 않았습니다"고 대답했고 크래니는 곧장 휴대전화를 꺼냈다.

**크래니**    마이크, 자네 오늘 운동 좀 많이 했나?

**마이크**    네, 오늘 8킬로미터를 달렸습니다.

**크래니**    듣던 중 반가운 소리군! 앞으로 운동할 시간이 훨씬 많아질 걸세. 자네는 해고야.

한번은 이런 일도 있었다. 크래니가 옵스웨어로 둥지를 옮기고 두 달이 지났을 무렵 나는 우리 회사의 이사회에서 활동하던 사이 론(Sy Lorne)에게서 전화를 받았다. 그는 우리 회사의 지배 구조 위원회(governance committee, 기업 지배 구조는 대주주를 포함한 경영진, 소액주주, 채권자, 종업원 등 기업 이해당사자들의 역할 관계를 총칭하는 말로 기업을 다스리는 구조가 어떻게 되어 있느냐를 말함 – 옮긴이)의 위원장이자 우리 회사의 내부 고발자 정책을 설계하는 데 도움을 준 사람이다. 또한 론은 유능한 변호사였고 증권 거래 위원회의 법률 고문을 지내기도 했다.

**론**　대표님, 편지 한 통을 받았는데 어째 좀 심란하네요.

**나**　(바짝 긴장하며) 무슨 내용인데 그러십니까?

**론**　"친애하는 론 씨, 귀하가 옵스웨어의 내부 고발 절차에서 상
부에 직접 보고할 수 있는 권한이 있으시기에 이 편지를 씁니
다. 저는 최근에 옵스웨어에서 면접을 봤습니다. 제가 겪은 일
에 대해 회사도 반드시 알아야 한다고 생각해서 펜을 듭니다.
면접 과정 내내 옵스웨어의 직원들은 하나같이 지극히 프로
다웠고 흠 잡을 데 없이 점잖고 정중했습니다. 단 한 사람, 마
크 크래니만 빼고 말입니다. 지금까지 직장 생활을 하면서 그
처럼 프로답지 못하고 무례한 사람은 처음 봤습니다. 당장 크
래니 씨를 해고하시길 간곡히 바랍니다. 진심을 담아."

**나**　정확히 무슨 일이 있었는지 적혀 있었나요?

**론**　아닙니다. 방금 제가 읽어드린 내용이 다였습니다.

**나**　제가 어떻게 해야 한다고 생각하십니까?

**론**　일단은 대표님께서 자세히 알아볼 필요가 있다고 생각합니다.
그런 후에 다시 이야기하시죠.

나는 HR 부서의 총책임자인 섀넌 쉴츠(Shannon Schiltz)에게 전화를 걸
었다. 많은 HR 담당자들과는 달리 쉴츠는 사내 정치에 일절 관여하
지 않았다. 또한 그녀는 함부로 설쳐대는 법이 없었고 정확한 의도를
갖고 조용히 움직이는 부류였다. 닌자처럼 말이다. 나는 그녀에게 크

래니와 관련된 이 사건을 직접 조사해달라고 부탁했다. 크래니의 편집증적인 성격을 건드리지 않게 각별히 조심하라는 말과 함께. 조사를 마친 다음에 꼭 필요하다면 맨 마지막에 크래니와 이야기할 생각이었다.

사흘 후 쉴츠가 조사 결과를 보고했다. 그녀는 피해자라고 주장하는 당사자를 포함해 그 사건에 관련된 모든 사람과 일일이 이야기를 해봤다. 그런데 놀랍게도 그녀가 얼마나 신중했는지 크래니는 물론이고 사내의 누구도 그녀가 조사 중이라는 사실을 전혀 몰랐다. "나쁜 내용도 전부 말해주시죠. 하나도 빼놓지 말고." 이에 쉴츠는 "좋은 소식은 사람들의 이야기가 완벽히 일관된다는 점이에요. 그래서 사건의 전말을 이해하기 위해 굳이 크래니와 이야기하지 않아도 될 것 같아요"라고 대답했다. 나는 정말 충격을 받았다. 조사와 관련되어 이제껏 내가 경험한 바에 따르면, 유일하게 확실한 한 가지는 사람들이 서로 다른 이야기를 한다는 점이었는데 말이다. 나는 쉴츠에게 일이 어떻게 된 건지 물었다.

직원 여러 명을 먼저 거친 다음 크래니가 그를 면접했는데, 면접을 시작하고 5분 만에 크래니가 "좋습니다, 면접이 끝났습니다"라고 말했다고 해요. 그러고는 지원자가 면접 자리를 미처 다 뜨기도 전에 그의 이력서를 구겨서 휴지통에 던져버린 모양이에요. 게다가 지원자가 충분히 들을 수 있는 거리에 있는데도 크래니는 칸막이 너머로 고개를 쑥 내밀고는 채용 관리자에게 소리를 질렀대요. "제길, 도대체 다들 어떻게 면접을 했기에 저 싸가지 없는 새끼가 나한테까지 올라온 거야?"

나는 전말을 듣고도 결론을 내기가 망설여졌다. 나는 아주 경쟁적인 문화를 구축하고 싶었는데 내가 지나쳤던 걸까? 어쩌면 그럴지도 몰랐다. 하지만 당시 우리는 총성 없는 전쟁을 치르는 상황이었다. 우리는 입에 단내가 나도록 빨리 움직여야 했다. 나는 사이 론에게 전화를 걸어 의견을 물어보기로 했다. 내 이야기를 다 들은 뒤에 그가 말했다. "완전히 미쳤군요." 나는 크래니를 해고해야 한다고 생각하는지 그에게 물었다. "아뇨, 그러실 필요까지는 없어 보입니다. 다만 대표님이 그와 직접 이야기해보시고 방음 장치가 되는 밀폐된 공간에서 일하도록 조치하는 게 어떨까 싶습니다."

우리는 초창기 시절의 인텔 같은 평등주의적 문화를 구축했다. 나를 포함해 모든 직원이 칸막이 사무실에서 일했다. 론의 충고대로 나는 크래니와 마주앉아 자초지종을 들려줬고, 그가 회사는 물론이고 본인에게도 부담을 준다고 설명했다. 그는 그 문제 자체는 이해했지만 그의 본성이 바뀔 수는 없었다. 그래서 나는 어쩔 수 없이 회사의 문화 규칙을 깨뜨려 크래니를 벽으로 둘러싸인 사무실에서 일하도록 조치했다. 이제는 행여 그가 말실수를 하더라도 바깥에 들리지 않을 터였다. 당시 우리는 평등보다는 생존하기 위해 필요한 문화적 덕목들이 더 중요했다.

크래니가 합류했을 때 우리 회사의 기업 가치는 5,000만 달러에 불과했지만 4년 후 HP에 16억 5,000만 달러로 매각됐다. BMC가 블레이드로직을 8억 달러에 인수했으니 우리의 매각 대금이 블레이드로

직보다 2배가 조금 넘었다. 이런 커다란 차이가 만들어질 수 있었던 이유는 크래니의 문화적 요소들을 수혈한 덕분이었다.

루베르튀르가 프랑스와 스페인의 백인 장교들을 받아들였을 때 노예 출신 병사들이 어떤 반응을 보였는지 하나하나 세세히 기록한 문서는 없지만, 가히 짐작이 되고도 남는다. 한껏 당긴 활시위 같은 팽팽한 긴장감이 조성됐으리라. 외부에서 리더들을 영입하면 내부에 있던 모두가 매우 불편해지기 마련이다. 그러나 그것이 바로 문화가 바뀔 때의 느낌이다.

## 무엇이 우선순위인지 명확히 한다

리드 헤이스팅스는 24살이던 1985년, 한 고등학교에서 자원봉사로 수학을 가르치고 있었다. 하지만 그의 진짜 꿈은 교사가 아니라 컴퓨터와 관련된 일을 하는 것이었다. 그러던 중 그는 오직 컴퓨터 분야에 발을 들여놓겠다는 일념으로 심볼릭스(Symbolics Inc.)라는 회사에 입사해 커피 심부름하는 허드렛일을 시작했다.

심볼릭스닷컴이라는 세계 최초의 닷컴 도메인을 등록한 심볼릭스는 프로그래밍 언어인 리스프(LISP)를 개발했다. 리스프는 C 언어 같은 다른 프로그래밍 언어들보다 우아하고 사용하기 쉬운 고급 언어였다. 리스프가 우아한 언어가 될 수 있었던 부분적인 이유는 리스프를 사용하면 프로그래머가 컴퓨터의 메모리를 직접 관리할 필요가 없었기 때문이다. 당시에는 인내심을 시험해야 할 만큼 컴퓨터 메모리 관리에 아주 많은 시간이 걸렸다. 심볼릭스는 오직 리스프 언어에 특화된 하드웨어를 제작해야 했다. 헤이스팅스는 커피 심부름을 하는 짬짬이 시간이 날 때마다 심볼릭스의 하드웨어들을 작동시키는 프로그램을 짜는 법을 배웠다.

그러나 훗날 헤이스팅스는 스탠퍼드 대학원에 진학해 컴퓨터 공학을 공부하면서 C 언어를 다시 사용해야 했다. 이에 좌절감을 느낀 헤이스팅스는 리스프를 개선하고 나아가 항상 사용할 수 있도록 메모리를 더욱 영리하게 관리하는 방법을 찾기 시작했다. 결과적으로 그는 C 언어의 더버깅(debugging, 컴퓨터 프로그램이나 시스템의 정확성 또는 논리적인 오류 즉, 버그를 검출하여 제거하는 과정 – 옮긴이) 기능을 급진적으로 개선하는 기법들을 찾아냈다.

그 시절 가장 골치 아픈 소프트웨어 버그는 '메모리 누수'(memory leak)라 부르는 현상이었다. 이것은 프로그래머가 컴퓨터의 메모리를 어떤 작업을 위해 할당했다가 작업이 끝난 후 메모리를 반환하지 않아 메모리를 계속 점유하고 있는 현상을 말한다. 메모리 누수는 사용자가 무작위적이고 예측할 수 없는 경로를 취할 경우에만 발생한 까닭에 누수된 메모리를 되살리기도, 수정하기도 대단히 어려웠다. 게다가 메모리 누수가 발생하는 동안에는 컴퓨터가 무용지물이 됐다.

헤이스팅스는 프로그램을 구동시키기 전에 연구실에서 메모리 누수를 감지하는 방법을 찾아냈고, 1991년 그 방법을 상품화하기 위해 퓨어소프트웨어(Pure Software)라는 스타트업을 창업했다. 그리고 퓨어소프트웨어가 만든 퓨리파이(Purify)는 소프트웨어 개발 방식을 급진적으로 개선시켰고 커다란 인기를 끌었다.

하지만 헤이스팅스는 경영이나 문화에는 눈곱만큼도 관심이 없었고, 직원 수가 늘어남에 따라 의욕이 크게 떨어졌다. 오죽했으면 헤이스팅스가 이사회에 자신을 CEO에서 경질시켜달라고 자기 입으로 요청할 정도였다(이 요청은 받아들여지지 않았다). 퓨어소프트웨어는 문화와 관련된 이슈가 생길 때마다 당장의 문제를 해결하기 위한 프로세스를 공격적으로 시행했다. 마치 반도체 수율(yield, 결함이 없는 합격품의 비율을 말하며 불량률의 반대 개념 - 옮긴이)을 극대화하려고 노력하는 것처럼 말이다. 실험과 자유로운 사고를 촉진하기보다 행동을 통제하기 위한 규칙들을, 다른 말로 모든 실수와 오류를 제거하는 데 최적화된 규칙들을 많이 만들었으니 부작용이 생기는 것은 당연한 수순이었다. 창의성이 죽은 것이다. 헤이스팅스는 다시는 그 실수를 되풀이하지 않겠다고 맹세했다.

그렇게 퓨어소프트웨어는 1995년 기업 공개를 실시했고 1997년 약 5억 달러로 레이셔널소프트웨어(Rational Software)의 품에 안겼다. 헤이스팅스는 그 돈을 밑천 삼아 같은 해에 넷플릭스(Netflix)를 창업했다. 컴퓨터 천재였던 헤이스팅스는 어쩌다가 미디어 회사를 창업하게 됐을까?

시작은 스탠퍼드 대학원에 재학할 당시로 거슬러 올라간다. 헤이스팅스는 대학원에서 컴퓨터 네트워크의 대역폭(bandwidth, 컴퓨터 네트워크나 인터넷이 특정 시간 내에 보낼 수 있는 정보량 - 옮긴이)을 계산해야 하는 과목을 수강했다. 그 네트워크는 트렁크에 백업 디스크를 가득 싣고 미국 각지를 돌아다니는 스테이션왜건이었다. 아주 기발한 이 사례는 그가 네트워크라는 개념을 다른 눈으로 바라보는 계기가 됐다.

DVD가 세상에 등장하고 1년 정도 지난 1997년 어느 날 친구가 헤이스팅스에게 DVD 하나를 보여줬다. 그는 눈이 번쩍 뜨이는 기분이었다. '세상에, 이게 바로 스테이션왜건이야!' 그 통찰을 발판으로 그는 자신이 지연 시간(latency, 레이턴시라고도 하며 자극과 반응 사이의 시간을 말함–옮긴이)이 긴 고대역(high-bandwidth) 컴퓨터 네트워크라고 생각하던 뭔가를 만들었다. 그 네트워크는 32센트짜리 우표 한 장 값으로 5기가바이트의 페이로드(payload, 운송업의 유료 하중 즉, 운임의 대상이 되는 실제 중량에서 따온 개념으로 전송되는 데이터의 양을 말함–옮긴이) 데이터를 전송할 수 있었다. 쉽게 말해 그는 전국 우편망을 통해 영화를 배송하는 회사를 창업했다.

헤이스팅스는 그 네트워크가 최종적으로는, 콘텐츠를 인터넷으로 전송하며 지연 시간이 짧은 고대역 네트워크로 갈아타게 될 거라고 내다봤다. 그가 자신의 회사를 'DVD 우편 배송'(DVD By Mail)이 아니라 인터넷(net)과 영화(flick)를 결합해 넷플릭스라고 이름 지은 이유가 바로 여기에 있었다. 그러나 1997년 당시 인터넷은 그런 서비스를 제공할 만큼 충분히 발달하지 못했다. 인터넷으로 전송되는 비디오 영상들은 극소수였고 그마저도 품질이 들쑥날쑥 고르지 못해 시청이 거의 불가능할 정도였다.

그래서 넷플릭스는 일단 DVD를 우편으로 배달하는 주문형 비디오 서비스부터 시작했고 비디오 및 DVD 대여 업체 블록버스터(Blockbuster) 그리고 월마트(Walmart)와 격돌하게 됐다. 그로부터 8년이 지난 2005년 헤이스팅스와 그의 팀은 생전 처음으로 유튜브라는 새로운 매체를 접했다. 영상의 품질은 만족스럽지 못했지만, 그래도 유튜브를 통해 동영상 메뉴에서 보고 싶은 영상을 골라 클릭하면 바로 볼 수 있었다.

2년 후 넷플릭스는 자체적인 스트리밍 서비스를 야심차게 출범시켰다. 그러나 시간이 흐르면서 헤이스팅스는 스트리밍 자체가 차별화된 새로운 비즈니스로 발전하지 못한다는 사실을 깨달았다. 거의 모든 회사가 스트리밍 서비스를 제공할 수 있고 그렇게 할 터였다. 말하자면 그것은 경영대학원의 입문 수업이었다. 스트리밍 서비스를 새로운 비즈니스로 발돋움시키려면, 그것을 '명실상부한 비즈니스'로 만들겠다는 강력한 의도를 가지고 접근해야 했다. 하지만 아직은 그렇게까지 하는 기업이 사실상 전무하다시피 했다. 게다가 당시 넷플릭스도 주문형 DVD 배달 서비스를 중심으로 구축된 문화를 통해 고객만족도와 수익성이라는 두 마리 토끼를 다 잡을 수 있었다.

2010년 헤이스팅스는 세계 시장의 문을 두드려볼 만큼 스트리밍 가능 콘텐츠를 충분히 확보했다고 판단했다. 그리고 지역으로는 DVD 우편 배송 서비스의 불모지였던 캐나다를 선정했다. 결과는 대성공이었다. 넷플릭스는 족히 석 달이 걸릴 거라고 예상했던 스트리밍 서비스 구독자 목표치를 단 사흘 만에 달성했다. 스트리밍 시대가 눈앞에 와 있는 게 분명했다. 그러나 스트리밍 서비스를 앞세워 세계적인 비즈니스로 도약하는 것은 차원이 다른 이야기였다. 헤이스팅스가 넷플릭스를 세계적인 비즈니스로 발돋움시키려면 어떻게 해야 했을까? 가장 먼저 무엇을 해야 하는지는 분명해 보였다. 바로 스트리밍과 DVD를 패키지로 묶는 일이었다. 그다음에는? 그가 넷플릭스를 유망한 미래 비즈니스로 도약시키기 위해 팀원들과 중요한 이 주제에 대해 의견을 나눌 때마다 대화는 항상 원점으로 되돌아갔다. 그들의 결론은

DVD 서비스를 최적화하자는 것이었다.

이에 헤이스팅스는 교착 상태를 타개하고자 자신의 우선순위를 명백히 보여주는 힘든 결정을 했다. DVD 비즈니스를 이끌던 모든 경영진을 주간 임원 회의에서 배제시킨 것이다. "그때가 넷플릭스를 창업해 성장시키는 과정에서 가장 고통스러운 순간 중 하나였습니다"라고 훗날 헤이스팅스는 고백했다. "우리는 그들을 사랑했고 그들과 함께 성장했으며 그들이 중요한 모든 부문을 관리하고 있었기 때문입니다. 그러나 그들은 스트리밍 서비스에 관한 대화에서 아무런 가치를 부가하지 못했습니다." 사실 헤이스팅스는 오래전부터 넷플릭스의 시장을 잠식할 스트리밍 서비스 전문 회사가 등장할까 봐 예의 주시하며 바짝 경계하던 중이었다. 스트리밍 부문의 잠재적 경쟁자가 어떤 회의에도 DVD 담당 경영진을 참석시키지 않으리라는 것은 자명한 이치였다. 그런 마당에 세계적인 스트리밍 전문 회사를 꿈꾸는 넷플릭스가 스트리밍에 관한 회의에 DVD 담당 임원들을 참석시킨다? 이는 어불성설이라고 그는 판단했다.

세상의 어떤 파격적인 경영 서적도 회사의 모든 수익을 창출하는 충성스러운 팀에게 회사의 주요 회의에서 배제시키는 방식으로 보상을 주라고 조언하지는 않을 것이다. 그러나 헤이스팅스는 문화를 올바른 방향으로 나아가게 만드는 것이 모든 우선순위보다 더 중요하다는 사실을 잘 알았다. 그는 콘텐츠와 물류 유통을 우선시하던 넷플릭스의 기존 문화를, 콘텐츠와 기술을 최우선하는 문화로 변화시킬 필요가 있었다. 당연한 말이지만 그 변화는 근무 시간에서부터 보상 전략에 이르기까지 회사의 모든 것에 영향을 주게 될 터였다. 그러나 만약 그가 문화를 변화시키지 않았다면 오늘날 넷플릭스는 어떻게 됐을까? 아마도 블록버스터의 뒤를 잇게 됐을 것이다. 블록버스터는 2010년 파산했다.

루베르튀르는 생도맹그 주민들에게 농업이 최우선이라고 아무리 말해봐야 별다른 소득도 없이 입만 아플 거라는 사실을 정확히 간파했다. 오히려 농업이 최고의 우선순위라는 사실을 명확히 보여주기 위해 그는 극적인 뭔가를, 그것도 모든 사람이 똑똑히 기억할 어떤 행동을 해야 했다. 그래서 그는 노예 주인들을 용서했고 그들이 자신의 땅을 계속 소유하도록 허락했다. 그의 농업 우선주의 정책을 이보다 더 명확히 보여줄 수 있는 행동은 없었을 것이다. 헤이스팅스의 입장도 루베르튀르와 비슷했다. 스트리밍 서비스가 우선순위라고 백날 천날 말로만 해서는 헛수고였을 것이다. 그는 어떻게든 그것을 행동으로 명확히 보여줘야 했다.

결과적으로 말해, 헤이스팅스의 과감한 결정 덕분에 넷플릭스는 경이로운 성과를 달성했다. 2010년 말 넷플릭스는 거대 언론들의 조롱감이었다. 일례로 다국적 언론 기업 타임워너(Time Warner)의 CEO 제프리 뷰커스(Jeffrey Bewkes)는 넷플릭스가 스트리밍 서비스를 개시하는 것에 대해 "굳이 비유하자면 알바니아 군대가 세계를 정복하려는 것과 같다"고 대놓고 비웃었다. "나는 그것이 가능하다고 생각하지 않는다"라고 그는 단언했다. 그런데 오늘날 넷플릭스는 어떤가? 시가총액이 무려 1,500억 달러가 넘는다. 이는 AT&T가 최근에 타임워너를 인수하면서 치른 대금의 거의 2배에 해당하는 액수다.

## 백 마디 말보다 행동으로 보여준다

2016년 미국 대통령 선거는 파괴적인 폭로전으로 얼룩졌다. 언론은 당시 공화당 대통령 후보였던 도널드 트럼프의 수차례에 걸친 파산 이력, 직원들에 대한 부당한 처우, 연예 매체 〈액세스 할리우드(Access Hollywood)〉의 녹화장으로 가면서 했던 외설적이고 여성 비하적인 발언 등을 연일 폭로했다. 그러나 가장 결정적인 공격은 당시 민주당 대통령 후보였던 힐러리 클린턴(Hillary Clinton)이 최고 기밀 정보가 담긴 이메일들을 어떻게 관리했는지에 관한 내용이었다. 그 폭로성 주장은 엄청난 후폭풍을 몰고 왔고, 공화당 전당대회에서 울려 퍼진 "힐러리를 감옥으로"(lock her up)라는 비난 구호와 클린턴을 간첩법 위반과 여타 범죄로 기소해 법정에 세워야 한다고 요구에서 절정에 달했다. 법률적인 측면에서는 클린턴의 행위를 범죄로 볼만한 근거가 미약해 법적인 조치로 이어지지는 않았지만 클린턴이 입은 정치적 피해는 막심했다.

국무장관 시절 클린턴은 관용 이메일이 아닌 개인 이메일을 사용했다. 이처럼 개인 이메일을 사용했다는 이유로 클린턴의 정적들은 미국의 적들에게 틀림없이 기밀 정보가 흘러들어갔을 거라고 주장했다. 그러자 클린턴과 측근들은 개인 이메일 사용이 단순히 편의상의 문제일 뿐이라고 항변했다. 어쨌건 오바마 행정부의 국무장관이었던 존 케리(John Kerry) 이전의 역대 국무장관들 누구도 관용 이메일을 사용하지 않은 것은 엄연한 사실이었다. 일례로 공화당의 조지 W. 부시 행정부의 초대 국무장관이었던 콜린 파월(Colin Powell)은 AOL 계정을 사용했다.

다수의 모바일 기기를 통해 여러 이메일 계정을 관리해야 하는 사람이라면 클린턴의 논리를 납득할 수 있었다. FBI 조사관들은 클린턴의 손을 들어주었고, 공용 서버를 통해 주고받은 이메일 중에 기밀로 분류된 것은 하나도 없었다는 그녀의 주장을 인정했다. 하지만 FBI의 조사 결과로 그녀를 둘러싼 이메일 문제가 완전히 종식된 것은 아니었다.

선거일이 가까워지자 러시아 정부의 사주를 받은 해커들이 클린턴 측근인 존 포데스타(John Podesta) 선거 대책 본부장의 계정을 해킹해서 민주당 관계자들이 주고받은 수많은 이메일을 빼내간 사건이 발생했다. 각종 여론 조사에서 우위를 보였던 클린턴이 대선에서 트럼프에게 져서 백악관을 넘겨 준 배경에, 어쩌면 그 해킹 사건과 그것에 따른 결과의 가랑비 효과가 있을지도 모르겠다. 뭐 결과는 그렇다 치고, 여기서 근본적인 의문이 하나 생긴다. 러시아 해커들은 미국의 대선 판도까지 뒤흔든 이 해킹 테러를 어떻게 성공시켰을까? 비록 대담하기는 했어도, 그저 단순한 사이버 범죄에 불과했을까?

사이버 보안 전문 인터넷 매체 〈사이버스쿠프(CyberScoop)〉가 그 해킹 사건의 전말을 자세히 보도했다.

포데스타가 해킹을 당한 이유는 비밀번호에 문제가 있어서가 아니었다. 한마디로 스피어피싱 공격에 당했다. 포데스타는 '구글'로부터 그의 계정이 해킹당했고 그래서 이메일 계정의 세부 정보가 필요하다는 이메일을 받았다. 그런데 그것은 해커들이 정상적인 구글이메일을 가장해서 보낸 가짜 이메일이었다. 사람들의 마음이 다급해지게 만드는 피싱 이메일의 흔한 수법이다. 또한 역설적이지만 당신의 계정이 이미 해킹당한 것처럼 속이는 방식도 해커들의 단골 수법이다. 그렇게 하면 사람들이 놀란 나머지 깊이 생각하거나 결과를 고려하지 않은 채 악성 링크를 성급하게 클릭하도록 만들 수 있기 때문이다.

결론적으로 말해 포데스타는 가장 단순하고 가장 보편적인 해킹 수법에 걸려들었다. 즉, 스스로를 보호하기 위해 특정 링크를 클릭하라고 요청하는 이메일에 넘어가 해킹을 당한 것이다. 인터넷 보안에 관한 가장 허접한 기사라도 읽은 사람이라면, 해킹을 피하는 첫 번째 규칙을 잘 안다. 모르는 링크를 눌러 비밀번호를 입력하지 마라. 합법적인 조직이라면 그런 것을 절대 요청하지 않을 것이다. 그런데 대통령 후보의 선거 대책 본부장이라는 사람이 어쩌다가 그런 흔한 수법에 당했을까?

우선, 공식적인 발표부터 알아보자. 포데스타도 처음에는 그 이메일이 수상쩍었다. 그래서 대선 캠프의 IT 담당자에게 전달하면서 정상적인 이메일인지 확인을 부탁했다. 그리고 그 담당자가 IT 보좌관 찰스 델러밴(Charles Delavan)에게 문제의 이메일이 피싱 공격이라고 확인해줬다. 여기까지는 문제가 없었다. 그 후 델러밴이 포데스타에게 보낸 메모에서 실수를 저질렀다. 불법적(illegitimate)이라고 쓰려다가 그만 실수로 오타를 내서 "합법적인(legitimate) 이메일이니 당장 비밀번호를 바꾸십시오"라고 조언한 것이다. 이 해명을 믿어야 할까? 이것은 자살 방지 센터의 상담원이 실시간 채팅으로 상담하면서 자살 위험이 높은 사람에게 알약 한 통을 입에 털어넣고 독한 데킬라를 마셔 삼켜야 한다고 조언하는 것과 다르지 않다.

따라서 전체적인 이야기를 종합해보면 이런 결론을 내려도 무리는 아니다. 언론과 공화당이 공격하지 않을 낮은 직급의 보좌관 한 명에게 해킹 사건에 대한 모든 책임을 덮어씌웠다. 뒷맛이 찝찝하지만 그들의 주장을 일단은 믿어주자. 어차피 그 이야기가 진실을 은폐하기 위해 날조된 것인지 아닌지는 중요하지 않기 때문이다. 중요한 사실은 러시아 정부가 포데스타의 이메일을 해킹했다는 점이다. 그로 말미암아 다소 껄끄러운 많은 이야기들이 세상에 알려졌고 시간이 흐를수록 피해가 눈덩이처럼 커지고 말았다. 무엇보다도 해킹된 이메일에는 캠프 내부의 민감한 사안이 포함됐다. 클린턴 대선 캠프가 대선 토론회의 일부 질문들을 사전에 받아봤다는 정황도 담겨 있었고, 클린턴 이메일 사건에 대해 법무부로부터 부적절한 정보를 입수했다는 내용도 있었다. 심지어 2012년 리비아의 벵가지(Benghazi)에 위치한 미국 영사관이 공격받은 사건에 관한 청문회를 두고 오갔던 농담도 들어 있었다.

힐러리 클린턴은 대선 캠페인 회고록《무슨 일이 있었나(What Happened)》에서 포데스타의 이메일 해킹이 자신의 개인 이메일 사용을 둘러싼 논란에 기름을 부은 격이었다고 소회를 밝혔다. 당시 FBI 국장 제임스 코미(James Comey)도 대선을 불과 열흘 앞두고 이른바 힐러리 클린턴의 이메일 스캔들에 관해 의회에 제출한 선동적인 보고서에서 그녀에 대한 새로운 의혹을 제기했다. "코미가 의회에 제출한 보고서에다가 러시아의 사주를 받은 해킹 공격으로 인한 효과가 더해져 대선에서 파괴적인 결과를 낳았다."

그렇다면 다음으로 이런 질문이 뒤따른다. '어떻게 대선 캠프가 그토록 태만하고 부주의할 수 있었을까?' 하는 것이다.

나처럼 클린턴을 지지했든 아니든, 합리적인 사고를 가진 대부분의 사람들은 그녀가 노련하고 유능한 관리자라는 데 이견이 없을 것이다. 그리고 클린턴의 대선 캠프도 모든 보좌관들에게 보안에 각별히 신경 쓰라는 명백한 지침을 내렸다. 또한 2015년 3월 말 FBI 요원들이 클린턴의 대선 캠프를 찾아와 관리자들에게 외국 정부들이 피싱 사기를 시도할 가능성이 있다고 경고하기도 했다. 실제로 대선 캠프의 모든 사람들이 이메일 계정에서 이중 인증을 사용해야 했고 피싱 공격에 대비해 교육도 받았다. 만약 포데스타가 그 두 가지 규칙 중 하나를 따르기만 했어도 해킹 공격을 피할 수 있었을 것이다. 그런 규칙들이 합해져서 돌다리도 두드리고 건너는 수준의 표준적인 보호막을 형성했다.

그러나 그 계획에는 치명적인 구멍이 하나 있었다. 의무적인 이중 인증 사용이 '업무 이메일'에만 적용된 것이다. 피싱 공격은 포데스타의 개인 이메일 계정에서 이뤄졌다. 여기서 잠깐 생각해보자. 포데스타는 어떻게 해서 캠페인과 관련된 중요한 기밀이 담긴 이메일을 개인 이메일 계정으로 주고받아도 된다고 생각하게 됐을까? 구체적으로 누구의 어떤 행동 때문이었을까? 맞다, 짐작 가는 것이 있다.

힐러리 클린턴이 존 포데스타에게 "이메일 보안에 신경 쓰지 마세요"라고 말했을 리는 만무하다. 아니, 그런 말을 절대로 하지 않았을 것이다. 그러나 클린턴의 '행동'이 자신의 의도를 무색하게 만들었다. 대선 캠프가 해킹 공격에 대비해 필요한 모든 조치를 취했다는 사실은 중요하지 않았다. 존 포데스타는 힐러리 클린턴의 말이 아니라 그녀의 행동을 따라 했기 때문이다. 입으로는 "이메일 보안을 유지하라"고 말했지만 행동은 "개인적인 편의가 더 중요하다"고 말한 것이다. 동서고금을 막론하고 거의 언제나 말보다는 행동이 강력하다. 문화도 정확히 그런 식으로 작동한다.

대선 패배라는 뼈아픈 결과를 낳은 이 실수에 대해 클린턴을 탓하기 전에 잠시 주변을 둘러보자. 세상의 모든 리더가 나중에 후회하는 결정을 한다는 사실을 유념하라. 비단 리더만이 아니라 역사상 누구도 완벽의 경지는 고사하고 그 근처까지 도달한 사람도 없었다. 더욱이 사이버 보안이 급여 업무처럼 조직 전체의 문화와 전혀 무관하게 기능하는 독립된 활동이라고 생각하는 것은 자연스럽고 충분히 있을 법한 일이다. 그런데 실상은 다르다. 품질, 디자인, 보안, 재무 정책, 고객 관리 등 조직 성과에서 가장 중요한 측면들은 하나같이 문화가 주도한다.

행여 문화에 부합하지 않는 행동을 어쩔 수 없이 하게 된다면 그 문제를 어떻게 해결해야 할까? 먼저 그것을 인정하고, 그 실수를 과하다 싶을 정도로 교정하고 또 교정하는 것이 최선이다. 인정과 자기 교정은 앞서의 그릇된 결정을 되돌리고 나아가 그 행위 자체가 새로운 교훈이 될 수 있도록 매우 공개적이고 아주 강력해야 한다.

안타깝게도 클린턴은 이런 종류의 인정과 궤도 수정에 대해 한 번도 깊이 고민하지 않은 듯하다. 미국 정치판의 불문율 하나는 "당신이 틀렸다는 것을 절대 인정하지 마라"는 개똥철학이다(이는 우리가 대부분의 정치인들을 진심으로 존경하기가 어려운 이유 중 하나다). 클린턴은 저서에서 자신의 부주의함을 지적하는 일부 비난은 받아들였지만 책임에 대해서는 거의 발을 뺐다. "어리석음에서 비롯한 실수 하나가 선거 운동을 규정하고 파괴하는 대형 스캔들로 둔갑됐다. 그것은 한 마디로 독극물 칵테일과 같았다. 당파적 기회주의, 관계 부처 간의 밥그릇 싸움, 신중하지 못하게 입을 함부로 놀린 FBI 국장, 모든 논란을 설득력 있게 해명하지 못한 내 자신의 무능함 그리고 이 스캔들이 대선에서 가장 중요한 사안이라고 연일 대서특필해 유권자들을 오도한 언론 보도 등이 빚은 합작품이었다."

그런 다음 클린턴은 유출된 포데스타의 이메일에 대해서도 설명했다. "해킹당한 포데스타의 이메일 중에서 내가 국무장관 시절 개인 이메일 계정을 사용한 것과 눈곱만큼이라도 관련 있는 것은 없었다. 정말 하나도 없었다. 그런데도 많은 유권자들은 두 사건을 연결시켜 생각했다." 두 가지 이메일 스캔들은 클린턴의 관점에서 보면 사실상 전혀 무관했다. 그러나 내 관점에서 보면 샴쌍둥이처럼 연결돼 있었다. 물론 클린턴이 이메일 보안을 가벼이 생각하지 않았더라도 민주당 인사의 이메일이 해킹당했을 수도 있다. 그러나 여기서의 핵심은 리더가 의도하지 않은 우발적인 행동조차도 문화를 규정한다는 사실이다.

말과 행동을 일치시키는 것은 가장 어려운 대인 기술일지도 모르겠다. 솔직히 언행이 하나부터 열까지 일치하는 사람은 없다. 심지어 루베르튀르도 그러지 못했다. 1장에서 말했지만, 그는 노예들을 설득해 혁명군에 가담시키기 위해 자신이 프랑스 국왕 루이 16세의 대리자

역할을 수행한다고 거짓말을 했다. 그러나 그 거짓말이 없었다면 아이티 혁명은 시작조차 못했을 가능성도 배제할 수 없다. 그런데도 그가 문화를 지킨다는 미명하에 혁명을 위험에 빠뜨려야 했을까? 그렇게 했다면 무슨 이득이 있었을까? 어쩌면 자신과 동료 혁명군들이 형장의 이슬로 사라지는 순간에 자신만은 순수하고 완벽한 문화를 구축했다는 사실로 스스로를 위안할 수는 있었을지 모르겠다.

나는 라우드클라우드의 CEO였을 때 모든 직원이 중요한 모든 사안을 공유하는 투명한 문화를 구축하기 위해 부단히 노력했다. 이것은 넓은 의미의 주인 의식으로 이어졌을 뿐 아니라 가장 어려운 문제들을 해결하는 데 더 많은 머리들을 모아 집단 지성을 활용할 수 있게 해줬다.

그러나 2000년 닷컴 거품이 터진 이후 상황은 한순간에 달라졌다. 이제 더는 누구도 스타트업과 손을 잡으려 하지 않았다. 오히려 스타트업은 기피 대상이었다. 라우드클라우드도 갑자기 바람 앞의 촛불 신세로 내몰렸다. 나는 비록 가능성이 희박해도 침몰하는 라우드클라우드를 구할 방법을 생각해냈다. 소프트웨어 업체로 간판을 바꾸는 것이었다. 그렇게 하면 더 적은 자본으로 회사를 운영할 수 있을 것이고 따라서 생존 가능성도 훨씬 높아질 터였다. 그러나 나는 적당한 때가 무르익기 전까지 그 계획에 대해 거의 아무에게도 말하지 않았다. 왜냐고? 행여 그 계획이 알려지는 날에는 기존의 클라우드 비즈니스가 붕괴하는 것은 물론이고 새로운 소프트웨어 비즈니스의 동력이 될 거래도 무산될 위험이 있어서였다. 그리고 마침내 때가 됐다. 나는 라우드클라우드의 핵심 비즈니스를 매각했고 나머지 부분을 옵스웨어로 재정비했다. 당연한 말이지만 이것은 우리 문화에 막대한 타격을 입혔다. 또한 내 개인적으로도 손실이 아주 컸다. 직원들의 신뢰를 크게 잃은 것이다. 그러나 나로서는 회사를 구하기 위해 문화를 희생시킬 수밖에 없었다. 이것은 내가 한동안 언행을 일치시키기 위한 노력을 중단해야 한다는 뜻이었다.

옵스웨어로 조직을 개편한 이후 회사의 문화를 소생시키는 일은 순탄치 않았다. 이에 나는 정공법을 선택했다. 비록 선택지가 많지는 않았지만 내가 최대한 감당할 수 있으면서도 모두의 뇌리에 가장 깊이 각인될 환경에서 내 모든 지난 잘못을 시인하기로 했다. 그런 다음 새로운 수준의 투명성으로 우리 문화를 재설정할 계획이었다. 나는 우선 전 직원을 대상으로 외부 워크숍을 열기로 결정했다. 그래서 캘리포니아 산타크루즈에 있는 값싼 모텔에 객실들을 빌렸고 음료 쿠폰이 제공되는 햄샐러드 샌드위치를 배달시켰다. 저가 모텔에 배달 음식까지는 그래도 애교로 봐줄 만했다. 하이라이트는 따로 있었다. 바로 직원을 2명씩 짝지어 한 방에 배정한 것인데 표면적으로는 비용을 아끼기 위해서였지만 진짜 이유는 다른 데 있었다. 2인 1실은 실리콘밸리 IT 기업들에서 거의 전무후무한 일이었고, 고로 나는 직원들이 이번 외부 워크숍의 모든 것을 기억하기를 바라는 마음에서 일부러 그런 작전을 썼다.

나는 첫날 오후와 저녁에 업무와 관련된 일정은 전혀 없다고 못 박았다. 대신에 그 시간을 우리가 서로를 알아가는 데 쓰기로 했다고 공표했다. 이미 3년 반이나 동고동락한 사람들에게 새삼스레 서로를 알아가는 시간이 불필요하게 느껴질 수도 있었다. 그러나 함께 시간을 보내면서 서로의 존재를 다시 편안하게 받아들이기 시작하는 것이 그 아이디어의 핵심이었다. 물론 말처럼 쉽지 않으리라는 점은 처음부터 충분히 짐작한 바였다.

이튿날 회의를 시작하면서 나는 이렇게 말했다. "맞습니다. 제가 저번 사업을 도랑으로 처박은 장본인입니다. 그러니 여러분이 왜 다시 저를 믿어야 하는지 당연히 의구심이 들 겁니다. 충분히 이해합니다." 그런 다음 경영 팀이 나서서 재무 상황을 포함해 우리 회사의 모든 측면과 모든 제품 그리고 비즈니스 전략에 대해 발표했다. 특히 재무와 관련해서는 회사의 보유 현금과 부채를 센트 단위까지 다 까발렸다. 요컨대, 생존을 위해 꼭 필요했던 얼마간의 혼란기를 겪은 후에 나는 또다시 완전한 투명성의 문화를 채택했다.

그 워크숍이 대체로 성공적이었다고 자평해도 좋지 싶다. 80명의 워크숍 참석자 중에 4명을 빼고 모두가 5년 후 HP에 최종적으로 매각될 때까지 회사를 떠나지 않았다. 내가 우리 회사의 피벗(pivot, 스타트업에서 제품이나 서비스를 출시한 이후 의도치 않은 시장 상황에 직면하거나 예상하지 못한 고객 반응이 나타났을 때 이에 대응해 사업 전략이나 비즈니스 모델에 변화를 주는 것 – 옮긴이)과 관련해 '말 따로 행동 따로'였다는 사실에는 변명의 여지가 없다. 그러나 정면으로 코를 박으며 고꾸라지지 않아 정말 다행스럽게 생각한다.

## 어떤 윤리 규칙을 따르는지 명백히 밝힌다

공유 경제의 총아 우버는 철저히 붕괴된 문화로 악명이 하늘을 찔렀다. 그래서 아마도 이 말을 들으면 깜짝 놀라는 사람들도 있지 않을까 싶다. 우버의 창업자 트래비스 캘러닉이 매우 의도적으로 이런 우버의 문화를 설계했고 그 문화를 아주 세심하게 조직의 DNA에 주입했다는 사실이다. 정말이지 우버의 문화는 정확히 설계된 대로, 그러니까 설계자의 의도대로 작동했다. 그러나 결과적으로는 우버 문화가 설계상에 심각한 결함이 있었음이 드러났다.

먼저 우버의 아주 독창적인 문화 규범부터 살펴보자. 그것들은 캘러닉이 2009년 우버를 창업한 이후 정립한 핵심 가치들로, 자긍심이 높은 우버 직원들이 그런 가치의 전도사로 앞장서서 널리 알렸다.

우버의 사명을 실천하라

도시를 더 편리하게 만들어라

능력주의와 자유로운 아이디어 공유

원칙 있는 항거

승리: 승자의 마음 자세

권한을 위임하라

언제나 허슬 정신으로 무장하라

고객에 집중하라

크고 대담하게 모험하라

마법을 걸어라

세입자가 아니라 주인이 돼라

자신다워져라

낙천적인 리더십

최상의 아이디어가 살아남는다

아울러 캘러닉은 회사가 직원들에게 바라는 여덟 가지 인재상도 마련했다.

비전

품질에 대한 집착

혁신

용기

실행

영업

의사소통

초인적인 열정

이런 가치는 표준적인 경영 서적에서 봄직한 평범한 것들이 아니다. 또한 합의를 도출하기 위한 외부 워크숍에서 나올 법한 모호한 희망 사항도 아니다. 오히려 리더가 자신이 원하는 행동을 명확하게 소통할 때 생명력을 얻는 가치들이다.

만약 캘러닉이 우버의 문화에 그토록 많은 노력을 기울였다면 도대체 어디서부터 잘못된 걸까? 문제는 능력주의와 자유로운 아이디어 공유, 승자의 마음 자세, 언제나 허슬 정신으로 무장하라, 최상의 아이디어가 살아남는다 같은 가치들에 내재된 '암묵적인 사고방식'이 다른 모든 가치보다 하나의 가치를 우선시했다는 점이다. 바로 경쟁의

식이었다. 캘러닉 본인이 세상에서 가장 경쟁심이 강한 사람 중에 하나였고, 가능한 모든 방법으로 그 정신을 자신의 회사에 주입시켰다. 게다가 2016년 우버의 기업 가치가 660억 달러에 달했으니 그것은 대단히 성공적이라 할 수 있었다.

우버는 신입 직원들에게 3일간 직무 교육을 제공하는 우버 대학교 (Uberversity)를 운영했는데, 강사들은 다음의 시나리오에 입각해 신입 직원들을 가르치기 시작했다. 경쟁 회사가 4주 안에 차량 공유 서비스를 출범시킬 계획이다. 우버는 자체적으로 신뢰성 높은 차량 공유 서비스를 출시해 시장을 선점하는 것이 불가능하다. 이럴 경우 우버는 어떻게 해야 할까? 우버 대학교에서의 정답은 이렇다. "신뢰도가 떨어지더라도 경쟁 업체보다 한 발 앞서 출시해 시장을 선점할 수 있도록 임시 해결책을 신속하게 만들고, 그런 다음 마치 출시 준비가 완벽히 끝난 것처럼 행동한다."

이것은 오늘날 미국에서 차량 공유 시장을 양분하는 회사 리프트 (Lyft)에 대해 알게 됐을 때, 우버가 실제로 취한 전략이기도 했다. 물론 법률 팀을 포함해 일각에서는 서두르지 말고 시간을 들여 우버 풀 1.0(Uber Pool 1.0)보다 훨씬 좋고 실효성 있는 제품을 만들자는 목소리도 있었다. 그러나 그들에게 돌아온 대답은 "그건 우버의 방식이 아니다"는 일갈이었다. 그것에 담긴 근원적인 메시지는 명백했다. 진실성과 승리 중에 하나를 선택해야 한다면 우버의 직원들은 무슨 수를 쓰든 반드시 이겨야 한다. (잠깐, 여기서 내가 분명히 하고 싶은 것이 있다. 내가 현재 CEO로 있는 앤드리슨호로위츠가 리프트에 투자했고 내가 리프트의 이사회에 이름을 올리고 있기 때문에 두 회사 간의 역학을 손바닥 보듯 훤히 알았다. 그리고 변명의 여지없이 나는 우버보다 리프트에 훨씬 더 우호적이다.)

경쟁의식을 둘러싼 이 문제는 우버가 중국 내 1위 차량 공유 업체 디디추싱(滴滴出行, Didi Chuxing)에게 도전장을 내밀기 시작했을 때도 드러났다. 우버와 경쟁하기 위해 디디추싱은 우버의 애플리케이션을 해킹해서 가짜 이용자들에게 전송하는 것을 포함해 매우 공격적인 기법들을 동원했다. 중국에서는 시장의 공정성을 해치는 그런 반(反)경쟁적 행위를 규제하는 명확한 법률이 없었다. 이에 우버의 중국 법인은 눈에는 눈 이에는 이 전술로 반격했다. 곧바로 디디추싱을 해킹한 것이다. 우버의 공격적인 행태는 거기서 그치지 않았고 미국에서 헬(Hell)이라고 알려진 프로그램으로 리프트를 해킹하는 사태로 이어졌다. 헬은 리프트의 시스템에서 가짜 고객 계정을 생성시켰을 뿐 아니라 리프트 운전자들을 빼오기 위해 필요한 정보를 우버에게 전송했다. 캘러닉이 직원들에게 좋게 표현하면 반경쟁적 행위이고 다르게 말하면 불법적일 수 있는 이런 방법을 사용하라고 직접 지시했을까? 단정하기는 어렵지만, 캘러닉이 직접 지시하지는 않았을 것이다. 그러나 직접적으로 지시했건 아니건 그건 중요하지 않았다. 캘러닉이 그런 지시를 '굳이 할 필요가 없었다'는 점이 핵심이다. 이미 그는 그런 행위들을 부추기는 문화를 구축해놓았기 때문이다.

우버의 경쟁적인 문화를 단적으로 보여주는 또 다른 사례도 있다. 구글의 모회사로 유명한 알파벳(Alphabet) 산하 스타트업인 웨이모(Waymo)가 자율주행 자동차 사업부를 통해 차량 공유 앱을 개발 중이라는 소식이 세상에 알려졌을 때의 일이다. 우버는 답보 상태인 자사의 자율주행 자동차 사업에 긴급 수혈을 하기 위해 웨이모의 기술자들을 공격적으로 빼오기 시작했다. 알파벳의 자회사인 구글이 우버에 막대한 금액을 투자한 주요 투자자라는 사실에도 불구하고 그리고 알파벳의 기업 개발 부문 수석 부사장이자 CLO(chief law offcer, 최고법률책임자)인 데이비드 드러먼드(David Drummond)가 우버의 이사회 일원이라는 사실에도 아랑곳하지 않고 우버는 이런 인력 탈취로 뒤통수를 쳤다. 심지어 캘러닉은 웨이모에서 분사된 스타트업 오토(Otto)를 인수하기까지 했다. 그런데 들리는 소문에 따르면 트럭용 자율주행 기술을 개발하는 오토는 웨이모의 지식 재산(intellectual property, IP)을 훔쳤다고 했다. 의혹이 사실이라면 우버의 경영진은 오토의 도적질에 대해 알았을까? 이점에 대해서는 정확히 알 도리가 없다. 그러나 우버가 문화적으로 매우 일관된 조직이었을 거라고 조심스레 짐작해본다. 대답은 각자가 알아서 판단하길 바란다.

세상에 영원한 비밀은 없는 법, 우버의 비윤리적인 문화와 관련된 문제들도 드디어 수면 위로 올라왔다. 2015년 수전 파울러(Susan Fowler)라는 젊은 여성이 사이트 신뢰성(site-reliability) 전문 기술자로 우버에 입사했고, 그녀의 입을 통해 우버 문화의 치부가 세상에 알려지게 된다. 대학에서 물리학을 전공한 파울러는 명석하고 낙천적인 성격에 마이크로서비스(microservice, 애플리케이션 구축을 위한 아키텍처 기반의 접근 방식 – 옮긴이)에 관한 책을 쓴 작가기도 했다. 그녀는 우버의 신입 직원 연수를 마친 후 본격적인 업무를 시작하자마자 우버 문화의 어두운 면을 경험했다. 파울러가 얼마간의 시간이 흐른 후 블로그에 폭로한 글은 우버를 뿌리째 뒤흔들었다.

입사하고 처음 2주간 신입 연수를 받은 후 나는 내 전문성을 살릴 수 있는 팀에 들어가기로 선택했다. 그런데 바로 여기서부터 상황이 이상하게 흘러가기 시작했다. 팀 내에서 근무하는 공식적인 첫날이었다. 직속 상사가 직원 단체 대화방에서 일련의 메시지를 보내며 수작을 걸어왔다. 그는 여자 친구가 있지만 서로의 성생활을 간섭하지 않기로 합의했고, 그래서 여자 친구는 남자들을 쉽게 바꿔가며 즐기는 반면 자신은 그렇지 못하고 있다며 한탄했다. 그는 회사에서 문제를 일으키지 않으려 하는데도 자꾸 말썽에 휘말린다면서 이 모든 게 자신이 잠자리 상대를 찾고 있어서라고 했다. 나를 자신의 침대로 끌어들이려는 속셈이 빤히 보였다. 그가 선을 넘은 것이 확실했으므로 나는 곧바로 그가 보낸 메시지 화면을 캡처해 HR 부서를 찾아가 그의 성추행을 신고했다.

당시에도 우버는 꽤 덩치가 큰 회사였기에 나는 이런 상황에 놓인 보통 사람들이 그러하듯 회사를 믿었다. 말인즉 내가 상사의 성추행을 신고했으니 HR 부서가 그 문제를 적절히 처리하고 그런 다음 나는 평범한 일상으로 돌아갈 거라고 기대했다. 그런데 불행히도 상황은 아주 다르게 전개됐다. 내가 상사의 행위를 고발하자 HR 부서와 고위층 모두 그것이 명백히 성추행이라고 인정했다. 문제는 그다음이었다. 사건의 명백함에도 불구하고 그들은 상사가 성추행을 저지른 것은 이번이 처음이고 그래서 그에게 엄중하고 단호히 경고하는 선에서 사태를 마무리 짓겠다고 말한 것이다. 더한 조치를 취한다면 그들의 마음이 편치 않을 거라는 말까지 덧붙였다. 문제는 거기서 끝나지 않았다. 더 어이가 없는 것은 고위층의 반응이었다. 그들은 나를 성추행한 상사가 "실적이 매우 높고" 따라서 그의 입장에서는 "악의 없는 단순한 실수"에 불과할 수 있는 일로 그를 처벌하면 자신들의 마음이 불편할 거라고 했다.

미국의 연방법에 따르면, 파울러의 경우처럼 서면으로 제출하든 아니든 회사는 종류를 불문하고 직장 내 괴롭힘에 관한 불만이 보고되면 그것을 공식적으로 조사할 의무가 있다. HR 담당자에게 이 법은 회계사에게 수익 인식(revenue recognition)만큼이나 기본적인 사항으로 반드시 숙지해야 한다. 그렇다면 우버의 HR 담당자는 법에 저촉되는 줄 뻔히 알면서도 왜 그런 결정을 내린 걸까? HR 담당자는 실적이 높은 고성과자를 징계하는 것이 '반경쟁적'인 행위라고 생각했기 때문이다.

그렇다면 이것에 대한 캘러닉의 생각은 어땠을까? 전도유망한 젊은 기술자가 당한 성추행 사건을 조사하지 않은 것이 좋은 아이디어라고 생각했을 가능성은 전혀 없다고 본다. 어쨌든 그것은 그가 애초에 구축하려던 문화가 아니었다. 그가 정한 열네 가지 핵심 가치 중 어디에서도 상사가 부하 직원을 성추행해도 된다는 내용은 없었다. 심지어 그런 행동을 암묵적으로 용인해주는 부분도 없었다. 실제로도 모두의 이야기를 종합해보면 캘러닉은 그 사건에 대해 불같이 화를 냈다. 또한 그는 여성 직원이 자신의 업무 능력과 무관한 사안들을 잣대로(그러니까 여성이라는 이유로) 부당하게 차별 대우를 받았다고 생각했다. 당연히 그것은 "최상의 아이디어가 살아남는다"는 우버의 핵심 가치와 정반대였다. 그런데 어쩐 일인지 우버의 문화에서는 비생산적인 이상한 부작용이 자꾸 생겨났다.

　이런 부작용에 대한 또 다른 예를 들어보자. 한번은 인도에서 우버의 운전자가 여성 승객을 강간한 혐의를 받았는데, 본사 경영진은 그 사건을 조작이라고 생각했다. 그 승객이 인도에서 우버와 경쟁 중이던 차량 공유 업체 올라(Ola)의 돈에 넘어가 강간 피해자인 척한다고 의심했다. 그러자 우버의 아시아 태평양 지역 비즈니스 총괄 책임자로 저돌적인 성격의 에릭 알렉산더(Eric Alexander)가 경영진의 의심을 뒷받침해줄 증거를 찾는답시고 피해자로 추정되는 여성의 의료 기록을 무단으로 입수했다. 이런 불법적인 행위가 알려졌을 때 세상은 분노로 들끓었다. 우버는 강간 피해자의 의료 기록을 몰래 빼내기 위해 외국의 관리들을 매수했을까? 도대체 어찌된 일이었을까?

　일단 세상의 분노가 가라앉고 논란이 진정된 후 이제는 우버의 이사들조차 캘러닉에게 등을 돌렸다. 그들은 몹시 충격을 받았다. 아니, 카지노에서나 있을 법한 도박이 우버 내에서 자행됐다는 사실에 얼마나 충격을 받았던지 얼이 나갈 지경이었다. 그렇다면 그들까지 아무 책임 없는 피해자라고 생각해야 할까? 이사들은 "언제나 허슬 정신으로 무장하라"는 우버의 문화적 가치를 항상 인지했을까? 그들이 그랬다는 것에 내 전 재산을 걸 수도 있다. 그렇다면 그것이 무슨 뜻인지는 알았을까? 만약 몰랐다면 직무 태만이었다. 하지만 나는 그렇지 않다고 본다. 지난 수년간 자사에 비우호적인 법률이 자사의 경쟁력에 방해가 될 때 우버가 어떻게 행동했는지를 보여주는 사례가 한둘이 아니었는데 어찌 모를 수 있었겠는가.

　그렇다면 이사회는 그토록 공격적인 문화를 설계했다고 캘러닉에게 분노를 표출했을까? 바랄 걸 바라자. 도리어 그들은 캘러닉이 자신들을 부자로 만들어주는 동안에는 희희낙락했다. 그들이 분노한 경우는 딱 하나, 그가 세상의 레이더에 걸리고 나서부터였다. 말인즉, 문화에 내재된 결함들이 회사 담장을 넘어 외부로 널리 알려지게 된 이후였다.

이번에는 캘러닉의 입장에서 한번 생각해보자. 그는 자신의 우선순위들을 수정처럼 명확히 밝혔고 이사회는 수년간 그런 우선순위들을 용인했다. 자신이 우버를 경영하는 방식에 도취됐던 그는 '실리콘밸리에서 가장 경쟁적인 회사'라는 우버의 평판을 사랑했다. 그는 자신이 처음부터 끝까지 양심적으로 행동했고, 더욱이 이사회에 자신의 믿음을 명확히 밝혔다는 점에서 적절한 기업 지배 구조를 실현했다고 믿었고, 아마 지금도 그렇게 믿고 있지 싶다. 실제로 그가 사내 성추행 사건을 덮고 강간 피해자들의 의료 기록을 불법적으로 입수하는 것을 포함해, 직원들이 모든 위법 행위를 저지를 수 있게 해준 결정을 내린 적은 당연히 없었다.

그러나 그것이야말로 바로 문화의 본성이다. 하나의 결정이 아니라, 장시간에 걸친 방대한 일련의 행동을 통해 '저절로 만들어지는 규범'이 바로 문화다. 어느 한 사람이 그런 모든 행동을 만들 수도 실천할 수도 없다. 문화 설계는 특정 조직의 행동들을 프로그램화하는 하나의 방법이다. 그러나 컴퓨터 프로그램과 마찬가지로 모든 문화에는 버그 즉, 결함이 있기 마련이다. 게다가 문화는 컴퓨터 프로그램보다 버그를 찾아내서 고치기가 훨씬 더 어렵다.

캘러닉에게 비윤리적인 조직을 만들 의도는 없었다. 그저 그는 매우 경쟁적인 조직을 만들고 싶었을 뿐이다. 하지만 그는 그 목표에 너무 매몰된 나머지 자신의 규범에 버그들을 심고 말았다.

중국 최대의 통신 장비 제조 업체 화웨이(華爲, Huawei)도 강력하되 결함이 내재된 '늑대 문화'(wolf culture)를 동력 삼아 우버와 비슷한 경로로 급성장했다. 그런 편법과 위법 행위들로 말미암아 화웨이는 많은 법적 소송에 휘말렸고, 해외에서 뇌물을 제공했다는 혐의를 받았으며, 최근에는 금융 사기로 CFO(chief financial officer, 최고재무책임자)가 체포되기도 했다.

그 모든 것은 집요함과 경쟁의식에서 시작했다. 언젠가 〈뉴욕타임스〉가 화웨이의 늑대 문화를 상세히 보도했다. 화웨이는 직원들이 밤 늦게까지 야근하면서 잠시 눈을 붙일 수 있도록 야전 침대를 제공했다. 또한 신입 직원들은 신병 훈련소 같은 엄격한 연수 과정을 거쳐야 했다. 그 과정에는 새벽 조깅과 위험한 교전 지역에서조차 고객들을 도와주는 방법에 관한 즉석 상황극 공연이 포함됐다. 이게 다가 아니었다. 화웨이의 직원들은 해마다 일련의 업무 지침들을 공부해 완벽히 숙지하고, 그 지침들에 서명할 것을 요구받았다. 〈뉴욕타임스〉의 보도에 따르면 이런 명백한 규칙 외에 화웨이에는 '레드 라인'과 '옐로 라인'이 존재했다. 좀 더 비공식적인 규칙인 레드 라인은 내부 기밀 폭로와 법과 규제 위반 등등 금기시되는 행위에 관한 직원 가이드라인이었다. 이런 비공식적인 규칙이 바로 문화다.

한편 '옐로 라인'은 모호했고, 사실상 직원들은 고객들을 유치하기 위해 선물이나 여타 유인책을 사용하는 것에 관한 법규들을 무시해도 된다고 여기게 됐다. 이것은 가나와 알제리에서는 뇌물 공여 혐의로,

이란에서는 미국의 대이란 제제 위반 행위로 귀결됐다. 뿐만 아니라 화웨이는 직원 한 명이 미국의 이동통신 사업자 T-모바일(T-Mobile)의 스마트폰 시험용 로봇인 태피(Tappy)에 내장된 소프트웨어를 탈취했다고 공식적으로 인정했다. 화웨이가 스마트폰 시험용 로봇을 자체 개발하는 데 이용하고자 태피의 소프트웨어를 훔쳤던 것이다. 심지어 그 직원은 사람의 손가락 모습을 본 딴 태피의 '손 끝부분'을 자신의 노트북 가방에 몰래 넣어 들고 나왔다고 한다. 요컨대 화웨이 성공의 일등 공신이었던 늑대 문화가 조장하는 비뚤어진 경쟁의식은 무더기 레드 라인 위반으로 이어졌다.

2015년 화웨이는 직원들이 위법 행위를 자진 신고하면 처벌을 면제해주는 사면 프로그램을 시행하기에 이른다. 그러자 수천 명의 직원들이 뇌물 수수에서부터 사기에 이르기까지 다양한 위법 행위들을 저질렀다고 신고했다. 어쩌면 이것은 창업자이자 CEO인 런정페이(任正非)가 인정했듯, 오직 업무 성과만으로 직원들을 평가하는 화웨이의 성과 지향적인 정책 때문일 것이다. 심지어 사면 프로그램을 통해 일견 충격적인 결과를 확인한 후에도 런정페이 회장은 모든 직원들에게 보낸 이메일에서 윤리적 기준을 엄격히 준수하는 것이 당연히 중요하지만 "만약 그런 윤리 준수가 회사의 수익 창출에 방해가 된다면 우리 모두는 굶어죽을 수밖에 없다"고 말했다(비록 가정이지만 이런 논리도 가능하다. 만약 화웨이가 중국 정부의 하수인 역할을 하는 것이라면 다시 말해 국가 정보 기관의 활동처럼 국가 정책의 일환으로 규칙들을 무시하는 것이라면, 화웨이의 문화는 응당 해야 하는 일을 정확히 하고 있는 셈이다).

당신이 무엇을 측정하는가는 당신이 무엇을 중요시하는가를 보여준다. 화웨이의 결과는 우버의 결과와 맥을 같이했다. 특정 규칙을 따르거나 특정 법률을 준수해야 한다는 요구 조건을 없앨 때 이는 문화에서 윤리를 제거하는 것과 다르지 않다.

결함 없는 완전무결한 문화를 설계하기란 불가능하다. 그렇지만 우리는 윤리적 위반 행위를 야기하는 결함들이 가장 위험하다는 사실을 반드시 알아야 한다. 바로 이런 이유로 루베르튀르가 윤리적 가치를 그토록 노골적으로 강조한 것이다. 당신의 조직이 절대 해서는 안 되는 행위들을 명확히 밝히는 일이야말로 윤리적 위반 행위를 야기하는 결함들을 미연에 방지하는 가장 좋은 방법이다.

이쯤에서 루베르튀르가 병사들에게 했던 연설을 상기해보자. "나를 실망시키지 마라. 약탈하고 싶은 마음에 지지 마라. 우리 땅에서 적들을 완전히 몰아낸 후에 승리의 전리품에 대해 생각할 시간이 충분히 있을 것이다." 이 당부가 병사들에게 얼마나 이상하게 들렸을지 생각해보라. 그에게 가장 큰 목표는 우버와 마찬가지로 이기는 것이었다. 만약 그가 전쟁에서 이기지 못한다면 노예제는 폐지되지 않을 터였다. 그러니 전쟁에서의 승리가 가장 중요한 지상 과제였음에 틀림없다. 그런데 전쟁을 치러야 하는 병사들이 약탈 행위에서 행복을 얻는다면 자칫 병사들의 사기 저하로 이어질지도 모르는데 약탈을 금지해야 하는 이유는 무엇이었을까?

루베르튀르의 말에서 그 이유를 찾을 수 있다. "우리는 영원히 사라지지 않을 자유를 쟁취하기 위해 싸우는 것이다. 그 자유야말로 세속적인 소유물 중에서 가장 귀중하다." 윤리적 가치에 관한 한, 당신은 반드시 그 '이유'를 설명해야 한다. 약탈을 해서는 안 되는 이유는 무엇일까? 왜냐하면 약탈은 진정한 목표를 손상시키기 때문이다. 진정한 목표는 단순한 승리가 아니라 자유를 쟁취하는 것이기 때문이다. 달리 말해, 잘못된 방식으로 이긴다면 과연 무엇을 얻게 될까? 무고한 사람들에게서 자유를 빼앗는 방식으로 싸운다면 어떻게 자유 사회를 세울 수 있겠는가? 또한 자유 사회를 만들지 못한다면 무엇을 위해 싸울까? 루베르튀르는 글도 읽을 줄 모르는 까막눈 노예 출신 병사들을 마치 철학자들을 대하듯 다뤘고, 그들은 그의 기대에 훌륭히 부응했다.

우버의 이사회는 캘러닉을 해임하고 온라인 여행 예약 사이트 익스피디아(Expedia)의 CEO 다라 코즈로샤히(Dara Khosrowshahi)를 새 CEO로 영입했다. 코즈로샤히는 곧바로 캘러닉이 만든 공격적인 문화적 가치를 다음과 같은 새로운 가치들로 대체했다.

> 우리는 세계적으로 성장하며 지역사회와 더불어 산다
> 우리는 고객에 집중한다
> 우리는 다름을 아우른다
> 우리는 분명한 주인의식을 가진다
> 우리는 항상 인내한다
> 우리는 상하 구조보다 아이디어를 중요시한다
> 우리는 크고 용기 있는 도전에 나선다
> 우리는 양심적으로 일한다. 이 말 그대로를 실천한다

우버의 새로운 가치 중에서 가장 중요한 것은 마지막 여덟 번째다. "우

리는 양심적으로 일한다. 이 말 그대로를 실천한다."

캘러닉의 규범은 위험했으되 매우 독창적이었다. 말인즉 그 규범들은 우버의 '전유물'이었다. 반면 코즈로샤히의 새로운 가치들은 더 안전하되, 보편적이어서 누구든 적용할 수 있다. 코즈로샤히가 우버의 새로운 문화적 가치에 포함시킨 윤리 기준을 다시 살펴보자. "우리는 양심적으로 일한다. 이 말 그대로를 실천한다." 코즈로샤히는 강인한 리더고 자신의 가치들을 우버의 문화에 주입시킬 포괄적인 계획을 이미 세웠을 것이다. 그러나 그의 규칙과 루베르튀르의 규칙을 비교해 보면 정확성에서 명백한 차이가 드러난다.

- "양심적으로 일한다"는 것은 정확히 무슨 뜻일까?
- "이 말 그대로를 실천한다"라는 문구는 "양심적으로 일한다"는 규범을 얼마나 명확히 정의할까?

"양심적으로 일한다"는 것은 단기적인 이익을 실현한다는 뜻일까, 있는 그대로의 진실을 말한다는 뜻일까? 각자가 자신의 판단을 따른다는 뜻일까, 아니면 법을 준수한다는 의미일까? 도덕적 의무를 지키기 위해서라면 손실을 감수해도 된다는 뜻일까? 페이스북 같은 문화를 경험한 직원들과 세계 최고의 소프트웨어 개발 업체 오라클(Oracle) 출신의 직원들은 "양심적으로 일한다"는 규범을 서로 동일하게 받아들일까 아니면 다르게 받아들일까?

루베르튀르는 "양심적으로 일한다"는 것이 무슨 의미인지 명확히 설명했다. 약탈하지 마라. 아내를 속이고 첩을 두지 마라. 자기 자신,

개개인의 근면성, 사회적 도덕성, 공공 교육, 종교적 관용, 자유 무역, 시민의 긍지, 인종 간 평등에 대한 책임을 져라 등등. 요컨대 그의 지시는 구체적이고 단호하며 지속적인 생명력이 있었다.

또한 리더들이 기회가 생길 때마다 자신이 주장하는 가치들의 근거가 되는 '이유'를 강조하는 것도 절대적으로 중요하다. 사람들은 그 이유를 기억하기 때문이다. '무엇'은 당신이 해야 하는 수많은 일 중에서 그저 한 가지에 불과하다. 따라서 우버가 그저 "우리는 양심적으로 일한다. 이 말 그대로를 실천한다"라고 두루뭉술하게 말하는 것은 우버가 커다란 기회를 놓쳤다는 뜻이다.

마지막으로 "우리는 양심적으로 일한다. 이 말 그대로를 실천한다"라는 원칙은 그것의 윤리적 가치를 단순화시키고, 결과적으로 사소한 것처럼 보이게 만드는 역효과가 있다. 그러나 윤리는 결코 쉽지 않다. 오히려 굉장히 복잡한 사안이다. 루베르튀르가 휘하의 노예 병사들에게 말할 때 그들을 철학자 대하듯 한 까닭도 바로 여기에 있다. 그는 병사들이 자신의 선택들에 대해 깊이 생각해야 한다는 사실을 이해시킬 필요가 있었다.

마지막으로 윤리와 관련해 딱 한 가지만 기억한다면, 뭐가 좋을까? 윤리가 힘든 선택과 관련 있다는 점을 기억하라. 투자자들에게 작은 하얀 거짓말을 할까, 아니면 직원의 3분의 1을 해고할까? 경쟁자에게 밀려서 공개적인 수모를 감수할까, 아니면 고객을 속일까? 임금을 올려줄 필요가 있는 직원에게 공평함의 원칙을 지키기 위해 임금을 올려주지 말까, 아니면 공평성의 가치가 좀 훼손되더라도 임금을 올려줄까?

그런 선택이 아무리 어려워 보인다 한들 당신의 일이 전쟁을 치르는 노예 군대에 윤리적 가치를 주입하는 일보다 더 힘들지는 않을 것이다. 절대로.

# WHAT
## YOU DO IS

3장

—

## 전사의 방식,
## 무사도

# WHO
## YOU ARE

어려운 결정들이야말로 회사와 문화를
규정하는 결정적인 요소라는 점을 기억하라.

> 내가 하는 짓, 방탄조끼도 못 막아.
>
> 어떤 테스트도 통과하는 비기 스몰스. 난 죽을 준비됐어!
>
> 노토리어스 B.I.G.(The Notorious B.I.G.)의 〈레디 투 다이(Ready to Die)〉

고대 일본의 무사 계급인 사무라이는 흔히 '무사도' 또는 '전사의 도리'라고 부르는 강력한 규율을 목숨같이 여겼다. 무사도는 사무라이가 1186년부터 1868년까지 약 700년간 일본을 통치할 수 있었던 원동력이었고, 그들이 지킨 신념들은 사무라이 시대가 저문 후에도 오랫동안 건재했다. 심지어 무사도는 오늘날까지도 일본 문화의 근원적인 뿌리 역할을 한다.

　일본의 토속 신앙인 신도(神道)와 불교 그리고 유교에서 들여온 무사도의 일부 강령들은 그 기원이 수천 년 전으로 거슬러 올라가고, 따라서 무사도 교본에는 케케묵고 구시대적인 것처럼 보이는 강령도 일부 있다. 하지만 사무라이 문화는 놀랄 만큼 아주 오랫동안 명맥을 유지했다. 이는 무사도가 윤리적 딜레마를 포함해 우리가 일상에서 마주칠 만한 모든 상황에 대처하는 기본 틀을 제공했기 때문이다. 무사도의 강령들은 명쾌하고 일관되며 포괄적이었다. 그리고 문화를 구축하기 위한 사무라이의 철두철미한 접근법은 오늘날의 삶에 적용해도 커다란 효과를 볼 수 있다.

## 사무라이에게 문화는 어떤 의미였을까

무사도는 일련의 원칙들을 합친 것처럼 보이지만, 실상은 일련의 행동 강령들이다. 사무라이는 문화를 행동의 규범으로, 다른 말로 가치가 아니라 덕목의 체계로 정의했다. 가치는 단순한 믿음에 불과하지만 덕목은 당신이 적극적으로 추구하거나 실행하는 믿음이다. '기업의 가치'를 구축하기 위한 아주 많은 노력이 사실상 무용지물인 까닭은 기업의 가치가 행동보다 믿음을 강조하기 때문이다. 문화적인 관점에서 볼 때 당신이 무엇을 믿는가는 거의 의미가 없다. 당신이 '무엇을 하는가'가 바로 진정한 당신 자신을 나타낸다.

사무라이로서 지켜야 하는 네 가지 서약인 사서원(四誓願)조차도 행동을 지향한다.

나는 무사도를 따름에 있어 뒤처지지 않을 것이다
나는 언제든 주군을 섬길 준비를 갖출 것이다
나는 어버이를 공경할 것이다
나는 큰 자비로 타인을 이롭게 할 것이다

사무라이의 정신과 지혜를 담은 가장 유명한 고서로 야마모토 쓰네토모가 지은《하가쿠레》를 보면 "그 사람이 용기 있는지, 비겁한지를 평상시에는 알 수 없다. 일이 생겼을 때에 모든 것이 드러난다"는 구절이 있다.

## 언제나 죽음을 생각하라

오늘날 일본 문화에서 놀라운 측면 하나는 장인 정신과 세부적인 부분에 대한 깊은 관심이다. 초밥 요리사에서부터 사케 양조장, 3대 와규의 하나인 고베규(Kobe beef) 생산자, 자동차 제조 업체 등에 이르기까지 일본인들은 품질에 초점을 맞추고, 높은 품질을 달성하기 위한 그들의 숙련된 솜씨는 혀를 내두르게 만든다. 이런 꼼꼼하고 신중한 문화는 어디서 비롯했을까?

모든 것은 죽음에서 출발했다. 《하가쿠레》에서 가장 유명한 구절은 "무사도란 죽음으로써 깨닫는 것이다"라는 문장이다. 사무라이 정신에 관한 또 다른 중요한 교본으로 병학자 유잔 다이도지(大道寺友山)의 만년작인 《무사도 초심집(武士道初心集)》은 세상의 모든 문화에서 가장 충격적이라 할 수 있는 규칙으로 시작한다. "언제나 죽음을 생각하라." 당신이 매순간 생각하고 싶은 삶의 모든 측면 중에서 죽음은 가장 피하고 싶은 주제일 것이다. 무사도를 공부하기 전에 나도 그랬다. 오죽하면 죽음에 대해 생각하느니 차라리 댄스 대회에서 힐러리 클린턴과 도널드 트럼프가 짝을 이뤄 춤추는 모습을 보는 편을 선택했을 것이다.

그러나 《무사도 초심집》은 죽음에 대한 명상의 근거가 되는 아이디어를 이렇게 설명한다.

오늘 지금의 삶이 내일 어떻게 될지 모른다는 사실을 깨달으면, 주군의 지시를 받을 때도 부모님을 대할 때도 이번이 마지막일 수 있다고 생각하게 될 것이다. 따라서 주군과 부모님에게 진심으로 주의를 기울일 수밖에 없다.

또한 죽음에 대해 생각하는 것이 무슨 뜻이 아닌지도 아주 상세히 설명한다. 요약하면 가만히 앉아서 죽기를 기다린다는 뜻이 아니다.

죽음을 그런 식으로 생각하면 주군과 부모에 대한 충심과 가족으로서의 의무를 등한시하게 될 것이다. 또한 동료 간의 전우애가 결국 피해를 입게 될 것이다. 이것은 절대로 올바르지 않다.
죽음에 대한 명상은 밤낮으로 공공의 의무와 개인적 의무를 성실히 수행하는 것이다. 그런 다음 마음이 편안한 자유 시간이 주어질 때마다 죽음에 대해 생각하고 그것에 깊은 주의를 기울여라.

이 규칙은 사무라이 문화의 토대였다. 죽음에 대한 인식이 충심과 세부적인 것에 대한 세심한 주의를 어떻게 뒷받침했는지 살펴보자. 《하가쿠레》에도 비슷한 내용이 나온다.

무사는 매일 아침 한데에서 목욕재계하고 사카야키(月代. 이마 위쪽부터 정수리 부분까지 머리를 깎는 것으로 일본식 상투라고 할 수 있음 – 옮긴이)하고, 머리에 기름을 바르고, 손톱을 깎은 다음 숫돌로 문지르고, 괭이밥으로 광을 냄으로써 부지런히 용모를 가꾸었다. 당연히 갑옷과 투구도 깔끔히 정돈하고 먼지를 털고 녹슬지 않게 기름을 발라 손질해 두었다. 용모에 그토록 신경을 쓰는 이유는 허영심 때문이 아니다. 오늘이든 내일이든 아무 때나 죽을 수 있다는 필사적인 각오가 있어 무사가 철두철미하게 준비하는 것이다. 단정치 못한 모습으로 죽는다면 적에게 불결하다고 멸시받을 것이다.

활의 명수라고 알려진 어떤 무사는 자신이 '언제나 전투 중'이어야 한다는 사실을 항시 새기기 위해 벽에 활을 걸어뒀다. 헌신적인 무사들은 전투, 준비성, 죽음의 가능성 등을 한시도 잊지 않기 위해 몸을 씻을 때도 목검을 찼다.

기업 문화에 대한 가장 큰 위협은 위기가 찾아올 때다. 경쟁에서 참담히 패배하거나 거의 파산 직전에 몰리는 시기가 기업 문화에는 가장 위협적이라는 말이다. 언제든 죽임을 당할 수도 있는 위기 상황에서 당면한 일에 초점을 맞추려면 어떻게 해야 할까? 무사의 대답은? 당신이 이미 죽은 사람이라면 누구도 당신을 죽일 수 없다. 가능한 최악의 결과를 받아들이고 나면 당신은 어차피 잃을 것이 없다. 《하가쿠레》는 최악의 상황을 처절하리만큼 상세히 상상하고 받아들이라고 권고한다.

반드시 죽는다는 생각을 새기며 하루를 시작하라. 매일 아침 눈을 뜨면 정갈하고 평온한 마음으로 죽는 순간을 상상하라. 활과 화살, 조총, 칼, 창 등에 갈가리 찢기고, 거센 파도에 휩쓸려 떠내려가고, 타오르는 큰 불길 속에 뛰어들고, 벼락을 맞고, 대지진의 한복판에 있고, 수천 길 낭떠러지에서 몸을 던지고, 병사하거나 급사하고 등 등 자신이 죽는 모습을 상상하라. 매일 아침, 하루도 빠짐없이 죽을 때의 심정을 상상하면서 미리 죽어두라.

회사의 몰락에 대해 미리 생각한다면 문화를 올바르게 구축할 수 있을 것이다. 회사가 파산했다고 상상해보자. 당신 회사는 직원들이 일하기 좋은 직장이었을까? 고객들은 당신 회사와 거래하면서 어떤 기분이었을까? 당신 회사와의 거래로 사람들의 삶이 더 좋아졌을까, 아니면 더 나빠졌을까? 당신은 당신 회사 제품들의 품질에 자부심을 느꼈는가?

오늘날의 기업들은 목표, 사명, 분기 실적 같은 측정 지표들에 초점을 맞추는 경향이 있다. 그러나 그들 기업은 직원들이 매일 아침 무슨 마음으로 출근하는지에 대해서는 거의 고민하지 않는다. 돈 때문일까? 돈과 시간 중에 무엇이 더 귀중할까? 실리콘밸리 거물들이 자신의 멘토라고 불렀고 나 또한 멘토로 존경했던 빌 캠벨(Bill Campbell)이 즐겨하던 말이 있다. "우리는 서로를 위해 일하는 것이라네. 자네는 같이 일하는 사람들에게 신경을 얼마나 쓰는가? 자네는 그들을 실망시키고 싶은가?"

당신의 목표가 죽음을 항상 마음에 새기는 것이든, 서로를 위해 일하는 것이든, 또는 유사한 다른 어떤 것이든, 기업 문화를 단단히 결속시키는 접착제는 똑같다. 일이 그 자체로 반드시 유의미해야 한다.

## 행동으로 덕목을 정의하다

무사도, 다른 말로 '전사의 도리'는 여덟 가지 덕목으로 이뤄졌다. 의(義) 또는 정의, 용기, 명예, 충(忠) 또는 충의, 인(仁) 또는 측은지심, 예(禮), 극기, 성(誠) 또는 진실성이다. 그리고 무사도에서 각 덕목은 세심하게 정의됐고, 일련의 원칙과 행동 강령 그리고 실질적 사례 등으로 강화됐다. 여덟 가지 덕목이 합해져 하나의 체계로 작동했고 서로 보완하며 균형을 이뤄 사람들은 어느 덕목 하나도 잘못 이해하거나 잘못 적용하기가 거의 불가능했다. 지금부터 여덟 가지 덕목 중에서 명예, 예, 진실성 이렇게 세 가지 덕목을 하나씩 해부하고 서로가 어떻게 연결되어 한 몸처럼 작동하는지 알아보자.

### 명예: 양심에 거리낌 없는 행동

사무라이는 무사도에서 명예를 불멸의 덕목으로 여겼다. 명예가 없다면 다른 모든 덕목이 무가치하다고 볼 정도였다. 사무라이는 지나치다고 생각될 만큼 명예를 극단적으로 실천했다. 사무라이에게 명예가 어떤 의미였는지를 단적으로 보여주는 유명한 일화가 있다. 사무라이에게 호의를 베풀었던 어떤 평민에 관한 이야기였다. 한 평민이 사무라이의 등에서 벼룩을 발견하고 그것을 알려줬다. 그러자 사무라이는 오히려 친절을 베푼 평민의 몸을 두 동강 내버렸다. 왜 그랬을까? 벼룩은 짐승의 몸에 기생하는 벌레였으므로 평민이 등에 벼룩이 있다는 말로 명예로운 사무라이를 공공연히 짐승 취급했고, 그것은 용서받을 수 없는 잘못이었던 것이다.

가끔은 나도 회의에서 내 진실성에 의문을 제기하는 누군가의 몸을 두 동강으로 베어버리는 상상을 한다. 하지만 그것은 상상일 뿐 행동으로 실천하지는 않는다. 대개의 경우 명예를 지키기 위한 그런 극단적인 행동이 오늘날의 세상에서는 효과적이지 않을 것이다. 그렇다고 명예가 중요하지 않다는 말은 아니다. 오히려 당신의 개인적인 평판과 명예는 회사 내부에서 반드시 어떤 의미를 지녀야 하고 당신이 하는 모든 일과 관련이 있어야 한다. 그 거래는 당신의 진실성 기준에 부합하는가? 당신 팀이 만족스러울 만큼 일을 잘했다고 생각하는가? 팀이 한 일에 당신의 이름을 기꺼이 올릴 수 있는가? 고객이나 경쟁자가 당신의 행동에 의문을 제기할 때, 양심에 거리낌 없이 당신이 명예롭게 행동했다고 자부할 수 있는가?

그럼에도 당신이 무례했다는 이유만으로 위 이야기의 평민처럼 갑작스럽게 죽임을 당한다면, 이는 분명 문제가 있다. 따라서 사무라이 문화에서는 이런 식의 갑작스런 죽음을 피하기 위해 모든 상황에서 어떻게 행동해야 하는지를 규정하는 보완적인 원칙이 있어야 했다. 그 덕목이 바로 예였다.

### 예: 타인에 대한 사랑과 존중

예 또는 예의는 사무라이가 모든 상황에서 어떻게 행동해야 하는지를 규정하는 복잡한 일련의 규칙으로 이뤄진 덕목이다. 가령 어떻게 절을 해야 하고, 어떻게 걷고 앉아야 하며, 심지어 어떻게 차를 마셔야 하는지도 예의 덕목으로 다스렸다.

구체적인 예의 규칙들, 한마디로 '예법'이 자칫 임의적인 것처럼 보일지 몰라도 그런 규칙은 예가 타인에 대한 사랑과 존중을 보여주는 가장 심오한 표현이라는 믿음에서 비롯했다. 요컨대 예는 단순히 규칙을 따르는 행위가 아니라 타인과의 사이에 더 깊은 친밀감을 구축하는 방법이었다.

근대 일본의 최고 지식인으로 여겨지는 니토베 이나조(新渡戶稻造)의 저서 《무사도》는 이 개념이 지금까지도 일본에서 어떻게 작용하는지를 잘 설명한다.

> 햇볕이 쨍쨍 내리쬐는 어느 더운 날 당신이 모자도 쓰지 않고 양산도 없이 길을 가고 있는데, 마침 아는 일본 여인이 지나간다. 당신이 알은체를 하며 인사를 하니 그 여인이 곧바로 쓰고 있던 모자를 벗는다. 여기까지는 더없이 자연스러운 행동이다. 그런데 그 일본 여인은 당신과 이야기를 주고받는 내내 양산을 접어 손에 들고 땡볕을 그대로 받고 서 있다. 이것은 정말 '황당하고 우스운' 행동이다. 어찌 보면 어리석기 그지없는 행동이다! 그런 행동의 이면에 '당신이 뙤약볕 속에 서 있으니 안쓰러운 마음입니다. 우리 두 사람이 들어갈 만큼 제 양산이 크다면 또는 우리가 스스럼없을 만큼 가까운 사이라면 기꺼이 당신과 함께 양산을 쓰고 싶습니다. 그러나 양산도 크지 않고 우리가 아주 가까운 사이도 아니어서 햇볕을 가려줄 수 없으나 적어도 당신의 고통을 함께 나눌 수는 있습니다'는 마음이 없다면 그것은 천하의 바보 같은 짓이 맞다.

오늘날 미국인들은 미국 사회의 공감 부족에 대해 성토한다. 그런 다음 공감 능력이 왜 갈수록 줄어드는지 의아해한다. 문화는 분노로 이뤄지는 것이 아니다. 행동들이 합해져 문화가 형성된다. 오늘날의 경쟁적인 기업 세계에서 예의는 한 번 쓰고 버리는 일회성의 덕목처럼 여겨질지도 모르겠다. 그런 의미에서 사무라이가 예에 담긴 행동 지향적인 특성을 실천하고 예를 사랑과 존중이라는 추상적인 개념들을 표현하는 수단으로 사용했던 방식은 오늘날 우리에게 아주 많은 시사점을 던진다.

그러나 동서고금을 막론하고 거짓으로 예를 꾸며내는 사람들이 있기 마련이다. 사무라이는 그 문제를 어떻게 해결했을까? 그들은 사람들이 거짓된 존중을 꾸며내기 위해 예로 포장하고 표리부동하는 문화를 만드는 것을 어떻게 막아냈을까? 여기서도 그들의 체계가 핵심적인 역할을 했다. 사무라이는 예의 덕목과 진실의 덕목을 결합시켰다. 구체적으로 말해, 그들은 진실하지 않은 예는 공허한 몸짓이라고 정의했다. 예를 거짓으로 꾸며내는 것은 실체가 없는 예의고 아무런 가치가 없다.

## 진실성: 신조차도 바꿀 없는 말

무사도에서 말하는 성, 즉 진실성의 정신은 공자에게서 영향을 받았다. 공자는 논어에서 "성실하다는 것은 만물의 시작이자 끝이다. 성실하지 않으면 아무것도 아니다"라고 말했다. 진실의 문화는 아주 강력해서 사무라이의 입에서 나오는 말이 곧 진실이고 따라서 서면 계약은 불필요하다고 생각됐다. 이 덕목은 가정교육을 통해 강화됐는데, 부모는 자식들을 훈육하면서 거짓말 때문에 죽임을 당한 이야기들을 수시로 들려줬다. 그토록 말은 신성한 것으로 여겨졌다.

1600년대의 사무라이였던 모로오카 히코에몬(諸岡彦右衛門)에 관한 일화를 보면 진실 또는 성실의 덕목에 관한 이야기가 나온다.

> 모로오카 히코에몬이 어떤 송사(訟事)에 증인으로 불려나가 질문에 답했는데, 자신의 증언에 대해 신께 맹세하라는 말을 들었다. 이에 그는 "사무라이의 일언(一言)은 금이나 쇠보다 단단한 것입니다. 일단 제가 말을 내뱉은 이상 신조차도 그것을 바꿀 수 없습니다"라고 대답했다. 그리하여 그는 맹세하지 않아도 됐다.

## 사무라이 정신을 현실에 적용하는 법

2009년 마크 앤드리슨과 공동으로 벤처캐피털 회사인 앤드리슨 호로위츠를 창업했을 때 내가 우리 문화에 반드시 주입하고 싶었던 덕목이 하나 있었다. 바로 기업가에 대한 존중이었다. 벤처캐피털의 생존 여부는 기업가들에게 달렸고, 고로 나는 우리 문화가 그 역학 관계를 깊이 반영하기를 바랐다. 그런데 벤처캐피털 세상에는 고질적인 시스템상의 문제가 있었다. 기업가들이 벤처캐피털에게 투자를 요청하는 '을'의 입장이었기 때문에 벤처캐피털은 자신들이 우위에 있고 결정권을 행사하는 '갑'처럼 생각하는 경향이 있었던 것이다. 실제로도 많은 벤처캐피털들이 그렇게 행동했다.

나는 기업가들을 존중하는 문화를 구축하기 위해 사무라이 접근법을 선택했다. 먼저 기업가들에 대한 존중의 개념을 아주 상세히 정의했고, 그런 다음 그것이 무슨 뜻이 아닌지를 콕 집어 설명했다.

> 우리는 일상이 치열한 전쟁 같은 기업가의 길을 존중하고 기업가가 없으면 우리 회사의 존재 기반도 없다는 것을 인정한다. 기업가들을 만날 때 우리는 언제나 정시에 도착하고 가령 투자 거절같이 비록 나쁜 소식일지라도 그들에게 실질적인 피드백을 시기적절하게 제공한다. 우리는 미래에 대한 낙관적인 관점을 견지하고 성공 여부를 떠나 기업가들이 더 나은 미래를 위해 열심히 노력한다고 믿는다. 그리하여 우리는 이유 여하를 막론하고 특정 기업가나 스타트업을 공개적으로 비난하지 않는다. 우리 회사에서 그런 행동은 해고 사유가 될 수 있다.
> 그러나 기업가들을 존중한다고 해서 그들을 영원히 CEO 자리에 앉혀둔다는 뜻은 아니다. 우리는 스타트업에게 의무가 있지 창업자 개인에게 의무가 있지는 않기 때문이다. 만약 창업자가 더 이상 회사를 운영할 능력이 없다면 그는 CEO 자리를 계속 유지해서는 안 될 것이다.

이렇게까지 상세히 설명했는데도, 직원들이 이 덕목을 "기업가에게 부정적인 말은 절대 하지 않는다"로 오해할 소지가 있었다. 그래서 우리는 그것에 대한 보완책으로 덕목 하나를 추가했다.

> 비록 상처를 주더라도 우리는 있는 그대로의 진실을 말한다. 우리는 기업가, 유한책임 사원(limited partner, LP, 개인이나 기관 등 펀드에 자금

을 대는 투자자로서 펀드에 대해 유한책임을 지는 사람 – 옮긴이), 파트너 등은 물론이고 우리 사이에서도 진실을 말하기 위해 노력한다. 우리는 솔직하고 정직하다. 우리는 실질적인 정보를 숨기거나 절반의 진실을 말하지 않는다. 듣는 사람이나 말하는 사람에게 불편함을 주는 진실이라도 그리고 아무리 곤란한 결과를 맞게 되더라도 우리는 과할 정도로 진실만을 고집한다.

하지만 우리는 사람들의 감정을 다치게 하거나 사람들을 깎아내리기 위한 목적으로 사소한 진실에 집착하지는 않는다. 우리가 진실을 말하는 것은 사람들의 부정적인 면이 아니라 긍정적인 면을 부각시키기 위해서다.

이 행동 강령을 문화에 깊이 각인시키려는 노력의 일환으로 우리는 존중이라는 무형의 가치가 아니라 '시간 엄수'라는 행동에 초점을 맞췄다. 이를 위해 기업가와의 회의에 지각하는 사람에게 1분당 10달러의 벌금을 물리는 파격적인 규칙을 도입했다. 벌금을 내지 않으려면 훈련과 부단한 노력이 필요했고, 결과적으로 우리 문화에 훌륭한 많은 습관이 깊이 뿌리내렸다. 예컨대 기업가와의 회의에 지장을 주지 않으려면, 앞의 회의를 적절하게 계획해야 했다. 그리고 예정된 시간에 정확히 회의를 끝내는 것은 물론이고 모든 사안이 주어진 회의 시간 안에 완벽히 처리될 수 있도록 회의를 질서정연하게 이끌어야 했다. 또한 회의 중에는 중요하지 않은 문자 메시지나 이메일에 주의가 분산되지 말아야 했고, 심지어는 자칫 회의의 흐름이 깨질까 화장실에 가는 시간에 대해서도 생각해야 했다.

결과적으로 말해 우리는 벌금을 많이 걷지 못했다. 전부 합쳐 1,000 달러도 안 됐다. 그나마도 대부분은 그 규칙을 시행하고 초기에 거둬들인 벌금이었다. 왜였을까? 자칫하면 벌금을 낼 수 있다고 생각하자 우리 모두는 시간을 엄수해야 한다는 사실과 기업가들을 응당 존중하고 존경해야 한다는 사실을 끊임없이 의식하게 됐기 때문이다.

한편, 다른 벤처캐피털들은 물론이고 업계의 전문 언론까지 그 덕목을 오해했고 '창업자 친화적'이라고 비꼬았다. '창업자 친화적'이라는 말은 수년에 걸쳐 우리가 경쟁 우위를 달성하게 해준 덕목을 심각히 폄훼하는 오명이었다. 이 말은 창업자에게 문제가 있을 때조차 무조건 창업자의 편을 든다는 뜻을 내포한다. 이런 종류의 '덕목'은 누구에게도 도움이 되지 않는다. 아니, 솔직히 말하면 거짓말이 득세하는 문화를 야기한다. 그들이 어떤 행동을 하든 상관없이 당신이 특정 집단을 무조건 편들거나 불량품으로 낙인을 찍을 때마다 당신의 조직에 부정직과 불성실을 주입시키는 셈이다.

## 무사도는 어떻게 오랫동안 지속될 수 있었나

미국의 부모들은 자식들에게 단출한 가족 모임에서 지켜야 하는 식사 예절을 가르치는 일에서조차 애를 먹곤 한다. 그런데 어떻게 일본이라는 나라는 1,000년이 넘는 무구한 시간 동안 예의 덕목을 지켜올 수 있었을까? 그 중심에는 사무라이 정신이 있었다. 일본인들은 사무라이 정신을 받들어 무사도의 행동 강령을 공부했고 그것을 머리에 깊이 새겨 잊지 않았으며 매일 실천했던 것이다. 물론 일본 외에도 구성원들에게 그런 공부를 요구했던 문화들은 더러 있었다. 그러나 다른 문화들은 일본 문화만큼 오래 지속되지 못했다. 사무라이 정신이 그토록 오랜 시간 건재할 수 있었던 까닭은 두 가지 기법이 더해진 덕분이었다. 첫째, 사람들이 사무라이 정신을 잘못 이해하거나 의도적으로 악용하는 것을 막기 위해 문화적인 또는 윤리적인 잠재적 딜레마의 모든 변이를 상세히 기술했다. 둘째, 생생한 예시들을 제공해 사무라이 정신을 확실히 각인시켰다.

사무라이 정신의 대표적인 특징은 일어날 수 있는 잠재적 상황들을 아주 상세하게 고려했다는 점이다. 우버의 "양심적으로 일한다. 이 말 그대로를 실천한다"는 가치와《무사도 초심집》에 나오는 다음의 내용을 비교해보면 그 차이가 아주 명백히 보인다.

양심적으로 행동하는 데는 세 가지 방법이 있다. 지인 중에 3킬로그램의 황금을 가진 사람이 있는데, 당신과 지인이 함께 먼길을 떠날 예정이라고 하자. 지인은 황금을 들고 다니면 번거로울 테니 돌아올 때까지 당신 집에 보관하고 싶어 한다. 그리고 당신은 지인의 부탁대로 황금을 누구도 찾을 수 없는 곳에 숨긴다. 그런데 여행 중에 지인이 식중독인지 뇌졸중인지 때문에 급사한다. 그가 당신의 집에 황금을 보관해뒀고 당신이 그 금을 갖고 있다는 사실을 아무도 모른다. 이런 상황에서 당신은 지인에게 닥친 비극에 마음이 아플 뿐, 다른 어떤 사심도 없다. 당신은 고인의 가족 친지에게 그가 황금을 남겼다는 사실을 알리고 가능한 빨리 돌려준다. 이렇게 한다면 당신이 하늘을 우러러 한 점 부끄러움 없이 양심적으로 행동했다고 말해도 좋다.

이제 두 번째 시나리오를 가정해보자. 황금의 주인이 당신과 아주 가까운 친구가 아니라 단순히 알고 지내는 사람이라고 하자. 그가 당신에게 맡긴 황금에 대해 아무도 모르고, 그래서 그 황금에 대해 아무도 묻지 않을 것이다. 때마침 당신이 금전적으로 궁핍한 처지에 놓였고, 그 황금만 있으면 숨통이 트일 수 있는 상황이다. 이럴 때라면 황금에 대해 아무에게도 알리지 않고 당신이 가져도 되지 않을까? 그러나 당신은 잠시라도 그런 생각을 했다는 사실 자체가 죄를 지은 것처럼 수치스럽게 느껴져 마음을 바꿔 합법적인 상속인들에게 황금을 돌려준다. 이 경우에는 당신이 수치심을 느껴 양심적으로 행동했다고 말할 수 있다.

이제 마지막 시나리오를 가정해보자. 당신의 아내든 자식이든 또는 하인이든 당신 집안사람 누군가가 그 황금에 대해 알고 있는 경우다. 당신은 가족들 중 누군가가 행여 황금을 가로챌 생각을 할까봐 또는 법적인 결과가 두려워서 황금을 합법적인 상속인들에게 돌려준다. 이럴 경우는 당신이 다른 사람들을 부끄럽게 여겨 양심적으로 행동했다고 말해야 할 것이다.


그 황금에 대해 아무도 모른다면 당신은 어떻게 하겠는가? 위의 이야기는 '양심적인 이유'로 마음에서 우러나와 양심적으로 행동하는 것과 수치심이나 죄책감 때문에 양심적으로 행동하는 것을 사실상 전혀 구분하지 않는다. 요컨대 우리가 '왜' 양심적으로 행동하는가는 중요하지 않다. 양심적으로 '행동하는 것' 자체가 중요할 뿐이다. 하지만 무사도의 행동 강령을 만들었던 사람들은 양심적으로 행동하기가 유독 더 어려운 상황들이 있음을 이해했고, 그래서 구체적인 예시들을 제공했다.

당신은 그저 잘못된 행동을 했다는 사실이 발각될 위험 때문에 양심적으로 행동하게 될까? 발각될 위험이 전혀 없다면 어떻게 할까? 아무도 모르는 것이 확실하고, 누구도 '눈먼 돈'을 가질 수 있는 이런 기회를 놓치지 않을 것이고, 그 사람과 아무런 사이도 아니고, 당신이 그 돈이 정말로 필요하다면, 어떻게 할까? 마지막 시나리오는 정말로 어려운 문제다. 이와 같은 어려운 결정에서 '양심적인 일'이 무엇인지 미리 명확하게 규정해놓지 않으면, 직원들은 실제로 그런 상황에 처했을 때 어떻게 해야 할지 전혀 갈피를 잡지 못할 것이다. 어려운 결정들이야말로 회사와 문화를 규정하는 결정적인 요소라는 점을 기억하라.

## 구체적 예시의 중요성

충의 덕목을 이해하기 위해 참조할 수 있는 읽을거리는 차고 넘친다. 나는 그중에서도 《하가쿠레》가 소개하는 아래의 생생한 일화가 충의 덕목을 아주 명확히 보여준다고 생각한다.

이와키(磐城)국 나카무라(中村)에 살던 소마(相馬) 영주의 가족사는 '치켄 마로카시'라고 불리는 두루마리에 기록돼 있다. 그것은 일본에서 둘도 없는 귀중한 족보였다. 1년 전 소마의 저택에 갑자기 화재가 발생했다. 소마 영주는 애통해하며 말했다. "저택과 가재도구들이야 나중에 다시 만들면 그만이니 불에 다 타버려도 전혀 애석하지 않다. 그러나 우리 가문에서 조상 대대로 내려오던 귀중한 가보인 족보를 꺼내오지 못해 비통하구나."

그때 한 하인이 나서며 말했다. "소인이 들어가서 가보를 가져오겠습니다." 소마 영주와 다른 하인들은 어이가 없다는 듯 웃었다. "지금 저택이 불길에 완전히 휩싸였는데 어떻게 꺼내오겠다는 것이냐?" 그 하인은 평소 일을 아주 잘하지도 못했고 유능한 일꾼도 아니었는데, 소마는 무슨 이유에선지 그가 부지런하다며 총애했다. "소인이 서투르고 영민하지 못해 그동안 나리께 도움이 돼드리지 못했습니다. 그렇지만 언제든 도움 드릴 기회만 생기면 나리께 제 한 목숨 기꺼이 바칠 각오로 살아왔습니다. 지금이 바로 그때입니다." 그 말을 남기고 그는 무서운 기세로 타오르는 화마 속으로 뛰어들었다.

불을 다 끄자마자 소마 영주는 하인들에게 분부했다. "그자의 시신을 찾으라. 내 공연한 짓으로 아까운 목숨을 잃어 애통하기 그지없구나!" 하인들이 잿더미를 샅샅이 뒤졌고 본채에 붙은 정원에서 새까맣게 탄 그의 시신을 찾아냈다. 하인들이 엎드린 상태로 있던 시신을 뒤집자 복부에서 피가 뿜어져 나왔다. 그가 자신의 배를 갈라 그 안에 집어넣은 덕분에 족보는 불에 타지 않고 그대로였다. 그때부터 소마의 족보는 '피의 계도'라는 뜻으로 혈계도(血系圖)라고 불리게 됐다.

위 이야기는 충의 덕목을 각인시키는 거의 완벽한 이야기이자 수단이다. 그 하인은 평범한 삶을 사는 평범한 사람이었다. 그러나 영웅적인 행동으로 그는 불멸의 존재가 되었다. 세상에 어느 누가 족보를 지키자고 자신의 배를 갈랐던 사람을 잊을 수 있겠는가? 하물며 그가 지켜낸 족보에 붙여진 혈계도라는 이름이 귓전을 울리는데 어찌 잊을 수 있을까?

구체적인 예시와 기억하기 쉬운 간결한 문구는 문화를 아주 효과적으로 정의한다. 이것을 보여주는 또 다른 좋은 사례가 있다. 존 모그리지(John Morgridge)는 1988년부터 1995년까지 7년간 네트워킹 장비를 제조 판매하는 시스코(Cisco)의 CEO를 지냈다. 그는 경비 절감에 우선순위를 두고 싶었다. 그런데 당시 시스코의 직원 중에는 예전 직장에서 회사 돈을 자기 돈처럼 흥청망청 쓰는 문화를 경험한 사람들이 많았다. 따라서 단순히 경비를 아끼라고 상기시키는 것만으로는 모그리지의 의중을 정확히 이해시킬 수 없었다. 이에 그는 행동으로 자신의 뜻을 명확히 보여주고자 출장을 가면 저가 모텔에 투숙했다. 결과적으로 볼 때 그의 솔선수범은 전염성이 크지 않았다. 그러자 그는 또 다른 카드를 꺼냈다. 이번에는 간결한 문구 하나를 생각해냈다. "당신 객실에서 자동차가 보이지 않으면 너무 비싼 호텔이다." 고위 임원들은 그 말을 듣고 이제는 비즈니스 항공권과 고급 저녁식사가 물 건너갔다는 사실을 정확히 이해했다. 뿐만 아니라 그들은 더욱 미묘하되 훨씬 더 중요한 사실도 이해했다. 업무 출장의 핵심은 회삿돈으로 부가 혜택을 즐기는 것이 아니라 고객의 니즈를 충족시키는 것이라는 사실이었다.

나는 세계 최초 상용 웹 브라우저를 개발한 넷스케이프커뮤니케이션즈(Netscape Communications)의 창립 멤버였다. 초창기 시절 우리는 토론 클럽처럼 회사를 운영했다. 토론 클럽이라는 말에서 충분히 짐작하겠지만 직원 모두가 모든 결정에 대해 의견을 냈고, 자신의 의견이 채택되지 않으면 시도 때도 없이 그 결정에 대해 다시 논의하고 싶어 안달했다. 우리 중 누구도 순순히 백기를 들고 다음 단계로 나아갈 생각이 전혀 없었기 때문에 아무것도 끝낼 수가 없었다.

1995년 짐 박스데일(Jim Barksdale)이 넷스케이프의 새 사령탑에 올랐다. 그는 취임하자마자 토론 클럽 같은 사내 문화를 바꿔야 한다는 사실을 깨달았고, 그 방법에 대해 고민하기 시작했다. 묘안이 없을까? 사람들에게 반대할 때는 분명히 반대하지만 일단 결정된 다음에는 그 결정을 따르라고 말하는 문화적 가치를 만들면 될까? 나중에 살펴보겠지만 '반대하되 결정을 받아들이는 것'은 아주 좋은 의사결정 규칙이다. 그러나 그 반대로 하는 것에 익숙한 문화에 그 원칙을 주입하기는 쉽지 않다. 한창 열띤 논쟁을 벌이고 있는데 누군가가 "반대할 때는 분명히 반대하고, 그런 다음 결정을 받아들이자"라고 말한다고 상상해보라. 사람들이 어떻게 반응할지 눈에 선하다. "받아들이라니 뭘? 내 아이디어, 아니면 당신 아이디어?"

그래서 박스데일은 어떻게 했을까? 기억하기 쉬운 이야기 하나를 생각해냈다. 그 이야기는 기억하기가 아주 쉬워서 넷스케이프가 역사의 뒤안길로 사라진 이후에도 회자될 정도였다(넷스케이프는 1998년 아메리카온라인(AOL)에 인수됐다가 2009년 숙명의 라이벌 마이크로소프트에 최종 매각됐다-옮긴이). 직원 총회에서 박스데일은 이렇게 말했다.

넷스케이프에는 세 가지 규칙이 있습니다. 첫 번째 규칙은 뱀을 발견하면 위원회를 소집하지도, 친구들을 부르지도, 팀을 구성하지도, 회의를 소집하지도 말고 그냥 뱀을 죽이는 것입니다. 두 번째 규칙은 죽은 뱀을 가지고 놀지 않는 것입니다. 너무 많은 사람들이 이미 내려진 결정에 대해 너무 많은 시간을 낭비합니다. 마지막 세 번째 뱀의 규칙은 이렇습니다. 모든 기회가 처음에는 뱀처럼 보입니다.

위의 이야기는 아주 명쾌한 데다가 우스워서 거의 모든 직원이 단박에 그 의미를 이해했다. 행여 누군가가 이해하지 못했다면, 모든 사람이 잔뜩 흥분해서 앞다퉈 그 이야기를 처음부터 끝까지 다시 들려줄 정도였다. 우리는 그 이야기를 수없이 반복했고, 마침내 회사가 달라졌다. 일단 뱀을 죽이는 것 자체가 뱀을 어떻게 죽이는가보다 훨씬 더 중요하다는 사실을 깨닫고 나자, 우리의 새로운 문화는 활활 타오르는 창조적 에너지를 분출했다. 넷스케이프가 인터넷에 생명력을 불어넣는 동안 우리는 많은 뱀들을 만났다. 가령 당시 인터넷은 보안 장치가 전혀 없었기 때문에 우리는 웹 브라우저와 웹 서버 간에 데이터를 안전하게 주고받게 해주는 기술인 안전 소켓 계층(Secure Sockets Layer, SSL)을 개발했다. 또한 당시 인터넷은 세션(session, 웹 브라우저를 통해 웹 서버에 접속한 시점부터 웹 브라우저를 종료하는 시점까지 브라우저로부터 들어오는 일련의 요구를 하나의 상태로 보고 그 상태를 일정하게 유지시키는 기술 - 옮긴이) 사이에 브라우저 상태를 유지시킬 방법이 전혀 없었기 때문에 우리는 쿠키(cookie, 특정 웹 사이트를 방문했을 때 생성되는 정보를 담는 파일을 지칭하는 것으로 상태 정보를 유지하는 기술 - 옮긴이)를 만들었다. 뿐만 아니라 당시 인터넷은 프로그램화하기가 쉽지 않았기 때문에 우리는 매우 유연하고 동적인 제어가 가능한 프로그래밍 언어 자바 스크립트(JavaScript)를 발명했다. 이런 기술들이 최적의 해결책이었을까? 아마 그렇지는 않았을 것이다. 그러나 우리는 뱀들을 아주 신속하게 죽였고 일단 죽은 뱀은 절대 갖고 놀지 않았다. 그 결과로 우리가 창조한 기술들이 지금도 인터넷을 지배한다.

무사도가 일본 사회에 그토록 막대한 영향을 미칠 수 있었던 이유는 뭐였을까? 복잡하게 대답할 수도 단순하게 대답할 수도 있다. 먼저 복잡한 대답부터 알아보자. 사무라이가 아주 오랜 시간에 걸쳐 수많은 정교한 심리적 기법들을 사용해 문화를 끊임없이 발전시키고 개선했던 터라 사람들은 그 문화를 잊을 수도 피할 수도 없으며 숨 쉬기만큼이나 자연스러운 것으로 받아들였기 때문이다.

그렇다면 단순한 대답은 뭘까? 사무라이들이 항상 죽음을 생각하고 행동했기 때문이다.

# WHAT YOU DO IS

4장

—

다른 방식의 전사:
샤카 상고르의 인생 역전

# WHO YOU ARE

입장을 명확히 해야 하는 선택의 순간에는 달라져야 한다.
당신이 진화하든가 아니면 도덕적 타락의 벽 속에 자신을 가두든가,
둘 중 하나밖에 취할 수 없다.

> 남자 새끼들한테 덤벼보라고 해, 덤비라고.
>
> 놈의 가족 모두를 혼내줄 거야.
>
> 장난하는 게 아니야. 까불면 내가 시체로 만들어줄 거야.
>
> 데지 로프(Dej Loaf)의 〈트라이 미(Try Me)〉

샤카 상고르는 시대와 장소를 잘못 만난지도 모르겠다. 고대 일본에서 태어났으면 영웅호걸이 부럽지 않았을 수도 있었다. 철학적이고 절제력이 뛰어나지만 꼭 필요할 때면 사나운 이빨을 드러냈던 사람인지라, 사무라이의 삶이 아주 잘 맞았을 것이다. 하지만 그는 디트로이트의 빈민가에서 성장했고 사무라이와는 다른 길을 가는 전사가 됐다.

나는 2015년에 상고르를 처음 만났다. 인생의 접점이 거의 없던 우리가 만날 수 있었던 것은 일련의 우연들이 절묘하게 겹친 덕분이었다. 당시 오프라 윈프리(Oprah Winfrey)가 출범시킨 케이블 채널 오프라 윈프리 네트워크(Oprah Winfrey Network, OPN)는 〈빌리프(Belief)〉라는 새로운 쇼 프로그램을 준비 중이었는데, 그 쇼에 대한 투자 심사를 앤드리슨호로위츠가 맡았다. 심사가 마무리된 후 내가 그녀를 직접 만나 인터뷰했다. 당대 최고의 인터뷰 진행자라고 불리는 사람과 인터뷰한다는 것은 꽤나 진땀나는 일이었다. 알베르트 아인슈타인에게 상대성 이론에 관한 돌발 퀴즈를 내야 하는 처지와 비슷하게 느껴졌다. 나는 윈프리에게 인터뷰 장소까지 같이 차를 타고 가자고 청했다. 사람들로부터 이야기를 끌어내는 법도 배우고 속된 말로 '멘붕'을 피하는 방법에 대해 도움을 받고 싶어서였다.

자동차 안에서 그녀가 말했다. "당신이 가장 먼저 알아야 할 것은 미리 질문 목록을 작성하되 그것에만 매달리면 안 된다는 거예요. 그러다 보면 상대의 말에 귀를 기울이지 않게 되고, 이는 다시 가장 중요한 질문을 할 수 없게 만들기 때문이에요. 바로 후속 질문이죠." 정말 좋은 지적이지만 그것은 나도 이미 알고 있었다. 그래서 이렇게 다시 질문했다. "저는 다른 게 궁금합니다. 당신이 정말로 공격적인 질문들을 하는데도 사람들이 방어적인 태도를 보이기는커녕 마음을 열고 눈물까지 흘리잖습니까. 저는 그 비법을 알고 싶습니다." 그녀의 대답을 직접 들어보자.

저는 정식 인터뷰를 시작하기 전에 먼저 그들에게 인터뷰를 하는 목적이 무엇인지 묻고 "그 목적을 달성하도록 제가 도와줄게요. 그렇지만 당신은 꼭 저를 믿어야 해요"라고 말하죠. 사례를 하나 들려드릴게요. 지난주 〈슈퍼 소울 선데이(Super Soul Sunday)〉를 녹화했는데 초대 손님이 있었어요. 샤카 상고르였죠. 그는 살인죄로 19년형을 받아 교도소에 있다가 형기를 마치고 출소했어요. 그게 불과 몇 년 전이에요. 그중 7년은 독방에 수감되어 있었고요. 그는 근육질의 우람한 체격에 레게머리를 했고 온몸에 문신이 가득했어요. 정말 인상이 무시무시했죠. 저는 상고르에게 나와 인터뷰하는 목적이 무엇이냐고 물었어요. "제 목적은 사람들에게 누군가가 과거에 저지른 최악의 일로 그 누군가를 판단해서는 안 된다는 사실을 알리는 것입니다. 누구나 구원을 받아 새 사람으로 다시 태어날 수 있습니다." 저는 "무슨 말인지 이해했어요. 당신이 그 목적을 이룰 수 있게 제가 도와드리죠. 그렇지만 당신은 꼭 저를 믿어야 해요"라고 말했습니다.

마침내 우리는 녹화를 시작했고 제가 물었어요. "당신이 처음 범죄를 저지른 것은 언제였죠?" 그가 말했죠. "14살 때 가출했는데 그때부터 범죄의 길로 들어섰습니다." 저는 예전에 그의 책을 읽은 적이 있었고 그래서 그의 삶에 대해 조금 알고 있었어요. "9살 때 '올 A' 성적표를 받아 우쭐해져 집에 돌아왔는데 당신 어머니가 당신 머리에 냄비를 집어 던진 적이 있었죠? 그때 이야기를 해줄래요? 그때 마음이 어땠어요?" 그의 온몸이 일순 경직되는 게 느껴졌어요. "기분이 그리 좋지는 않았습니다." 저는 그의 대답이 성에 차지 않았어요. "저를 믿으셔야 해요. 마음이 어땠는지 솔직히 말해주겠어요?" 그러자 그는 "제가 평생 무슨 일을 하든 상관없다는 기분이 들었습니다. 될 대로 되라는 심정이었죠"라고 말했습니다. "당신은 14살 때 가출한 게 아니에요. 9살 때 이미 버려진 거죠." 그러고는 우리 둘 다 울기 시작했어요.

내 평생 들어본 가장 놀라운 이야기였다. 그래서 집에 돌아오자마자 곧장 아내에게 이 이야기를 들려줬다. 이것이 실수가 아니었을까 싶다. 아내가 오프라 윈프리의 광팬인 데다가 친화력의 화신이라는 사실을 간과했던 것이다. 1주일 후 아내가 말했다. "여보, 페이스북에서 상고르와 연결이 됐어요. 이제 우리 둘은 페이스북 친구예요." 나는 놀라지 않을 수 없었다. "그 사람이 살아온 이야기에 대해 전부 듣지 않았어요? 사람을 죽여 19년이나 교도소에 수감됐던 전과자란 말이에요. 당신이 페이스북에서 친구를 맺을 만한 사람이 아니라고요"라고 내가 말렸다. "두고 보면 알겠죠. 조만간 이곳으로 올 일이 있다기에 저녁식사에 초대했어요." 하도 황당해서 나는 애초에 상고르의 이야기를 해준 내 입을 찢고 싶었다.

나는 일부러 우리 집에서 두 블록 떨어진 식당에 예약을 잡았다. 여차하면 아내를 데리고 잽싸게 빠져나올 요량이었다. 그래서 어떻게 됐냐고? 레스토랑에서 3시간 동안 식사를 하며 대화를 하고도 부족해 상고르를 우리 집으로 초대했고, 집에서 또다시 5시간이나 이야기를 이어갔다.

그는 문화를 구축하고 조직을 경영하는 방법에 관해 내가 이야기해본 사람 중 가장 통찰력이 뛰어난 사람이라고 해도 손색이 없었다. 그는 한 교도소 갱단의 두목이었는데, 그런 조직을 관리하기가 얼마나 힘들지 굳이 말 안 해도 알 것이다(그의 조직은 물론이고 교도소 내 다른 조직들도 스스로를 갱단이라고 부르지 않았다. 오히려 종교 조직이라고 주장했다. 나는 그냥 그들을 패거리들이라고 부를 것이다). 그는 자신의 패거리 조직 내에 강력한 문화를 구축했을 뿐 아니라 이전과는 전혀 다른 조직으로 변신시켰다. 솔직히 말해 그는 내가 이 책에서 소개하고 싶은 모든 기술의 달인이었다. 그는 문화를 세웠고 그 문화의 결함을 정확히 인지했으며, 그런 결함을 고쳐 더 나은 문화로 탈바꿈시켰다.

문화와 조직 경영에 관한 뛰어난 통찰 말고도 내가 상고르에 관한 이야기를 꼭 하고 싶은 또 다른 이유도 있다. 교도소 재소자들이 대개는 붕괴된 문화의 산물이기 때문이다. 부모에게서 버림받았거나 가정폭력의 피해자들도 있었고, 친구들에게 배신당한 사람들도 있었다. 더군다나 그들은 약속을 지키는 것 같은 기본적인 행동 수칙과 관련해 사회로부터 보호를 받지도 못한다. 사실 교도소는 문화가 뿌리내리기 힘든, 가장 척박한 문화의 불모지나 다름없다. 따라서 교도소 내에서 문화를 구축하려면 맨 밑바닥에서 첫 번째 원칙부터 시작해야 한다.

## 문화 오리엔테이션의 충격

상고르의 본명은 제임스 화이트였다. 그는 대부분의 사람들이 대학에 입학할 나이에 교도소에 수감됐다. 그리고 대부분 사람들이 대학 문화를 통해 친목 모임에 첫발을 들이는 반면, 화이트는 교도소 문화를 통해 극단적인 폭력과 위협을 알게 됐다. 그의 말에 따르면, 교도소에 처음 수감됐을 때 이제부터 교도소가 자신의 집일 거라고, 평생 교도소를 들락거리며 살게 될 거라고 믿었다.

그때가 19살이었습니다. 중형을 받아 교도소에서 아주 오래 있어야 한다는 것을 잘 알았습니다(상고르는 2급 살인죄로 17년 이상 40년 이하의 징역형을 선고받았다 - 옮긴이). 아무리 짧아도 20년 안에 바깥공기의 맛을 못 볼 것 같았습니다. 그 시간이 마치 영원처럼 느껴졌습니다. 유일하게 확실한 한 가지는 언젠가는 형기가 끝난다는 사실이었습니다. 40년간 교도소에서 썩은 다음에 말이죠. 60세에 출소한다고 생각하니 하늘이 노래졌습니다.

처음에는 카운티 구치소에 들어갔습니다. 그곳에 처음 들어가면 두 가지 일을 겪게 됩니다. 가장 먼저 수감자들은 바깥세상에서 당신과 나쁘게 얽힌 적이 있는지 알아내려 합니다. 둘째, 그들은 당신을 착취할 수 있을지 알아내려 혈안이 됩니다. 구치소에는 동마다 그곳을 지배하는 록 보스(Rock Boss)나 똘마니가 있었습니다. 감방을 나가면 변기와 샤워기와 커다란 탁자가 몇 개 놓인 주간 휴게실(Day Room)이라고 불리는 작은 공간이 나왔습니다. 록 보스들이 먹잇감을 노리는 사자들처럼 탁자 하나씩 차지한 채 버티고 있었죠. 록 보스는 그의 오른팔과 부하들과는 차원이 달랐습니다. 온몸에서 섬뜩한 기운이 풍겼죠. 그가 사자라면 부하들은 하이에나였습니다.

한 록 보스가 "어디 출신이지?"라고 제게 물었습니다. 그건 질문이라기보다는 일종의 오리엔테이션이었습니다. 저는 "브라이트모(Brightmo)에서 왔습니다"라고 대답했고, 그것으로 1차 테스트를 통과해 신뢰를 얻었습니다. 제가 살았던 동네는 디트로이트에 있는 브라이트무어(Brightmoor)였지만 '브라이트모'로 발음됩니다. 만약 교외 지역 출신이었다면 저는 매우 힘든 상황에 놓였을 겁니다. 그런 다음 "무슨 죄를 지었어?"라고 묻기에 사람을 죽였다고 대답했습니다. 교도소 내에서 살인은 가령 성범죄보다 훨씬 '명예로운' 범죄였고, 제가 만약 성범죄로 들어왔다면 그들의 성 노리개가 됐을 겁니다. 이렇게 2차 테스트까지 통과했죠.

저는 당장은 안전했습니다. 하지만 앞으로 경험할 모든 것이 하나의 시험임을 직감했습니다. 가령 수감자들이 마당에서 농구를 하고 있다고 치죠. 당신이 "나도 다음에 낄래"라고 말하는데 다른 누군가가 자신이 다음에 하겠다고 나서면 당신은 그 개자식에게 양보해야 할지 말지를 마음속으로 결정해야만 합니다. 만약 양보할 생각이 없다면 당신은 스스로를 지키기 위해 당당히 맞서서 싸움도 불사해야 하죠. 거리를 포함해 크고 작은 모든 구치소와 교도소가 통합된 하나의 시스템으로 움직입니다. 이는 당신의 개인적인 브랜드가 꼬리표처럼 끝까지 따라다닌다는 뜻입니다. 당신이 교도소 바깥에서 어떤 평판을 받았는지가 수감자들에게 중요합니다. 당신이 존경받던 사람인가? 밀고자로 낙인 찍혔는가? 교도소에는 이처럼 포식자의 약탈적 에너지가 만연했습니다. 가령 가족이 영치금을 넣어주면 두 눈 멀쩡히 뜬 채 뺏길 수 있습니다. 그리고 성적으로 학대를 당할 위험도 있습니다.

사실상 이 모든 것이 첫날에 다 이뤄집니다. 재소자들은 이를 검투사 학교(gladiator school)라고 불렀는데, 각자가 스스로의 계급을 만들기 때문이었습니다.

주립 교도소로 이감된 후에 화이트는 훨씬 더 엄격한 오리엔테이션을 거쳤다.

신입 수감자들은 질병이나 여타 문제가 있는지 확인하기 위해 2주간 다른 수감자들과 철저히 분리된 격리 생활을 했습니다. 격리가 해제돼 독방에서 나온 날, 한 남자가 목에 칼이 찔리는 광경을 봤습니다. 교도관들이 없는 구역에서는 칼부림 사고가 자주 발생합니다.

뒤쪽의 으슥한 계단, 교도관 한 명이 300명의 수감자들을 감시하는 레크리에이션 센터, 식당이나 도서관으로 가는 복도 등이 가장 위험하죠. 우리는 레크리에이션 센터에 있다가 그 사건을 목격했습니다. 가해자는 별 일 아니라는 듯 아주 태연하게 피해자를 찌르고 칼을 버린 다음 식당으로 들어갔습니다.

저와 같이 현장에 있던 신입 수감자들은 너무 놀라 크게 동요했습니다. 당시 제가 무슨 생각을 했는지 지금도 똑똑히 기억납니다. '이것은 교도소에서 일어날 수 있는 가장 극단적인 상황이야.' 그런 다음 스스로에게 물었습니다. '만약 네가 누군가와 다툼이 생기면 상대를 칼로 찌르고 아무렇지 않게 살 수 있겠어?' 저는 이제까지 칼을 사용한 적이 없습니다. 총으로 사람을 쏜 적은 있었지만 그마저도 길거리 싸움에 휘말려 우발적으로 벌어진 사건이었을 뿐입니다. 그것은 '더는 못 참아, 이 자식을 찌를 거야. 어디를 찌르는 게 좋을까? 그냥 위협만 할까, 아님 상처를 입힐까? 그냥 다시는 내 눈앞에서 얼쩡거리지 못하게 만들까, 아니면 아예 세상을 하직하게 만들어줄까?'라고 미리 계획하는 것과는 근본적으로 달랐습니다. 교도소에서는 수많은 이유로 칼부림이 발생합니다.

사람을 칼로 찌르려면 얼음처럼 차가운 피가 필요하지만, 저는 그렇게까지 냉혈한이 아니었습니다. 그래서 제 자신에게 다시 물을 수밖에 없었습니다. '만약 죽고 사는 문제라면 극단적인 선택을 할 수 있겠어? 네가 겁을 먹어 꼬리를 내리거나 반대로 맞서 싸워야 하는 일이 닥치기 전까지는 너 자신이 어떤 사람인지 알 수 없어.' 제가 강인하다고 생각했던 사람들 중 일부는 의외로 그 칼부림 사건에 크게 영향을 받았지만, 저는 그렇지 않다는 사실을 깨달았습니다. 저는 한 번도 제가 먼저 싸움을 건 적은 없었습니다. 그러나 제 지난 삶은 싸움의 연속이어서 저는 싸움에는 일가견이 있었고 싸움을 꽤나 잘 했습니다. 저는 일단 싸움이 붙으면 '그래, 어차피 이렇게 된 거 끝까지 한 번 가보자'는 주의였습니다. 만약 생사가 걸린 최악의 경우라면 저는 제가 살기 위해 상대를 찌를 수도 있음을 깨달았습니다.

그것은 비록 폭력적이었지만 생생한 현장 교육이었고 깊이 성찰하는 순간이었다. 그리하여 화이트는 미시간의 교도소 문화에 완벽히 젖어 들었다. 그곳에서 살아남으려면 자신이 변해야 한다는 사실을 알았고, 실제로 그는 180도 다른 사람으로 변했다.

## 갱단의 두목이 되다

화이트가 수감된 교도소는 5개의 폭력 집단이 지배하고 있었다. 수니파 무슬림(Sunni Muslims), 이슬람 민족(Nation of Islam, NOI, 미국의 흑인 무슬림들로 구성된 과격파 흑인 단체-옮긴이), 미국 무어 과학 사원(Moorish Science Temple of America, 미국에서 최초로 조직된 이슬람 공동체 조직으로 이단의 성격을 띰-옮긴이), 5퍼센트 민족(Five Percenters Nation, 흑인이 인류의 기원이므로 흑인이 인류 문명의 아버지 즉 신이자 땅, 다른 말로 어머니라고 믿음-옮긴이), '멜라닉스'라고 불리는 이슬람의 떠오르는 태양 궁전(Melanic Islamic Palace of the Rising Sun) 등이었다. 이들 5대 갱단이 교도소 내의 상업을 장악했고 각자 조직원들을 보호했다. 또한 마약과 담배 같은 기호품은 물론이고 닭고기와 신선한 쇠고기 등등 주방에서 일하는 조직원들을 통해 빼낸 더 좋은 음식을 조직원들에게 공급했다. 이러니 신입 수감자는 어디든 갱단에 들어가지 않으면 정글 한복판에 던져진 토끼 신세였다.

화이트는 멜라닉스에 가입했는데, 멜라닉스는 교육을 통한 흑인 지위 향상과 자결권 등등 흑인 무장 조직인 흑표당(Black Panthers)과 맬컴 엑스(Malcolm X, 흑인 인권 운동가이자 이슬람 운동가이며 수니파 교도임 – 옮긴이)에게서 들여온 독특한 원칙들을 가르쳤다. 교도소에서 자생한 조직인 멜라닉스는 전국적인 조직의 지부인 NOI와 코란을 추종하는 수니파 무슬림과는 결이 확연히 달랐다(캘리포니아 같은 일부 주에서 길거리 갱단들이 교도소에 지부를 두고 교도소를 지배했던 것과는 달리, 미시간의 교도소는 갱단 대부분이 명목적으로는 예배 형식을 중심으로 조직됐다. 말하자면 종교 집단을 표방했다). 멜라닉스는 조직원들이 200명 남짓으로 다른 조직들에 비해 규모가 작은 편이었지만, 거칠고 강인한 조직원들을 모집하고 엄격한 행동 강령에 의거해 철저히 관리하는 것으로 정평이 나 있었다. 그러나 화이트는 멜라닉스에 합류하고 얼마 지나지 않아 조직이 강령대로 운영되지 않는다는 사실을 깨달았다.

교도소에는 카리스마 넘치고 언변이 뛰어난 수감자들이 꼭 있습니다. 그들은 웬만하면 스스로 나서는 일이 없고 자신의 카리스마로 추종자들을 조종해 그들이 온갖 종류의 지저분한 짓을 대신 저지르게 만들죠. 그러나 그 카리스마의 이면을 들여다보면 알맹이가 없습니다.

멜라닉스의 리더들은 카리스마가 있었지만 표리부동하고 사기꾼 기질이 다분했습니다. 예컨대 우리 조직에 '티 맨'이라는 자가 있었는데, 그는 외부에서 고정적으로 들어오는 돈이 있었고 조직원 모두가 그 사실을 알고 있었습니다. 또한 그들은 티 맨이 스스로가 순수 흑인인지 혼혈인지 정체성이 불분명하다는 생각에 은근히 불안해한다는 사실도 간파했습니다. 그래서 그들은 티 맨을 교묘히 조종하며 그의 돈을 갈취했습니다. 교도소에서는 정체성이 불분명할 경우 쉬운 먹잇감이 됩니다. 저는 "우린 더 이상 그런 짓을 안 할 겁니다. 그것은 우리의 행동 강령에 어긋납니다"라는 식으로 말했습니다. 당연히 리더들에게 제 말이 곱게 들릴 리 없었겠죠. 그들도 티 맨에게서 돈을 뜯어내고 있었으니까요. 그래서 저는 "우리 조직원들은 당신들 편에 서든가 아니면 저와 한 배를 타게 될 것입니다"고 말했습니다. 특히 양심적으로 행동하고 싶은 욕구가 강했던 젊은 조직원들은 제 편에 서고 싶어 했습니다. 이처럼 저는 우리 조직의 도덕적 강령에 의거해 리더들에게 반기를 들 수 있었습니다.

그러나 멜라닉스에서는 대놓고 반란을 일으켜 폭력으로 지휘권을 차지할 수 없었습니다. 우리 조직의 행동 강령에는 다른 조직원에 대한 물리적 위해를 금지하는 조항이 있었기 때문입니다. 그래서 저는 심리적인 방법으로 지도부를 장악해야 했습니다. 제가 생각해낸 묘안은 회의석상에서 소크라테스 식의 문답법을 사용하는 것이었습니다. 조직원들에게 "만약 리더가 본인의 지시 사항을 지키지 않는다면 그는 리더일까요?" 같은 질문을 던지는 식이었죠. 마침내 우리 조직원들은 우리가 변할 필요가 있다는 사실을 깨닫기 시작했습니다. 그리고 우리가 언행을 일치시킬 것이라는, 우리가 하겠다고 말한 대로 행동할 것이라는 제 아이디어를 따랐습니다. 제가 지도부를 장악하자 예전 리더들은 점차 고문 역할로 물러났습니다. 그들은 여전히 각종 특혜를 누렸지만 조직에 대한 직접적인 통제력은 잃게 되었죠.

그러던 중 화이트는 멜라닉스의 강령을 철두철미하게 지키더라도 자신이 완벽히 만족할 수 없다는 사실을 깨닫기 시작했다.

저는 맬컴 엑스의 자서전을 읽었을 때 제가 다른 사람이 될 수도 있다는 사실을 처음 알았습니다. 저는 제가 충분히 변할 수 있다고 생각했습니다. 하지만 저 하나만을 변화시키는 것으로는 부족했습니다. 저를 둘러싼 주변 환경도 바꿀 필요가 있었습니다. 제 한쪽 어깨에는 맬컴 엑스가 앉아서 "너는 더 나은 사람이 될 수 있어"라고 속삭였고, 다른 쪽 어깨에는 수감자가 앉아 "야 이 개자식아, 날짜가 됐으면 3달러를 갚는 게 상도덕이지"라고 말하는 상황이었으니까요. 그러니까 저는 꽤나 철학적인 깡패였습니다. 상충적인 두 목소리 때문에 저는 갈등을 좀 더 외교적으로 해결하는 접근법을 생각해냈습니다. 저는 조직원들이 폭력의 위협을 항시 인지하도록 만드는 동시에 우리의 남자다움을 포기하지 않고도 사안들을 해결할 수 있다고 그들을 계속 다독였습니다.

이때부터 저는 또 다른 뭔가를 서서히 깨닫기 시작했습니다. 제가 길거리에서 경험한 모든 것이 나쁜 에너지와 나쁜 의도로 가득했다는 깨달음이었습니다. 그래서 저는 제임스 엑스(James X)로 개명했고, 모두가 저를 제이 엑스(Jay X)라고 불렀습니다. 하지만 그 이후 아프리카에 대해 공부하면서 이름을 또 바꿨습니다. 위대한 전사로 남부 아프리카 줄루(Zulu)의 족장이었던 샤카 줄루(Shaka Zulu)와 세네갈의 초대 대통령이자 시인이며 문화 이론가였던 레오폴 상고르(Léopold Senghor)의 이름을 따서 샤카 상고르가 됐습니다.

힘과 권력에는 항상 책임이 따라옵니다. 저는 오랜 시간이 흐른 후에야 비로소 우리가 하는 모든 행동이 저와 우리 조직원들은 물론이고 교도소의 전체 환경에 영향을 미친다는 사실을 이해했습니다. 그리고 누군가가 출소하면 교도소 문화도 바깥세상에 함께 가져간다는 데까지 생각이 미쳤습니다. 그래서 저는 가장 먼저, 다른 삶의 방식이 있다는 사실을 배워야 했습니다. 그런 다음 그 기술들을 완벽히 터득해야 했고, 결국에는 그것이 제가 진정으로 살고 싶은 삶의 방식이라고 결정해야 했습니다. 그것은 3단계 과정이었는데, 제가 그 과정을 완수하기까지 무려 9년이 걸렸습니다. 제가 그토록 오랫동안 그 과정에 계속 집중할 수 있었던 것은 순전히 운이 좋아서였습니다. 조직의 두목이라서 누구도 저를 시험하려 들지 않았고, 덕분에 저는 퇴보하지 않을 수 있었던 겁니다.

멜라닉스의 행동 강령은 복잡했다. 하지만 근본적으로 따져보면 단순했다. 모두는 동료 조직원들에 대한 책임이 있었다. 가령 외부인이 한 조직원을 공격하면 조직 전체가 공격자에 맞섰고, 이는 공격자가 어떤 교도소에서도 안전하지 못할 거라는 뜻이었다. 요컨대 당신은 형제라고 불릴 자격이 있는 조직원이 힘든 처지에 놓이면 반드시 그를 도와야 했다. 그의 어려움이 곧 당신의 어려움이기 때문이었다. 반대로, 다른 조직원의 어려움을 모른 체해서 동료들의 신뢰를 잃은 것처럼, 형제라고 불릴 가치가 없다고 여겨지는 조직원은 자신을 보호해 줄 강력한 우군을 잃어 위험에 무방비로 노출됐다. 실제로도 그런 일이 종종 있었다.

상고르는 스스로 다음의 세 가지 원칙에 초점을 맞췄다. 조직원들을 절대 이용하지 마라. 조직원들에게 물리적으로 시비를 걸지 마라. 예외적인 상황이 아니라면, 보통은 대우받고 싶은 대로 조직원들을 대우하라.

그런 다음 상고르는 조직에 위의 3대 원칙을 주입하기 시작했다.

그들은 많이 배우지 못했고 그래서 조직의 강령을 이해하지 못한 채로 무조건 외웠습니다. 그리고 강령을 이해하지 못했기 때문에 그들은 제대로 실천할 수 없었습니다.

저는 그 문화를 제가 바라는 문화로 바꿔야 했습니다. 그래서 매주 한두 차례 공부 모임을 만들었고, 제가 공부 모임의 주최자이자 감독관이 됐습니다. 먼저 저는 심리학자이자 대중 연설가인 나임 악바르(Na'im Akbar)의 《흑인을 위한 비전(Visions for Black Man)》, 맬컴 엑스의 자서전, 인생철학의 아버지로 불리는 제임스 앨런(James Allen)의 《원인과 결과의 법칙》, 성공 철학의 거성 나폴레온 힐(Napoleon Hill)의 《놓치고 싶지 않은 나의 꿈 나의 인생》 같은 서적을 교재로 나눠줬습니다. 또한 그 책들의 내용을 기본적인 요소들로 분류해서

학습 지침서를 만들었고, 조직원들에게 그 지침서를 의무적으로 공부하도록 시켰습니다. 멜라닉스에 합류하고 2년이 지나니 저는 어느새 조직의 문화적 리더가 돼 있었습니다. 말이 문화적 리더지 사실상 조직의 명실상부한 리더였습니다. 특히 비교적 젊은 조직원들이 저를 아주 잘 따랐는데, 누구나 자신이 믿을 수 있는 대상을 원하기 때문입니다.

당신 스스로가 문화를 존중하고 받들지 않으면 아무도 당신을 믿지 않습니다. 저는 우리 조직의 문화적 원칙들을 앞장서서 지켰습니다. 저는 그 원칙들을 믿었고, 그 원칙들을 보호하기 위해서는 어떤 일도 마다하지 않았습니다. 그리고 이것이 결과적으로 교도소 문화를 더 좋게 변화시켰습니다.

그런 다음 상고르는 이 문화 원칙들을 어떻게 보편적인 원칙으로 만들었는지 자세히 설명했다.

예를 들어 당신과 제가 소속된 갱단에 '카슈'라는 조직원이 있다고 가정해보죠. 카슈가 누군가의 돈을 훔쳤고, 이제 그 사람과 그의 친구들이 카슈를 단단히 혼내주려 한다는 소문이 우리 귀에까지 들려옵니다. 그래서 우리는 갈등에 빠집니다. 우리 조직의 행동 강령에 따르면 누군가가 우리 조직원에게 위해를 가하는 것을 두고봐서는 안 되기 때문입니다. 그런데 카슈는 우리 조직의 또 다른 행동 수칙을 어겼습니다. 어리석은 행동으로 조직을 위태롭게 만들면 안 된다는 수칙입니다. 고로 우리는 내부적으로는 카슈도 보호하고 조직도 지킬 책임이 있습니다. 그런데 동시에 우리는 카슈에게 돈을 빼앗긴 사람에 대한 외부적인 책임도 있습니다.

얼치기 지도부라면 이렇게 말하겠죠. "힘센 놈 두어 명을 보내 그 자식들을 단단히 혼내주자." 그런 다음 조직의 강령을 어긴 카슈 문제는 내부적으로 조치를 취할 것입니다. 제가 멜라닉스에 합류했을 때 멜라닉스의 문화가 딱 이런 상황이었습니다. 그러나 조직을 이런 식으로 운영하는 것은 상대 조직에게 도덕적으로 우월한 기반을 갖다 바치는 꼴입니다. 그들은 우리가 조직원들이 마음대로 망나니짓을 하도록 방치한다고 비난할 수도 있습니다. 그래서 저는 돈을 빼앗긴 피해자가 아니라 가해자인 카슈에게 자신의 행위에 대한 응분의 결과가 돌아가도록 우리 조직의 운영 방식을 변화시켰습니다. 결국 카슈는 그에게 사과하고 돈을 돌려줘야 마땅합니다.

만약 리더인 당신이 외부적인 문제를 위와 같은 식으로 처리한다면 조직의 모든 구성원은 그것을 하나의 모델로 생각할 것이다. 하지만 이렇게 하지 않으면 리더로서 당신이 외부인을 대우하는 방식은 부메랑이 되어 돌아와 당신의 조직에 깊이 스며들 것이다.

## 전환점: 의도하지 않은 결과

상고르는 조직원들이 멜라닉스의 행동 강령을 준수하도록 만들었다. 하지만 그 강령은 그가 조직에 합류하기 이전에 만들어졌고 또한 대부분은 그가 리더가 되고 나서도 그대로 유지됐다. 그러다가 멜라닉스와 NOI 사이에 예상치 못한 갈등이 생겼고, 이 일을 계기로 상고르는 모든 것을 재고하게 됐다.

미시간주의 교도소 체제에서 갱단을 조직하는 방법은 두 가지였습니다. 하나는 비교적 나이가 많은 수감자들이 통제하던 잭슨 주립 교도소에서 확실히 자리 잡았고, 다른 하나는 우리가 지배하던 미시간 교정원의 방식이었습니다. 잭슨 교도소의 갱단들은 중독성이 강한 약물을 구할 수 있었습니다. 그래서 그들은 약물을 미끼로 중독자들을 조종해 적들을 제거했습니다. 요컨대 그들의 힘과 권력은 자신들을 대신해서 손에 피를 묻혀줄 많은 중독자들을 끌어들이는 데서 나왔습니다.

반면 우리 조직원들은 헤로인에 관심이 없었고, 고로 약물 중독에 기반을 두는 비즈니스 모델은 우리의 선택지가 될 수 없었습니다. 행여 그렇지 않았더라도, 제가 조직을 운영하기 위해 약물을 사용하는 일은 절대 없었을 겁니다. 대가를 미끼로 사람들을 조종하는 것에 기반을 둔 모델은 결국 나약한 조직을 만들 수밖에 없습니다. 그런 조직은 싸울 준비가 돼 있지 않습니다. 상황이 어려워질 때에 꼭 필요한 뭔가가 결여됐기 때문이죠. 바로 충성심과 헌신입니다.

저는 멜라닉스에서 소속감과 충성심에 토대를 두는 체계를 구축했습니다. 그 접근법은 조직원들을 선발하는 과정에서부터 시작했습니다. 저는 조직원이 되려면 두 가지 자격 요건을 충족시켜야 한다는 점을 명백히 밝혔습니다. 조직이 요구하는 것이 무엇이든, 기꺼이 종신형을 살거나 목숨을 내놓을 각오를 해야 한다는 조건이었습니다.

그러나 조직원으로 입단한다고 끝나는 것이 아니었습니다. 계속 조직에 머무르고 싶다면 특정한 행동 방식을 따라야 했습니다. 무엇보다 흑인 비하적인 말, 욕설, 상스러운 발언을 할 수 없었고, 조직원 배지를 달고 있는 상태에서 담배를 필 수 없었습니다. 또한 대마초를 피우다가 또는 프루노(pruno, 교소도 재소자들이 과일, 과일 칵테일, 과일 주스, 설탕 등등을 섞어 만드는 술로 '교도소 포도주'라고도 함 – 옮긴이)를 마시다가 교도관에게 발각되는 일도 용납될 수 없었는데, 그것은 머리가 나쁘고 자제력이 부족하다는 징후였기 때문입니다. 그리고 나약하거나 무례하다고 여겨질 만한 행동도 금지됐고, 신발은 항상 깨끗해야 했으며, 외부로 작업 나갈 때 착용하는 청바지는 언제나 말끔히 다림질까지 해둬야 했습니다. 뿐만 아니라 매일 운동을 해야 했고 다른 조직원들과 식당에서 함께 식사해야 했습니다. 이것은 조직의 기강과 유대를 강화하기 위해서였습니다.

인원수만 놓고 보면 우리 조직은 경쟁 조직들의 절반에도 못 미쳤습니다. 그러나 싸움이 벌어지면 인원수는 중요하지 않았습니다. 우리 조직원들은 곧바로 싸움에 뛰어들 준비가 항시 돼 있었던 반면, 다른 조직들은 열에 여덟이 동지들을 나 몰라라 했습니다. 그러니 누구도 우리와 부딪히려고 하지 않았습니다.

그러던 중 우리 원칙들이 엄격한 시험대에 오르는 사건이 벌어졌습니다. 저는 한 조직원으로부터 '스토니'라는 죄수가 곧 우리 교도소에 수감될 거라는 소식을 들었습니다. 가정 폭력범에다가 여성들에게 폭력을 일삼는 사회의 암적인 존재인 스토니는 우리 조직원과도

악연이 있었습니다. 그의 딸을 폭행해 죽였던 것입니다. 충성심의 관점에서 보면 우리는 그를 없애서 반드시 받은 대로 되돌려주어야 했습니다. 다른 대안은 없었습니다. 만약 우리가 우리 조직원을 보호하지 않고 그의 딸의 죽음에 대해 앙갚음하지 않는다면, 우리 조직의 모든 행동이 공허한 약속에 토대를 두게 됐을 겁니다.

스토니는 우리 교도소에 이송되자마자 이슬람 민족 즉, NOI의 예배에 참석하기 시작했습니다. 신입 수감자들은 더러 스스로를 보호하기 위한 자구책으로 NOI에 들어가곤 했습니다. 사실 NOI는 우리 교도소만이 아니라 미국 전역의 교도소들에서 아주 강력한 갱단이었고, 그래서 NOI 자체가 가장 확실한 보호막이었던 셈이지요. 저는 NOI의 우두머리였던 '머니 맨'에게 면담을 요청했습니다. 그리고 우리가 스토니를 데려가는 것 외에 다른 선택지가 없다고 설명했습니다. 하지만 저는 그를 존중하는 마음에서 그가 스토니를 직접 넘겨줄 기회를 주고 싶었습니다. 머니 맨은 제 요구를 진지하게 고민하더니 마침내 입을 열었습니다. "좋소, 그 자를 데려가시오. 대신 조건이 있소. 당신의 조직원 하나가 우리 조직원의 사촌을 죽였소. 그러니 스토니를 데려가는 대신에 그 자를 우리에게 넘기시오."

인질 교환하듯 우리 조직원을 스토니 대신 넘기는 것은 우리의 충성심 원칙을 위배하는 행위였습니다. 그래서 당연히 그의 조건은 우리에게 협상의 대상이 아니었습니다. "그 사람은 우리의 정식 조직원이오. 그러나 우리가 원하는 그 작자는 당신 조직원이 아니라 떠돌이일 뿐이오. 따라서 그것은 내가 흔쾌히 받아들일 수 있는 교환이 아니오."

저는 NOI와 3주 동안이나 밀고 당기며 협상을 이어갔지만 아무런 진전을 이루지 못했습니다. 더는 선택을 미룰 수 없었습니다. 스토니를 빼오고 NOI와 전쟁을 치를 위험을 감수하든가 아니면 그를 내버려두고 우리 문화 전체를 위태롭게 만들 위험을 감수하든가 양자택일해야 했습니다. 저는 결국 전자를 선택했고, 가장 충성스러운 조직원 둘을 불러 조용히 의논했습니다. 둘 다 종신형을 선고받아 복역 중이었는데 보석 가능성도 전혀 없었죠. 저는 그 둘에게 무슨 일을 해야 하는지 지시했고, 그들은 한 치의 망설임도 없이 제 지시를 이행했습니다. 그런 다음 우리는 다가올 NOI의 반격을 대비했습니다.

그런데 NOI가 잠잠했습니다. 보복은커녕 아무런 움직임도 보이지 않았습니다. 우리 조직의 문화가 아주 강력해서 NOI조차도 섣불리 행동할 수 없었던 겁니다. 게다가 정식 조직원도 아닌 객꾼 하나 때문에 우리와 전면전을 벌이고 싶지 않았겠죠. 궁극적으로 볼 때, 머니 맨은 우리의 힘이 뒷받침해주는 우리의 논리를 존중했습니다.

제 결정은 우리 조직을 더욱 공고하게 만들어줬습니다. 게다가 제가 의도하지 않았던 우리 문화의 불편한 단면 하나도 강화했습니다. 우리가 빌어먹을 야만인이라는 사실이었습니다.

상고르는 교도소 문화를 하나부터 열까지 세밀하게 공부했고 그 문화에 동화됐으며 계급 사다리를 올라가면서 그 문화를 주도면밀하게 개선시켰다. 갱단의 우두머리가 됐을 때 그는 새로운 일련의 선택에 직면했고, 그런 선택을 통해 심오한 뭔가를 깨달았다. 생사가 걸린 그의 모든 결정과 진실성을 끝없이 시험하는 모든 순간들이 합쳐져, 자신이 원하지 않았던 문화로 귀결됐다는 깨달음이었다.

본래 문화는 이처럼 종잡기 힘든 희한한 구석이 있다. 문화는 믿음이 아니라 여러 행동들이 축적된 결과물이고, 따라서 당신이 의도한 대로의 문화가 만들어지기란 거의 불가능하다. 또한 이렇기 때문에 문화는 '일단 만든 뒤에 잊어버리고 신경 쓰지 않아도 되는 어떤 것'이 아니다. 오히려 당신은 문화를 끊임없이 검토하고 개선하고 수정해야 한다. 그렇지 않으면 그것은 절대로 당신이 의도한 문화가 되지 않을 것이다. 상고르도 문화와 관련된 고전적인 그 문제에 맞닥뜨리기 시작했다.

당시에 저는 우리 조직의 내부 강령을 고수하는 일에만 오로지 관심을 쏟았습니다. 용서는 물론이고 그것과 비슷한 어떤 것도 제 머리에 없었습니다. 심지어 우리의 행동이 누군가의 가족에게 어떤 위해를 가하는지에 대해 생각해본 적조차도 없었습니다.

그러다가 1995년 어떤 사건을 계기로 저는 상황이 달라질 수 있다는 사실을 처음 깨달았습니다. 그것은 과격파 흑인 지도자로 NOI의 리더였던 루이스 패러칸(Louis Farrakhan)과 NOI가 100만인 행진(Million Man March)을 개최했을 때였습니다. 그 행진을 앞두고 교도소 당국은 공황 상태에 빠졌습니다. 무슨 일이 벌어질지 아무도 장담할 수 없는 상태였으니까요. 다급해진 교도관들은 단속을 강화하며 과잉 행동을 하기 시작했습니다. 그런 어수선한 상황에서 우리 조직원들이 어리석고 유치한 아이디어를 생각해냈습니다.

하루는 허슬 맨을 포함해 조직원 몇몇이 저를 찾아왔습니다. 허슬 맨이 대표로 말했죠. "저와 머치는 100만인 행진에 동참하는 의미에 서 흰둥이 몇 놈을 칼로 찌르려고 합니다." 그 말을 듣자 이 생각밖에 안 들었습니다. '이렇게 멍청할 수가. 숫제 제 무덤을 파는군.' 그리고 또 이런 생각도 들었습니다. '이것은 우리 조직이 지향하는 바가 아냐. 자기를 사랑하는 것이 다른 사람들을 미워한다는 뜻은 아냐.' 그래서 저는 허슬 맨을 슬쩍 떠봤습니다. "그 계획을 실행하기로 마음을 단단히 굳힌 것 같군. 어차피 백인을 공격할 거라면 백인 교도관을 찌르는 게 어때?" 그는 일순 얼어붙었습니다. 제가 말을 이었습니다. "그렇게 못하겠다면, 억압받고 자유를 박탈당했으며 우리와 똑같은 처지에 있는 다른 수감자들을 찌를 거라는 말을 다시는 내 앞에서 지껄이지 마." 사실 허슬 맨은 그냥 살짝 찔러보고 싶었을 뿐 정말로 문제를 일으킬 마음은 없었습니다. 저도 그것을 잘 알았기 때문에 그를 자극했던 거고요.

## 문화와 함께 스스로를 변화시키다

상고르는 리더인 자신이 조직원들에게 얼마나 강력한 영향을 미치는지 깨달은 후부터 문화를 변화시키는 데 혼신의 노력을 기울이기 시작했다.

제 마음속의 나침반 바늘을 돌려놓는 사건이 하나 있었습니다. 어떤 미식축구 선수가 디트로이트에서 다리 위를 달리다가 추돌 사고를 당했습니다. 뒤차 운전자는 젊은 여성이었습니다. 그는 사고를 당했으니 당연히 자동차에서 뛰쳐나왔는데 마치 그 모습이 그녀를 공격할 것처럼 보였나 봅니다. 그러자 그 여성 운전자는 겁을 먹어 도망치려 다리 위에서 뛰어내렸고 결국 익사하고 말았습니다. 그 사건은 미국 전역에 대서특필됐습니다. 그런데 하필 그 미식축구 선수가 우리 교도소에 오게 됐습니다. 그러자 모든 수감자가 "연약한 젊은 여성에게 그런 몹쓸 짓을 하다니 그 개자식에게 본때를 보여줘야겠어. 칼 맛을 보여주겠어"라며 단단히 벼렸습니다.

하지만 저는 그들과 생각이 좀 달랐습니다. '아마 우리에 대해 저렇게 생각하는 피해자 가족들이 있을 거야'라고 생각했죠. 그래서 우리 조직원들을 운동장에 불러 모았습니다. 조직원들은 무슨 일인가 싶어 잔뜩 긴장했고, 우리는 회의를 시작했습니다.

제가 먼저 입을 열었습니다. "우선 결론부터 말하겠다. 나는 그 사람과 일면식도 없다. 하지만 누구도 그에게 해코지를 해서는 안 된다." 저는 그 이유를 설명하기 위해 앞으로 다가가 맨 앞에 있던 조직원에게 물었습니다. "왜 그 사람을 찌르겠다는 거지?" 조직원은 "그자가 살인 미수를 저질렀으니까요"라고 말했습니다. 그래서 저는 "자네가 누군가를 죽이려 할 때마다 아마 그들의 가족도 자네를 작살내고 싶을 테지"라고 말했습니다. 그런 다음 그 옆의 조직원을 처다보자 그가 대답했습니다. "그놈은 명백히 죽일 의도를 갖고 공격했습니다." 그래서 저는 만약 우리가 공격하면 그 남자의 가족은 어떤 기분일지 물었습니다. 제가 한 사람씩 대화를 주고받는 동안 조직원들은 점차 어리석은 짓을 하겠다는 마음을 접었습니다. 아울러 우리 모두가 예전에 나쁜 결정을 했었고 그렇지만 아무도 우리의 그런 결정에 대해 칼로 앙갚음하지 않았으니 운이 좋았다는 사실 또한 깨달았습니다. 그런 식으로 저는 지속적인 폭력의 암묵적인 결과를, 그리고 악을 악으로 갚아봐야 좋을 게 없는 이유를 조직원들에게 이해시켰습니다.

위의 사건은 그의 조직원들을 변화시킨 것만큼이나 상고르 자신도 크게 바뀌었다. 리더로서 당신은 도덕적으로 모호한 사고방식 속에 편안히 숨어 지낼 수 있지만 영원히 그렇게 할 수는 없다. 입장을 명확히 해야 하는 선택의 순간에는 달라져야 한다. 당신은 진화하든가 아니면 도덕적 타락의 벽 속에 자신을 가두든가, 둘 중 하나밖에 취할 수 없다.

상고르는 영리하게도 그 사건을 진화의 촉매제로 사용했다.

과거 저는 갈등을 해결하기 위해 제가 정한 원칙들이 아닌 힘으로 찍어 누르는 갱단의 규칙들을 사용했습니다. 그러다 불현듯 제가 위선자라는 사실을 깨달았습니다. 그리고 도덕적 강령에 부합하도록 조직을 변화시키는 데는 다양한 방법이 있음을 이해하기 시작했습니다.

무엇보다 그런 노력에는 시간이 걸립니다. 그래서 저는 라면, 말린 훈제 소시지, 치즈, 신선한 소고기나 닭고기 같은 특식을 포함해 조직원 모두가 삼시세끼를 함께 식사하는 것을 의무화했습니다. 그리고 점심시간에는 한곳에 모여 미리 나눠준 책들에 대해 토론했습니다. 그런 활동을 통해 유대감이 생기고 조직원 각자가 보살핌을 받는다는 기분을 느끼게 되자 조직의 문화가 180도 달라졌습니다.

제가 우리 문화를 바꾸고 싶었던 이유가 뭔지 아십니까? 우리가 다시 사회로 돌아갔을 때, 아이들을 위해 문화를 바꾸는 것이 조금이나마 보탬이 되기를 바랐기 때문입니다. 저는 우리 모두가 엉망진창으로 철저히 붕괴된 문화의 산물이라는 사실에 마음이 아팠습니다. 그래서 우리 아이들에게는 그런 것을 물려주고 싶지 않았습니다. 저는 조직원들에게 그 사실을 이해시키기 위해 이런 비유를 들었습니다. 당신이 건축업자인데 누군가가 이렇게 제안한다고 가정하죠. "여기 땅이 좀 있습니다. 100만 달러를 드릴 테니 집을 지어주겠습니까?" 당신은 그 사람이 꿈꾸는 완벽한 집을 짓고, 그의 가족이 새 집으로 이사를 갑니다. 그런데 얼마 지나지 않아 그의 가족이 하나둘 아프기 시작합니다. 거기에는 그들이 당신에게 말해주지 않은 숨은 비밀이 있었습니다. 그 땅이 본래는 쓰레기 매립지였고 그래서 유독 물질에 오염됐던 것입니다.

교도소에서 실시하던 기존의 교정 프로그램들은 하나같이 피상적이고 허접한 쓰레기였습니다. 그런 프로그램 중에 '멈추고, 생각하고, 행동하라'(Stop, Think, Practice)는 것이 있었습니다. 일명 STP로 불렸던 그 아이디어는 만약 사고를 칠 것 같을 때는 일단 멈춰서 생각하고 그러면 더 바르게 행동하게 된다는 논리였습니다. 세상 일이 이론대로만 된다면야 얼마나 좋겠습니까? 제가 들었던 심리 치료 수업도 피상적이기는 매한가지였습니다. 그 수업은 본질적인 문제를 전혀 다루지 않았습니다. 가령 어릴 적 어머니가 사소한 일로 제목을 졸라 거의 죽일 뻔했던 사건도 끄집어내지 못했습니다. 심지어 한번은 강사가 "당신은 어쩌면 교도소에서 영원히 못 나갈 것 같군요"라고 악담을 한 적도 있었습니다. 이게 무슨 심리 치료입니까? 그들은 그저 쓰레기 매립지 위에 이상적인 집을 짓는 헛꿈을 꿨을 뿐입니다. 누구도 땅 아래를 파보려고 하지 않았습니다.

목마른 사람이 우물을 판다고 할까요? 저는 갱단 리더라는 제 지위를 이용해 저희만의 일일 수업들을 조직했습니다. 예를 들어 '진짜 사람, 진짜 이야기'(Real Men, Real Talk)라는 수업에서 우리는 우리의 내면, 정서적인 부분을 깊이 탐구했습니다. 그 수업은 언제나 만원이었고, 우리는 우리의 마음속 깊이 묻어둔 쓰레기들을 다 헤집어봤습니다. 우리가 만든 수업들이 얼마나 성공적이었던지 급기야 교도소 당국이 한 시설로 저를 부르더니 정신적 외상을 다루는 방법에 관한 세미나를 열도록 도와달라고 요청한 적도 있었습니다. 얼마 전까지도 저를 악마 취급했던 당국으로부터 신뢰를 한 몸에 받는 처지가 됐으니 격세지감이 따로 없었죠.

저는 이미 교도소에서 야만인으로 '얼마만큼 개자식이 될 수 있는지' 밑바닥까지 내려가 봤습니다. 고로 우리 조직원들은 이 일로 저에게 돌아올 이득이 없다는 사실을 잘 알았습니다. 대신에 제가 무엇을 원하는지도 그들은 명확히 이해했습니다. 오직 그들을 더 나은 사람으로 만드는 것이 제 유일한 목표였습니다. 이제 사회로 복귀한 출소자들은 교도소에서의 경험을 발판 삼아 잘 살고 있습니다. 최소한 제가 알기론 그렇습니다. 그들은 나날이 발전하고 올바른 방식으로 삶을 이끌어가고 있죠. 그런 모습을 보면 정말 대견하고 흐뭇합니다.

상고르는 먼저 중대한 변화가 필요하다는 것을 깨달았고, 그러려면 조직원들을 좀 더 단결시켜야 한다는 점을 알게 됐다. 의도했든 아니든 그는 문화를 변화시키는 최고의 기법 중 하나를 사용했다. 바로 '지속적인 접촉'이었다. 조직원들이 함께 식사하고 함께 운동하며 함께 공부하는 것을 의무화함으로써 상고르는 자신이 만들어가는 문화적 변화들을 조직원들이 끊임없이 인식하게끔 만들었다. 어떤 것의 중요성을 보여주는 행동으로서 매일 모여서 그것에 대해 대화하는 것보다 더 효과적인 방법은 없다.

## 지금, 샤카 상고르는 어떤 사람인가

상고르는 2010년, 형량을 마치고 출소했다. 그로부터 10년이 흐르는 동안 그는 베스트셀러 작가가 됐고 지금은 우리 사회에서 명실상부한 리더로 활동 중이다.

> 저는 출소하면서 젊은 사람들에게 제 이야기를 알려야 한다는 책임감을 느꼈습니다. 제 삶을 돌아보니 예전의 저에게 뭐든 될 수 있는 무한한 가능성이 있었다는 사실을 알겠더군요. 모두가 열망하는 의사가 될 수도 있었고, 변호사가 될 수도 있었습니다. 그런데 이런 모든 가능성을 가진 어린 소년이 어쩌다가 교도소 마당이나 어슬렁거리는 나쁜 놈이 됐을까요? 저는 제 스스로의 힘으로 제 길을 개척하고 싶었는데, 결국에는 뒷골목 문화가 제가 누구인지를 결정하고 말았습니다.

샤카 상고르는 어떤 사람일까? 피도 눈물도 없는 잔인한 전과자이자 교도소 갱단 두목일까, 아니면 베스트셀러 작가이면서 교도소 개혁의 리더이고 더 나은 사회를 만들기 위해 노력하는 운동가일까? 단언컨대 그는 둘 다가 될 수 있는 능력이 있다. 그것이 바로 문화의 힘이다. 당신이 지금과 다른 사람이 되고 싶다면 당신이 속한 문화를 변화시켜야 한다. 천만다행히도 그는 자신이 속한 곳의 문화를 변화시켰다. 그의 지난 행동이야말로 지금의 그가 누구인지를 대변한다.

# WHAT
## YOU DO IS

—

## 5장

## 샤카 상고르의
## 문화 원칙을 적용하기

# WHO
## YOU ARE

오직 명백하고 순수한, 있는 그대로의 진실만을
알릴 때 신뢰가 구축된다.

> 빅 파파가 바보들을 때려눕혀, 바보들을 쓸어버려.
>
> 현금이 왕이란 걸 내가 알아서 흑인들이 돌아버렸어.
>
> 노토리어스 B.I.G.의 〈빅 파파(Big Pappa)〉

문화는 일련의 추상적인 원칙들이고 따라서 문화가 살고 죽고는 구성원들이 어떤 결정을 하고 그것을 얼마나 잘 실천하는가에 달렸다. 다시 말해 문화는 이론과 실제 사이에 괴리가 존재한다. 그 간극을 메우는 것은 비록 힘들겠지만 리더로서 당신이 감당해야 하는 숙제다. 당신이 함께 있지 않을 때도 조직이 원하는 방향으로 행동하게 만들려면 어떻게 해야 할까? 당신이 규정하는 행동들이 당신이 원하는 문화가 되게 하려면 어떻게 해야 할까? 실제로 무슨 일이 벌어지고 있는지 어떻게 알 수 있을까? 당신이 성공했다는 사실을 어떻게 확인할 수 있을까?

상고르의 경험은 리더들에게 두 가지 교훈을 준다.

- **문화에 대한 당신의 관점은 크게 중요하지 않다** 당신이나 당신 조직의 경영 팀이 문화를 어떻게 생각하느냐는 직원들의 실질적인 경험과는 거의 무관하다. 샤카 상고르는 격리에서 해제된

첫날의 충격적인 경험으로 말미암아 전혀 다른 사람이 됐다. 핵심은 직원들이 당신의 조직에서 생존하고 성공하려면 무엇을 어떻게 해야 하느냐이다. 그들을 권력 기반에 포함시키거나 배제시키는 행동은 어떤 것일까? 무엇이 그들이 앞서 나가게 해줄까?

- **반드시 가장 근본적인 원칙들에서 시작해야 한다** 모든 생태계는 기본적으로 내재된 문화가 있다. 일례로 실리콘밸리에서 깊이 뿌리내린 문화 요소들은 평상복 차림에서부터 직원 사주 제도와 야근과 철야 근무까지 아주 다양하다. 그런 원칙들을 맹목적으로 받아들이지 마라.

때로는 리더로서 당신이 이해하지 못하는 원칙을 채택해야 할지도 모른다. 예를 들어 인텔은 능력주의를 촉진하기 위해 평상복 근무를 복장 규정으로 채택했다. 인텔의 리더들은 최고급 정장을 차려 입은 최고 경영진의 머리에서 나오는 아이디어가 아니라 누가 제안하든 최고의 아이디어가 승리해야 한다고 믿었다. 오늘날 많은 실리콘밸리 기업들은 그런 역사는 모른 채 또한 그 규정을 뒷받침했던 능력주의는 채택하지 않은 채, 평상복 근무 규정만을 받아들인다.

또한 지배적인 문화가 조직의 비즈니스와 맞지 않을 수도 있다. 인텔이 능력주의 경영 원칙을 고수한 이유는 고위 기술자들이 고위 경영진만큼이나 의사결정 과정에서 중요한 역할을 수행했기 때문이다. 가령 맥도날드 같은 패스트푸드 업체에서는 아마도 인텔의 문화가 효과적이지 않을 것이다.

이에 대해 지금부터 하나씩 자세히 해부해보자.

## 문화가 사람들을 변화시킨다

상고르는 범죄 행동을 교정하려는 목적으로 만들어졌지만 실제로는 그런 행동을 부추기는 문화 속으로 어느 날 갑자기 툭 던져졌다. 우리는 교도소 체계가 어째서 그런 식의 문화를 설계하게 됐는지 의문을 가져야 한다. 나는 교정 책임자들에게 묻고 싶다. 그 문화가 어떤 것인지 또는 그 문화가 어떤 역할을 하는지 아십니까, 라고.

리더로서 당신은 '당신의 문화'가 어떤 것인지 어떻게 알 수 있을까? 이 문제는 생각보다 아주 복잡하다. "우리 문화는 정말 가혹하다" 거나 "우리는 거만하다" 같은 피드백을 받으면 리더들은 하나같이 청천벽력이라는 듯 깜짝 놀란다. 그래서 무슨 일이 벌어지고 있는지 정확히 파악하기 위해 문화를 점검해볼라치면, 그들은 경영 세상의 하이젠베르크 불확정성 원리(Heisenberg Uncertainty Principle, 20세기에 활동한 독일의 물리학자 베르너 하이젠베르크(Werner Heisenberg)가 주창한 이론으로 입자의 운동량과 위치를 동시에 정확히 알아낼 수 없고, 에너지와 시간을 동시에 정확히 알아낼 수 없다는 원리 – 옮긴이)에 직면한다. 요컨대 문화를 측정하려는 그 행위 자체가 결과에 영향을 미친다. 리더인 당신이 관리자들에게 "우리 문화는 어떤 것일까요?"라고 물으면 십중팔구 그들은 자신의 판단에 기초해 잘 다듬어진 대답을 들려줄 것이다. 다시 말해 그들의 대답에는 알맹이가 없다. 리더로서 당신이 듣고 싶은 말만 들려주고 당신이 절대 알고 싶어 하지 않는 부분에 대해서는 아무런 암시조차 주지 않는 맹탕 대답만 들려줄 테니 말이다. 솔직히 그들이 관리자라고 불리는 이유도 바로 여기에 있다.

당신이 리더라면 당신의 문화를 이해하는 가장 좋은 방법은 관리자들의 입을 통해 듣는 것이 아니다. 오히려 신입 직원들의 행동을 보면 가장 정확히 알 수 있다. 그들은 당신의 조직에서 잘 적응하고 생존하며 성공하는 데 어떤 행동들이 도움이 되리라고 생각할까? 그것이 바로 당신 조직의 문화다. 관리자들에게 입사 첫 주가 지난 후 신입 직원들에게 이런 질문을 해보라고 요청하라. 그리고 실질적인 관행이든 아니면 추정한 것이든, 그들이 불편함을 느끼고 경계심을 갖게 만들었던 부정적인 문화에 대한 솔직한 피드백을 반드시 요청하라. 지금 당신의 조직이 그들의 과거 직장들과 무엇이 다른지, 좋은 점은 무엇이고 나쁜 점은 무엇인지, 전부 물어봐야 한다. 마지막으로 그들에게 조언을 구하라. "만약 당신이 나라면 근무 첫 주의 경험에 기초해서 우리 문화를 어떻게 개선시키겠습니까? 어떤 부분을 강화하고 싶습니까?"

상고르는 내게 카운티 구치소와 주립 교도소에 도착했을 때의 경험을 상세히 들려줬다. 거의 30년이 지난 일이었지만 그는 모든 것을 어제 일처럼 생생히 기억했다. 어떤 조직에서건 첫날과 첫 주는 조직의 모든 세부사항을 관찰하고 당신이 어디에 있는지를 알아내는 시간이다. 요컨대 그 조직의 문화에 대한 첫인상이 확립되는 때이다. 특히 칼부림 사건을 눈앞에서 목격하는 경우에는 더욱 그렇다.

바로 그때에 당신은 권력 구조를 확인한다. 결정권자는 누구일까? 왜 그렇다고 생각하는가? 그 위치에 오르기까지 그들은 무엇을 어떻게 했을까? 당신도 그들처럼 할 수 있을까? 하지만 이것은 일방통행이 아니다. 일종의 맞선이라고 보면 된다. 당신에 대한 기존 구성원들의 첫인상 역시 굳어지는 때라는 이야기다. 다시 말해, 당신이 조직에 첫발을 내디뎠을 때 어떻게 행동하는가가 그 조직에서 당신의 위상과 잠재력에 영향을 미치고, 당신의 개인적인 브랜드를 결정한다.

문화에 대한 첫인상은 뒤집기가 어렵다. 따라서 신입 직원 오리엔테이션을 차라리 신입 직원 '문화' 오리엔테이션으로 생각하는 것이 더 낫다. 문화 오리엔테이션은 당신이 원하는 문화는 물론이고 그 문화를 어떻게 구축할지에 대한 로드맵을 명확히 보여줄 수 있는 절호의 기회다. 어떤 행동이 보상을 받을까? 지양해야 하거나 엄중한 징계를 받을 행동은 무엇일까? 문화에 대한 첫인상은 지속적인 영향을 미치기 때문에, 신입 채용 과정은 조직이라면 올바르게 잘해야 하는 가장 중요한 과정이다. 당신 회사가 신입 직원들을 모집하고 면접을 거쳐 선발해 오리엔테이션하고 훈련을 시켜 적응하게 만드는 일련의 과정이 계획적이고 체계적이라면 아주 좋다. 그런데 그중에 하나라도 주먹구구식으로 이뤄진다면, 이는 당신의 문화도 그런 식으로 이뤄진다는 뜻이다.

문화적 요소들이 매우 체계적으로 정립돼 있다고, 또 기업 문화가 근무 중에만 직원들에게 영향을 미친다고 생각하는 사람들이 아주 많다. 정말 그럴까? 아니, 매우 순진한 생각이다. 진실인즉슨, 그들이 깨어 있는 시간 대부분을 보내는 회사에서 무엇을 하는가가 그들이 누구인가를 규정하게 된다. 사무실 문화는 전염성이 아주 크다. 가령 CEO가 사내 불륜을 저지른다면 회사 전체에 불륜의 악취가 진동할 것이다. 또한 회사에 욕설과 비속어가 만연하다면 대부분의 직원들은 가정에서도 욕설과 비속어를 많이 사용할 것이다.

따라서 '좋은 사람들'을 엄선하고 반대로 '나쁜 사람들'을 걸러내는 것이 반드시 진실성 높은 문화를 만들어주지는 못한다. 예컨대 입사 당시는 아주 진실한 사람이었지만 당신의 환경에서 성공하기 위해 자신의 진실성을 희생시켜야 할지도 모르겠다. 생도맹그 식민지에서 아프리카 출신 흑인들이 노예 문화의 산물이었다가 투생 루베르튀르를 만나 훌륭한 병사들로 변신했던 것과 마찬가지로, 사람들은 자신이 속한 문화와 동일화되고 그 문화에서 생존하고 번창하기 위해 꼭 해야 하는 행동들을 하게 된다.

## 타협할 수 없는 문화적 원칙을 만들어라

상고르의 전임자들은 자신의 행동 수칙을 충실히 따르지 않았고, 그로 인해 자신의 지위를 잃는 결과를 맞았다. 리더라면 무릇 자신의 행동 수칙을 믿어야 한다. 리더 스스로가 지지하지도 실천하지도 않는 문화적 요소들을 조직에 주입해봤자 결국에는 문화적 붕괴로 이어질 뿐이다.

쉬운 예를 보자. 나는 이제껏 피드백을 제공하는 것이 중요하지 않다고 생각하는 CEO를 만난 적도, 본 적도 없다. 모두가 자신의 위치가 어디인지 정확히 인지하는 투명한 문화를 원한다. 그러나 관리자들에게는 업무 평가 보고서를 작성하라고 요구하면서도 정작 본인은 그 일을 하지 않으려는 CEO는 주변에 널리고 널렸다. CEO였을 때

나는 철칙 하나를 고수했다. 그것은 나를 포함해 모두에게 적용됐다. 바로 관리자가 서면으로 업무 평가 보고서를 작성하지 않는다면 부하 직원 모두가 임금 인상이나 상여금 또는 스톡옵션에서 제외될 거라는 규칙이었다. 우리는 한 사람도 빠짐없이 서면 피드백 원칙을 100퍼센트 준수했다. 세상에 어떤 관리자가 아랫사람들의 손에 화형당하고 싶겠는가. 그만큼 피드백에 관한 문화적 일관성은 내게 중요한 가치였다.

내 원칙이 자기 방어적이라고, 다른 말로 자기 면피용이라고 주장하는 사람들도 있을 테다. 그러나 위선적인 리더는 언젠가는 가면이 벗겨져 말과 행동이 좀 더 일치하는 다른 리더에게 밀려날 위험에 직면한다. 자신의 원칙들을 믿는 것은 필요조건이지 충분조건이 아니다. 뿐만 아니라 리더는 상고르가 그랬듯이 반드시 자신의 원칙들을 일관된 방식으로 팀에 전달해야 한다. 이런 전달 과정은 별 다른 노력 없이 쉽게 이뤄질 수도, 반대로 엄청난 노력이 필요할 수도 있다. 그러나 확실한 것은 그 과정이 절대적으로 중요하다는 점이다. 바로 그 과정이 문화를 형성할 뿐만 아니라, 당신을 리더로서 단련시켜주기 때문이다.

혹시 카리스마가 아주 강한 리더라면 자신의 문화를 실제와 조금 다르게 각색해도 별다른 문제가 생기지 않을 수 있다. 사람들은 최소한 잠시 동안만이라도 그 리더를 믿을 것이다. 하지만 결과는 바뀌지 않을 가능성이 크다. 결국 그 리더는 자신에게 필요한 행동을 이끌어내지도, 예전에 스스로를 어떤 사람이라고 주장했든 그 사람이 되지도 못할 것이다.

## 문화는 보편적이다

리더로서 당신은 경쟁에 기반한 문화를 구축하고 싶다고 하자. 단, 외부 세력을 상대할 때만 매우 경쟁적이고, 내부 직원들끼리는 피 튀기는 경쟁이 없기를 원한다. 이런 문화를 구축하는 게 과연 가능할까? 직원들이 근무 시간에만 적극적으로 적용하고 근무 외적인 시간에서는 신경 쓰지 않는, 강압적이고 실패를 용납하지 않는 문화를 구축할 수 있다고 생각하는가? 아서라, 턱도 없다. 문화는 절대 그런 식으로 작동하지 않는다. 구성원들이 문화적인 행동들을 일단 수용하고 나면, 언제 어디서나 그런 행동을 하게끔 돼 있다.

당신이 "우리는 서로를 지지한다"는 문화적 가치를 표방하는 회사의 관리자라고 상상해보자. 이 문장 안에는 급박한 상황에 처했을 때 서로의 든든한 편이 돼준다는 뜻이 담겨 있다. 이때 이런 가정을 한번 해보자. 회사의 사업 파트너 한 곳이 협상 중이던 대규모 거래를 매듭 짓기 위해 당신 회사의 어떤 직원에게 도움을 요청했다. 그런데 그 직원이 바쁜 나머지 실수를 저질렀다. 만나지도 전화하지도 도움을 주지도 않은 것이다. 결국 그 거래가 깨지고 말았다. 그 파트너는 당신 회사의 지원이 부족해서 거래가 무산됐다는 생각에 격노했고 당신에게 전화를 걸어 한바탕 퍼붓는다. 이럴 경우 당신은 직원 편에 서야 할까, 아니면 파트너 편을 들어줘야 할까? 다른 말로 당신은 문화에 충성하는가, 아니면 집단에 충성하는가?

당신이 집단에 충성하는 스타일이라면 명심할 것이 있다. 사실 이것이 본능에 좀 더 충실한 행동이다. 어쨌든 문제가 생겼을 때 서로를 지지한다는 문화적 가치의 이면에 있는 논리는, 그런 행동이 회사 전반에 신뢰와 충성심을 육성하는 것임을 기억하라. 회사가 외부의 사업 파트너들과 내부 직원들에 대해 전혀 다른 윤리적 가치들을 적용하기란 거의 불가능하다. 반대로 그 직원을 지지한다면 당신은 두 가지 교훈을 주게 된다. 하나는 당신이 그의 편이라는 사실이고, 다른 하나는 당신의 조직에서 실수가 완벽히 허용된다는 뜻이다. 당신이 그 파트너를 대하는 방식은 결국 당신 회사의 직원들이 서로를 대하는 방식이 될 것이다.

상고르가 앞서 지적했듯이 문화는 늘 움직이는 법이다.

## 문화적 원칙이 무기로 돌변할 때

잠깐 4장의 내용을 떠올려보자. 상고르 갱단의 몇몇 조직원이 백인 수감자들을 죽이고 싶어 했던 사건이 기억나는가? 그런 시도가 2번 있었다. 상고르의 현명한 대처로 실행까지 이어지지는 않았지만, 우리가 눈여겨봐야 하는 중요한 사실이 있다. 당시 그들은 조직의 강령을 이기적인 방향으로 이용하려 했다는 점이다. 사실 이건 인간으로서 매우 자연스러운 행동이다. 오죽하면 우버의 다라 코즈로샤히 CEO가 그것을 '문화를 무기화'하는 것이라고 말했을까. 코즈로샤히의 말을 빌리면, 상고르의 조직원들은 자신들의 위상을 끌어올리기 위해 "자신을 사랑하고 억압에 당당히 맞서라"는 문화적 요소들을 무기화하려고 했다. 말인즉 그들은 억압에 맞서는 '킬러'로서의 신뢰성을 얻기 위해 쉬운 목표를 선택했다. 이에 상고르는 좀 더 어려운 목표를 제시하고 목표 달성에 따른 책임의 수위를 끌어올림으로써 그들의 진짜 동기를 드러냈다.

기업 업무용 메신저를 제공하는 슬랙의 창업자이자 CEO인 스튜어트 버터필드도 언젠가 상고르와 비슷한 상황에 직면했다. 슬랙의 핵심적인 문화 가치 중 하나는 공감이다. 그런데 그 공감의 원칙이 슬랙에 생각지 못한 많은 결과를 가져왔다(앞서도 말했지만, 사무라이들이 깨달은 것처럼 덕목이 가치보다 우선한다. 그러나 덕목이 가치보다 더 중요하다는 것에 대한 공감대가 폭넓게 형성되기 전까지는 많은 기업들이 가치에 계속 초점을 맞추게 될 것이다). 물론 슬랙에서 공감의 가치는 주로 고객들이 그 대상이었다. 그러나 동시에 직원들이 서로를 좀 더 깊이 이해하도록 도와줌으로써 내부적인 소통을 향상시킨다는 뜻을 담고 있기도 했다. 가령 기술자로서 당신이 제품 관리자의 어려움과 그가 당신에게 제공하는 고객 데이터를 얻기까지 겪은 일들을 진실로 이해한다면, 당신은 그 데이터를 더욱 소중히 여길 것이다.

여느 기업과 마찬가지로 슬랙도 관리자들이 직원들에게 피드백을 주곤 했다. 직원들은 동료들과 더욱 효율적으로 협업하거나 자신의 전반적인 업무 수행 능력을 끌어올리기 위해 그런 피드백이 필요했다. 하지만 피드백이 마음에 들지 않았던 일부 직원들은 공감의 가치를 무기화했고 "내게 그런 피드백을 주다니 관리자로서 당신은 공감 능력이 없어요!"라며 반발했다. 요컨대 그들은 공감의 가치를 의사소통 개선의 도구로 사용하는 대신에 자신의 감정을 다치게 만든다는 이유로 되레 그것을 무력화시키고자 했다. 그들의 반발에 직면한 일부 관리자는 행여 자신의 피드백이 비공감적인 비판으로 여겨질까 하는 두려움에서 피드백 주기를 망설였고 급기야 아무런 피드백도 주지 않게 됐다.

버터필드는 문화가 허용하는 행동은 무엇이고 허용하지 않는 행동이 무엇인지에 대해 명확한 메시지를 보내야 했다. 그래서 문화적인 초점을 공감에서 다른 가치로 옮기기 시작했다. 그 가치 역시도 그가 공을 들였던 핵심적인 문화적 특성 중 하나였다. 바로 협업이었다. 그런 다음 그는 협업의 가치가 업무 현장에서 어떤 의미인지 명확히 했다. 슬랙에서 '협업'은 모든 곳에서 리더의 역할을 수행한다는 뜻이다. 쉽게 말해 협업적인 사람들은 비협업적인 사람들이 자신의 성공에 걸림돌이 된다는 사실을 잘 알고, 그리하여 비협업적인 사람들을 도와 그들의 업무 성과를 끌어올리거나 아니면 그들을 아예 배제시키거나 둘 중 하나를 선택할 거라는 논리다.

## 리더 스스로가 변해야 할 때는 언제일까

문화는 리더의 가치를 반영하는 경향이 있다. 궁극적으로 볼 때 상고르는 자신이 원하는 문화를 구축하기 위해 스스로 변해야 했다. 비즈니스 리더들도 비슷한 문제에 직면한다. 그러나 가끔 그들은 스스로를 '좋은 사람'이라고 자평하고 자신의 결점들을 간과하곤 한다. 이것은 문화에 치명적인 결과를 안겨준다.

라우드클라우드의 CEO로 재직하는 동안 나는 그런 순간들을 수없이 겪었다. 그런 모든 순간이 '코에 걸면 코걸이, 귀에 걸면 귀걸이' 같이 느껴졌다. 예컨대 한번은 매출 실적은 좋았는데 예약(bookings)

이 목표치보다 낮았던 분기가 있었다(여기서 예약이란 중국에는 매출로 잡힐 확정된 계약을 지칭하는 회계 용어다). 그러자 일부 직원들이 미확정 계약을 마치 예약처럼 보이게 만드는 정밀한 방법을 고안했다. 간단히 말하면 그들의 제안은 실제 계약과 미확정 계약을 동일한 항목으로 묶자는 아이디어였다. 아주 솔깃한 아이디어였다. 나는 어떻게든 예약 목표치를 채우고 싶은 욕심이 앞섰던 데다가 엄밀하게 보면 그것이 속임수이거나 불법적인 것도 아니었다. 나는 정말 그렇게 해도 문제가 없을지 고민했다. 아니, 솔직히 말해서 그쪽으로 마음이 상당히 기울었다. 우리가 법을 명시된 대로 성실히 준수한다고 그래서 정직하다고 주장할 수 있는 한은, 그 정도의 꼼수는 기꺼이 쓰고 싶었다.

그때 법률 자문이었던 조던 브레슬로우(Jordan Breslow)가 찾아와서 말했다. "대표님, 이런 말이 오간다는 것 자체가 저는 아주 불편합니다." 내가 대답했다. "조던, 뭐가 마음에 걸려 불편하다는 것이죠? 우리가 진실이 아닌 뭔가를 꾸며내는 것도 아닌데 말입니다. 게다가 행여 우리가 예약 목표치를 달성하지 못하면 어떤 사태가 벌어질지 익히 잘 알지 않습니까. 언론이 우리를 가만히 놔두겠습니까? 우리를 잘근잘근 물어뜯겠죠. 그러면 고객들이 우리를 신뢰하지 않을 테고, 우리는 다음 분기에서 실적을 채우지 못해 결국 직원들을 해고할 수밖에 없는 처지로 몰릴 가능성도 배제할 수 없습니다." 그러자 브레슬로우는 "물론 틀린 말씀은 아닙니다. 그러나 우리가 진실을 그런 꼼수로 포장해서 말한다면, 결국 사람들은 진실이 아닌 이야기를 듣는 거잖습니까?"라고 말했다. 그 말을 듣고 나는 아차 싶었다. '오, 내가 잠시 미쳤었군. 그의 말이 백번 옳아.'

이에 나는 명확한 규칙 하나를 만들었다. 우리는 표준적인 회계법에 명확히 정의된 대로 그리고 외부 회계 업체를 통해 감사를 받은 매출 관련 수치만 보고한다는 규칙이었다. 결과적으로 말해, 우리가 우리 문화를 '단순히 진실을 말하는 것'에서 '반드시 사람들에게 진실을 들려주는 것'으로 변화시키기 위해서는 나 스스로부터 변해야만 했다. 그 변화는 우리 문화의 본래 목표인 '신뢰'에서 비롯했다. 루베르튀르 이야기를 하면서 강조한 적이 있지만 또다시 말하면, 신뢰는 의사소통의 토대다. 당신이 어떤 말을 할 때는 스스로 '100퍼센트 진실'이라고 한 점 거리낌 없이 주장할 수 없다면 상대방에게서 신뢰를 얻어낼 수 없다. 오직 명백하고 순수한, 있는 그대로의 진실만을 알릴 때 신뢰가 구축된다.

그러나 브레슬로우가 제동을 걸지 않았다면 나는 정말이지 반대 방향으로 갔을지도 모르겠다. 문화란 당장 눈앞에 던져진 구체적인 결과와 대비할 때 추상적이고 부수적인 것처럼 보일 수 있다. 하지만 문화는 당신이 두 눈 부릅뜨고 지켜보지 않을 때에도 회사가 양심적으로 일하게 만드는 전략적 투자임을 기억하라.

## 지속적인 접촉을 통해 문화를 변화시켜라

앞서 말했지만 한번은 상고르가 멜라닉스의 방향을 급선회하기로 결심했다. 그는 조직원들과의 일일 회의에서 긴박감을 담아 그것을 강조했고 덕분에 조직의 뱃머리를 돌릴 수 있었다. 상고르의 사례에서 보듯 이는 조직에서 문화를 변화시키는 가장 좋은 방법 중에 하나다.

최근에 나는 재정에 빨간불이 켜진 소프트웨어 개발 업체 네이션-빌더(Nation-Builder)의 CEO 리 엔드리스(Lea Endres)에게 상고르의 방법을 사용하라고 권유했다. 선거와 행정 등 지역사회 리더들이 사용하는 소프트웨어를 개발하는 네이션-빌더는 당시 적자 경영을 목전에 두고 있었다. 이에 엔드리스는 모든 직원에게 현금 확보가 회사의 최우선적인 과제임을 상기시켰다. 그럼에도 불구하고 직원들이 그 문제를 심각히 받아들이지도, 충분한 관심을 쏟지도 않아 엔드리스는 큰 좌절에 빠져 있었다. 다음은 내가 그녀에게 조언을 건네면서 나누었던 대화를 재구성한 것이다.

**엔드리스**  현금이 잘 들어오지 않아서 정말 걱정이에요. 외부 금융 업체에 대금 수금하는 업무를 맡겼는데 전혀 신경을 쓰지 않아요. 요즘 우리 회사의 현금 사정이 말이 아닙니다. 거의 바닥이에요. 지난달에는 현금 잔액을 보고 기절하는 줄 알았어요. 그런데 현금만 문제가 아니에요. 기겁할 일이 두어 개 더 있어요. 지금 우리 회사 상황이 너무 안 좋아요.

**나**  결제 대금 회수를 전담하는 팀은 있습니까? 이번 달에 결제를 받아야 하는 현금은 얼마입니까?

**엔드리스**  네, 전담 팀이 있어요. 그리고 이번 달에는 최소 110만 달러를 회수해야 해요.

**나**  정말 위기 상황이라면 그 팀이 활동을 시작하게 하시고 매일 팀원들과 회의를 하셔야 합니다. 필요하다면 하루에 2번씩 만나세요. 그러면 팀원들에게 이것이 최우선 순위라는 사실을 보여줄 수 있습니다. 그리고 회의를 시작할 때마다 "우리 돈이 어디 있죠?"라고 말하세요. 그러면 팀원들이 "'A'라는 회사가 전화를 주기로 돼 있었는데 전화를 하지 않았습니다"는 둥 "우리 회사 시스템으로는 정확한 내용을 파악하기 힘듭니다"는 둥의 변명을 늘어놓기 시작할 겁니다. 그런 변명이 핵심입니다. 당신이 놓치고 있던 정보기 때문이죠. 가령 "프레드가 제 이메일에 답장을 하지 않았습니다"는 변명을 듣는다면 당신이 프레드에게 직접 전화해서 이메일에 답장하라고 요구하면 됩니다. 그리고 그 변명을 했던 직원에게는 훨씬 더 끈질기게 물고 늘어지길 원한다고 말씀하십시오. 처음에는 회의 시간이 길어지겠지만 2주쯤 지나면 차차 단축될 겁니다. 당신이 "우리 돈이 어디 있죠?"라고 물으면 팀원들은 "여기 있습니다!"라고 즉답을 내놓고 싶어질 테니까요.

그로부터 2주가 지난 후 엔드리스가 이렇게 말했다.

엔드리스 제가 어떤 변명들을 들었는지 아세요? 몇 가지는 아예 믿지 못하실 거예요. 그중 하나만 들려드리면, 우리 회사의 이메일 시스템이 아주 구닥다리였어요. 결제일이 지난 고객들에게 미납 사실을 통보하는 이메일이 자동으로 발송되는데, 달랑 한 문장만 써 있는 데다가 추후 어떻게 하라는 내용도 전혀 없지 뭐예요. 그래서 제가 말했죠. "당장 그 빌

어먹을 이메일 시스템부터 고쳐요!" 이제는 상황이 조금씩 진척되고 있어요. 그리고 이제 직원들은 제가 뭘 원하는지도 잘 알아요. 바로 현금, 돈 말이에요.

그 분기 말에 엔드리스는 이렇게 말했다.

**엔드리스** 9월에 자그마치 160만 달러를 수금했어요! 게다가 이제 직원들은 제가 "우리 돈이 어디 있죠?"라고 말하는 것을 아주 좋아한답니다.

문화를 바꾸려면 당신이 무엇을 원하는지 말로만 떠들어대서는 안 된다. 그것이 얼마나 긴급한 일인지 직원들이 반드시 '느끼도록' 해야 한다.

# WHAT
# YOU DO IS

6장

—

## 칭기즈칸,
## 정복왕의 놀라운 포용성

# WHO
# YOU ARE

칭기즈칸은 당대의 다른 리더들은 물론이고
사실상 오늘날의 리더 대부분이 눈앞에서 놓치는 뭔가를 정확히 포착했다.

> 도시 속의 울화로 만들어낸 세기에 걸친 축가들.
>
> 우리가 낙인찍힌 모습으로 말이지.
>
> 인정해, 제롬은 브랜던보다 더 무거운 벌을 받지.
>
> 공항에서 그들은 내 가방을 다 뒤지지, 말로는 무작위 검사라 하지.
>
> 카니예 웨스트(Kanye West)의 〈고저스(Gorgeous)〉

칭기즈칸은 역사상 가장 뛰어난 군사 지도자였다. 또한 동서고금을 막론하고 가장 넓은 땅을 차지한 최고의 정복자였고, 2위인 알렉산드로스 대왕도 영토 크기로 보면 그의 절반에도 못 미쳤다. 그는 어떻게 이토록 엄청난 위업을 이룰 수 있었을까? 당연히 일련의 대대적인 정복 전쟁을 통해서였다. 그런데 그의 정복 전쟁에서 정말 놀라운 것이 있었다. 고작 10만 병사들을 이끌고 약 3,100만 제곱킬로미터에 이르는 광활한 땅을 정복했다는 사실이다. 이는 페르시아만에서 남극해까지 뻗은 아프리카 대륙과 거의 맞먹는 크기다.

오늘날 대부분의 기업들은 포용적인 문화를 구축하는 방법을 잘 모른다. 그러나 칭기즈칸은 거의 1,000년 전에 어려운 이 방법을 완벽히 통달했다. 그는 중국, 페르시아, 유럽 등의 다양한 지역과 이슬람, 불교, 기독교 등의 다양한 종교를 가진 사람들은 물론이고 심지어 식인

풍습을 가진 사람들까지 몽골 제국이라는 거대한 우산 아래에 하나로 통합했다. 그는 바위같이 탄탄한 토대 위에 자신의 제국을 건설했고, 덕분에 그의 사후에도 몽골 제국은 150년간이나 성장을 이어갔다.

칭기즈칸의 본래 이름은 테무친(鐵木眞)이다. 테무친은 사람들이 거의 살지 않는 척박한 변방의 작은 유목 부족에서 추방자로 성장했고, 어릴 적에는 개를 무서워했으며 아주 사소한 일에도 잘 울었다고 한다. 그랬던 테무친이 어떻게 사람들을 벌벌 떨게 만드는 무소불위의 정복왕이 되고 거대한 제국을 건설할 수 있었을까? 여기에는 숨은 일등 공신이 있었다. 바로 문화적 혁신이다. 그렇다면 그가 이룬 문화적 혁신은 어떤 것이었을까?

테무친은 1162년에 태어났다. 그가 태어난 곳은 세상에서 가장 황량하고 가장 메마른 땅 중 하나로, 오늘날 몽골과 시베리아가 맞닿은 국경 인근 지역이다. 칭기즈칸과 그의 조상에 대해 기록한 몽골 왕가의 비밀서《몽골 비사》(원조 비사(元朝秘史)라고도 불림 - 옮긴이)에 따르면 테무친은 손에 커다란 핏덩이를 움켜쥐고 태어났는데, 이는 그가 정복자가 될 운명임을 보여주는 징조였다. 결과적으로 그 징조대로 그는 '피의 정복자'가 되었다.

테무친은 타이치우트라는 작은 씨족에서 성장했다. 당시 몽골족을 구성하던 13개 씨족 중에서 가장 강력한 두 씨족 중 하나였다. 그의 아버지는 예수게이(也速該)라는 사람으로 씨족에서 중간급 리더였고 훗날 테무친을 낳는 호엘룬(訶額侖)을 납치해 후처로 들었다. 신붓감을 납치하는 납치혼은 당시 몽골에서는 하나의 풍습이었다. 심지어 납치 당시 15살이었던 호엘룬은 이미 남편이 있는 유부녀였다. 예수게이와 호엘룬은 첫 아들이 태어나자 테무친이라는 이름을 지어줬다. 예수게이가 예전에 포로로 잡아서 처형했던 테무친 우게라는 전사의 이름을 딴 것이었다. 훗날 대칸(大汗, 몽골계 유목인 국가에서 사용하는 황제의 칭호 – 옮긴이)이 되는 남자의 이름으로는 더없이 완벽했다.

　전해지는 기록이 없어 오늘날 우리는 어릴 적 테무친이 어떤 모습이었는지 정확히 알 길은 없다. 다만 영국의 역사학자 프랭크 매클린(Frank McLynn)의 저서 《칭기즈칸(Genghis Khan)》에 보면 성인이 된 테무친에 대한 묘사가 나온다. 그는 한마디로 위압적이었다. "장신에 건장했고 이마가 넓었으며 수염을 길게 길렀고 눈은 고양이를 닮았다." 그리고 이 모든 것이 "그를 침착하고, 잔인하며, 계산적이고, 자제력이 뛰어난 사람처럼 보이게 만들었다." 그렇다면 그의 세계관은 어땠을까? 훗날 테무친이 부하들에게 직접 했던 말에서 유추해보라. 맞다, 그의 세계관은 약탈자 그 이상도 이하도 아니었다.

> 남자에게는 배신자들을 진압하고 적들을 정복해 멸망시켜 그들의 소유물을 약탈하고 그들의 종들이 소리 높여 울게 하여 눈물과 콧물로 얼굴이 얼룩지게 하고 그들의 거세한 말들을 타고 달리고 그들 처의 배와 배꼽을 침대와 이부자리 삼고 그들 여인들의 몸을 잠옷 삼아 잠을 청하는 것은 더할 나위 없는 기쁨이요 행복이다.

이것이 바로 몽골의 방식이었다. 연아홉 살 무렵 테무친은 아버지를 따라 말을 타고 자신의 신붓감을 찾으러 길을 떠났다. 인근의 씨족들을 돌아다니며 신붓감을 물색하던 중 테무친 일행이 머물렀던 어떤 집에서 보르테(字兒帖)라는 소녀를 만나게 된다. 테무친과 보르테는 서로 좋아했고 양가 부친은 둘을 약혼시켰다. 테무친은 아버지가 보르테 가족에게 줄 신부대(貸)를 모으는 동안 보르테의 집에서 목동으로 일하다가 나중에 결혼하기로 했다.

3년 후 어느 날 예수게이는 타타르족 사람들과 식사를 하던 중 그들에게 독살당하고 만다. 타타르족은 예전에 예수게이가 죽였던 테무친 우게의 부족이었는데, 예수게이가 자신의 정체를 들킨 게 분명했다. 죽어가면서 예수게이는 테무친을 데리러 사람을 보냈고, 결국 테무친은 어쩔 수 없이 보르테와 그녀의 가족을 떠나 집으로 돌아와야 했다. 가장이었던 예수게이가 죽자 이제 테무친의 집안은 2명의 과부와 7명의 어린 아이들만 남았다.

굶주리는 아홉 입을 부양하고 싶지 않았던 타이치우트 부족은 테무친의 가족을 가차 없이 내쳤고 그들의 가축까지 빼앗았다. 스텝 기후의 가혹한 초원 지대에서는 이런 행위가 사형 선고나 다름없었다. 그나마 어머니 호엘룬이 불굴의 의지를 발휘한 덕분에 겨우 입에 풀칠을 하며 버텼다. 그들은 굶어죽지 않으려고 개와 쥐를 잡아 고기는 먹고 가죽과 털로 옷을 만들어 입었다.

테무친은 집안 남자 중에 가장 나이가 많아 가장 노릇을 하던 이복형 벡테르의 핍박과 행패에 속이 부글부글 끓었다. 애써 잡아온 물고기를 뺏기는 것도 억울한데 벡테르는 부족의 전통대로 미망인이 된 의붓어머니 호엘룬과 빨리 합궁하고 싶어 안달이 난 듯했다. 테무친은 지극히 직접적인 방법으로 벡테르와의 앙금을 해결했다. 친동생인 카사르와 짜고 벡테르에게 화살을 여러 발 쏴서 죽인 것이다(소년들이

여, 여기서 교훈을 얻어라. 남동생을 괴롭히지 마라. 커서 칭기즈칸이 될지도 모른다).

호엘룬은 테무친이 벡테르를 죽였다는 사실에 격노했다. 이복형제를 죽이고 싶은 마음조차 억제하지 못한다면 그 어린 소년들이 어떻게 동맹 세력을 규합해 자신들을 배신한 부족에게 복수할 수 있단 말인가? 호엘룬은 두 아들에게 독설을 퍼부었다. "너희들은 늑대들과 다르지 않아. 제 살을 파먹는 미친개들과 똑같아."

평소 테무친을 눈엣가시처럼 여겼던 타이치우트족에게 이번 살인 사건은 좋은 빌미였다. 그들은 살인 사건에 죄를 묻는답시고 테무친을 잡아 노비로 만들어 등골이 휘어져라 노역을 시켰다. 그러나 얼마 지나지 않아 테무친은 탈출했고, 가난한 어떤 가족에게 발견돼 그들의 집에 머물렀다. 심지어 그들은 테무친을 수색하던 타이치우트 병사들이 찾아왔을 때 그를 양털 아래에 숨겨주기까지 했다. 가난에 찌든 낯선 사람들이 베풀어준 이런 친절은 부유한 타이치우트 친족이 보여준 파렴치한 행동과 극명히 대조됐고, 그에게 강한 인상을 남겼다. 미국의 문화 인류학자이자 세계적인 칭기즈칸 전문가인 잭 웨더퍼드(Jack Weatherford)는 저서 《칭기스칸, 잠든 유럽을 깨우다》에서 그 경험이 테무친에게 미친 영향에 대해 이렇게 적는다. "어떤 사람들은 자신의 씨족이 아니더라도 마치 가족처럼 믿을 수 있다는 확신이 그에게 생겼다. 훗날 테무친은 혈연으로 맺어진 유대가 아니라 대개는 자신에게 보여주는 태도와 행동을 기준으로 사람을 판단하게 된다. 이것은 초원 사회에서는 혁명적인 개념이었다." 차차 살펴보겠지만, 행동을 주된 근거로 그 사람을 판단하는 것은 오늘날의 많은 기업 문화에서도 혁명적인 발상이다.

1178년 테무친은 16살이 됐다. 아버지가 돌아가신 후 약혼녀인 보르테를 한 번도 만나지 못했지만 이제는 그녀를 찾아가도 되겠다는 충분한 자신감이 생겼다. 그는 보르테가 자신을 계속 기다리고 있었다는 사실을 알고 무척 기뻤다. 신부가 시부모에게 선물을 드리는 혼자금 풍습에 따라서 보르테도 정성을 다해 혼수를 준비했다. 흑담비 외투였는데, 초원 지대에서 가장 귀중한 모피였다. 그런데 테무친은 그 외투를 케레이트족의 옹칸(王汗)이라는 남자에게 선물했다. 토그릴 칸(脫斡鄰)으로도 불렸던 옹칸은 예수게이의 오랜 동맹 중 하나였고, 테무친은 이제 자신에게도 동맹 세력이 필요하리라 생각했다.

얼마 지나지 않아 옹칸 부족의 도움이 필요해지는 사건이 벌어졌다. 몽골 북방에 살던 호엘룬의 친정인 메르키트 부족이 그녀가 납치된 후 18년간이나 호시탐탐 기회를 노리다가 마침내 보복을 감행한 것이었다. 약 300명의 메르키트 전사들이 테무친의 거주지를 급습했다. 그와 동생들은 가까스로 말을 타고 빠져나왔지만 보르테는 포로로 잡히고 말았다. 그리고 그들은 앙갚음으로 보르테를 메르키트의 한 늙은 남자에게 첩으로 줘버렸다.

테무친의 씨족은 강력한 메르키트 부족의 적수가 되지 못했다. 테무친과 같은 처지에 놓이면 아마도 대부분의 몽골 남자들은 다른 사내의 첩이 된 아내를 잊고 그저 새 아내감을 물색해 납치했을 것이다. 하지만 테무친은 달랐다. 본래 몽골 남자들은 속을 잘 털어놓지 않는 편인데, 그가 메르키트족이 자신의 가슴에 큰 구멍을 냈고 마음을 찢어놓았다고 대놓고 한탄했다는 걸로 봐서 보르테에 대한 그의 마음이 얼마나 깊었는지 짐작된다. 마침내 그는 메르키트족을 공격하기로 결정했고, 옹칸을 찾아가 사정을 말하며 도움을 청했다. 옹칸은 그의 부탁을 들어줬을 뿐 아니라 자다란 씨족의 떠오르는 젊은 지도자 자무카(札木合)를 찾아가 지원을 하라고 명했다. 사실 자무카와 테무친은 어릴 적 놀이 동무로 이미 의형제를 맺은 사이였고, 그도 흔쾌히 도와주겠다고 약속했다. 그렇게 강력한 동맹 세력들을 등에 업은 테무친은 일전을 치를 준비를 마쳤다.

결전의 날, 테무친 무리는 메르키트 부족을 급습해 초토화시켰고 테무친은 보르테의 거처를 찾기 시작했다. 그러나 보르테는 전투가 시작되자 짐수레에 실려 다른 곳으로 이미 보내진 뒤였다.《몽골 비사》는 보르테가 치열한 싸움이 벌어지는 아비규환의 소음 속에서 자신의 이름을 울부짖는 목소리를 어떻게 알아들었는지 상세히 소개한다. 보르테는 수레에서 뛰쳐나와 어둠을 뚫고 자신의 이름을 외치는 목소리가 들리는 곳으로 달려갔다. 제정신이 아니었던 테무친은 보르테가 달려와서 그가 타고 있던 말의 고삐를 낚아챘을 때 하마터면 보르테를 공격할 뻔했다. 다행히도 그는 그녀를 바로 알아봤고 둘은 누가 먼저랄 것도 없이 "서로의 품에 몸을 던졌다." 당시 보르테는 메르키트족 남자의 아이를 임신한 몸이었지만 테무친은 그 자식을 자신의 아들로 받아들였다. 정말이지 그에게는 핏줄이 별 의미가 없었다.

비록 테무친이 보르테를 구출할 때 의형제인 자무카의 도움을 받았지만, 시간이 흐르며 둘의 동맹 관계에 균열이 생기기 시작했다. 테무친과 자무카의 이번 대립에서도 신분이 중요한 역할을 했다. 몽골의 친족 위계에서 각 가문은 뼈(bone)로 통했다. 지도자와 가장 가까운 가문이 우월하다고 여겨졌고 흰 뼈(white bone) 씨족으로 불렸다. 반대로 지도자에게서 먼 친족 관계는 검은 뼈(black bone) 씨족이었다. 따라서 테무친이 자무카 무리의 일원으로 있는 한은, 먼 친척인 검은 뼈일 수밖에 없는 숙명이었다. 테무친이 흰 뼈가 될 수 있는 방법은 딱 하나, 자신의 무리를 세우는 것이었다.

피를 나눈 형에게조차 굴복하는 대신에 죽이는 길을 선택했던 테무친은 자무카에게 머리를 조아리고 싶지 않았다. 그리하여 1183년 마침내 둘의 부족은 갈라섰고 원수지간이 됐다. 그때부터 휴전과 충성 서약이 간간이 있었지만 20년 동안이나 두 부족 사이에 치열한 싸움이 이어졌고, 결국 테무친이 자무카를 제거하는 것으로 끝이 났다. 그런 다음 테무친은 다른 부족들도 차례로 평정했고, 마침내 모든 몽골 사람들의 실질적인 지도자가 됐다.

1206년 몽골의 귀족들이 모여 테무친에게 최고 지도자가 돼달라고 요청했다. 테무친은 그들의 요청을 수락하면서 한 가지 조건을 달았다. 모든 몽골 사람들이 자신의 말을 불문곡직 따라야 하고, 자신이 이끄는 곳이면 땅끝까지라도 가야 하며, 자신이 지목하면 누구든 죽여야 한다는 조건이었다. 한마디로 자신의 명령을 반드시 따르라는 이야기였다. 그렇게 최고 지도자에 추대되어 31개 몽골 부족과 약 200만 명의 신민(臣民)을 다스리게 되자 테무친은 자신의 다른 이름으로 '엄격한' 또는 '강인한' 통치자라는 뜻을 가진 칭기즈칸을 선택했다.

몽골은 역사 이래 늘 사분오열했고, 부족과 씨족과 무리들은 공통의 적에 대항하기 위해 손을 잡았다가 필요가 없어지면 서로에게 등을 돌리고 싸우기를 끊임없이 반복했다. 초원 지대의 모든 귀족은 심지어 신분이 가장 낮은 변방의 귀족조차도 자신이 몽골의 지도자에 올라 통치해야 한다고 믿었다. 이에 칭기즈칸은 몽골의 군사 지도자들을 한데 묶어줄 공통의 목표가 필요하다는 사실을 깨달았다. 아울러 그 목표는 귀족들의 원대한 꿈이 아니라 자신을 따르는 병사들의 기본적인 '욕구'에 근거해야 한다는 사실도 이해했다. 매클린의 저서에 따르면, 칭기즈칸은 병사들에게 '막대한 전리품'을 약속함으로써 그들에게 동기를 부여할 수 있다고 판단했다. 사실상 이것은 병사들에게 주어지는 유일한 보상이기도 했다.

> 부족이나 씨족이 아니라 칸에 대한 충성을 보장하는 것이 목적이었다. 그리고 충분한 보상을 해줘야만 그런 충성이 보장될 수 있었다. 칭기즈칸은 자신이 건설한 초(超)대국을 지탱하기 위해 부(富)가 지속적으로 유입될 필요가 있었고, 그것은 끊임없는 정복과 전쟁을 의미했다. 평화 시기가 너무 길어지면 가뜩이나 좌절감에 빠져 있던 강력한 제국의 통치자들이 본인의 사리사욕을 채우는 데만 집중하다가 결국에는 서로를 반목하게 될 터였다.

몽골을 통일한 이후 칭기즈칸은 먼저 중국의 북부 변방을 공격해 함락했다. 그런 다음 서쪽으로 진격해서 중앙아시아와 페르시아 일대를 지배하고 있는 콰레즈미아(Khwarezmia) 왕국을 무너뜨렸다. 그리고 마침내 1227년, 숨을 거두기 전에는 러시아까지 품에 안았다. 한편 그의 사인은 정확히 알려지지 않았지만, 말에서 떨어져 입은 부상의 후유증으로 사망했다는 것이 정설이다.

칭기즈칸의 정복 전쟁은 입에 담기 힘들 정도로 잔인했다. 그의 장군들은 항복하면 살려주겠다고 약속한 다음 적군들이 실제로 항복하면 무참하게 도륙하기를 일삼았다. 심지어 구르간즈(오늘날 우즈베키스탄에 위치한 도시 우르겐치(Urganch)에 해당함 – 옮긴이)를 정복했을 때는 몽골 병사들이 여인네들을 발가벗겨 나체로 서로 싸우게 만든 후 그들 모두를 학살하는 만행도 서슴지 않았다. 또한 칭기즈칸 군대가 휩쓸고 간 많은 도시들에서는 사람만이 아니라 개, 고양이, 쥐새끼 한 마리도 남지 않았다. 그런데 딱 하나 예외가 있었다. 그는 정복지에서 기술자와 장인들만은 살려줬고 그들을 몽골로 데려갔다. 칭기즈칸의 잔인함이 얼마나 심했던지 그의 무자비한 만행으로 초토화된 아랍 사회에서는 그를 '저주받은 자'(Accursed One)라고 불렀다.

그런데 칭기즈칸에게는 그런 잔인한 얼굴 말고 정반대의 다른 얼굴도 있었다. 그는 이제껏 없던 새로운 종류의 수용성과 포용성을 보여준 리더였다.

## 군사 전략에 영향을 미친 문화의 힘

칭기즈칸이 군대 전반에 능력주의를 도입한 덕분에 그의 군대는 이전의 어떤 군대와도 근본적으로 다르고 더욱 강력한 집단이 됐다.

대부분의 군대에서 지휘관들은 말 등에 올라타 지휘했고 그들을 제외한 다른 모든 병사들은 이른바 '뚜벅이' 보병들로 이동 속도가 느렸다. 반면 칭기즈칸의 군대는 오직 기병으로만 이뤄졌고, 따라서 지휘관과 병사 할 것 없이 모두가 동등한 입장이었으며 기동성이 뛰어났다. 또한 대부분의 군대는 전쟁 물자를 보급하는 대규모의 병참 부대를 별도로 운영했지만 칭기즈칸의 병사들은 각자가 자신에게 필요한 물품들을 항시 휴대했다. 모든 날씨에 대비한 옷, 불을 피우기 위한 부싯돌, 물과 우유를 담기 위한 통, 화살촉을 갈기 위한 줄, 동물이나 포로들을 묶기 위한 밧줄, 옷을 수선하기 위한 바늘, 이런 모든 물건을 담기 위한 가죽 가방 등등. 또한 그들은 동물의 젖을 짜서 마셨고 사냥과 약탈을 통해 식량을 해결했다.

계층과 계급 구조에 기반을 두는 전통적인 군대들은 일렬 종대 대형을 이뤄 한 방향으로 진군했고 그 뒤를 대규모 병참 부대가 따랐다. 반면 몽골 군대는 동심원 형태로 조직화됐다. 아르반(십호, 十戶)이라고 불리던 분대는 10명으로 구성됐고, 각 분대는 자우트(백호, 百戶)인 100명 단위의 중대에 속했으며, 중대 10개가 합쳐져 1,000명으로 이뤄진 밍간(천호, 千戶)이라는 연대를 이뤘다. 이들 연대는 다시 1만 명으로 편성되어 투먼(만호, 萬戶)이라고 불리던 사단에 예속됐다. 10진법에 근거한 이런 군제는 칭기즈칸이 몽골의 기존 군대 편성을 대체하기 위해 새롭게 도입한 제도였다. 몽골 군대의 최전성기 시절에는 연대 10개가 칭기즈칸을 에워쌌고, 그가 말에 올라탄 채 원 한복판에 자리했다.

이런 구조로 군대를 편성한 덕분에 몽골군은 뛰어난 기동성으로 적군들보다 훨씬 신속하게 움직였고 그들을 포위해서 궤멸할 수 있었다. 칭기즈칸의 군대는 병사 수가 5배나 많은 적군들도 예사로 무찔렀다. 게다가 가끔은 한꺼번에 두 전선을 공격함으로써 전투의 통념을 깨부쉈다. 이것은 혹시 미래에 있을지도 모르는 자국 영토에 대한 급습의 싹을 자르기 위해 이웃 군대들이 연합 세력을 형성하지 못하게 동시에 공략하는 전술이었다.

칭기즈칸의 정복 전쟁에는 몇 가지 두드러진 특징이 있었다. 첫째, 뛰어난 기동성을 앞세워 화살을 비처럼 날리며 신속하게 진격했다. 그의 기병대는 하루에 약 98킬로미터를 이동할 수 있었고, 몽골 말들은 개만큼이나 민첩했다. 또한 경(輕)기병과 중(重)기병이 교차로 공격했고, 위장 후퇴 전술과 잦은 매복 공격을 감행했으며, 비겁하리만치 백병전을 회피하는 것도 칭기즈칸 군대의 특징이었다. 몽골군은 본래 게릴라 전사들로, 철저한 계획에 따라서가 아니라 즉흥적으로 군대를 이뤘다. 중국 금나라 병사들은 몽골 군대의 변칙적이고 교묘한 공격에 깜짝 놀라 혼비백산했다. "그들은 하늘이 무너지는 것처럼 몰려왔다가 번개처럼 사라졌다." 금나라 병사들만이 아니라 이후 칭기즈칸 군대와 맞붙은 적이라면 모두가 이와 똑같은 반응을 보였다.

군대가 연승을 거두며 급격히 세를 불림에 따라 칭기즈칸은 정복지들의 유익한 관행들을 제국 전역에 전파시켰다. 이런 방식으로 제국 전체가 통일된 하나의 모습을 갖출 수 있었다. 웨더퍼드는 자신의 저서에서 그 당시 몽골 제국에 대해 이렇게 묘사했다.

몽골 제국의 통치자들은 종교적 관용 정책을 펴고, 보편적인 문자를 창제하고, 역참을 운영하고, 놀이를 즐기고, 연감이나 화폐나 천문도를 인쇄하는 과정에서 일관된 보편주의를 발휘했다. 그들은 신민을 다스리는 고유의 제도가 없었고, 그래서 도처에서 제도를 들여와 결합하는 데 조금도 거리낌이 없었다. 또한 그런 영역과 관련해 문화적으로 확실한 호불호가 없었기에 몽골 사람들은 이념적인 해법보다는 실용적인 해법을 찾아 시행했다. 그들은 효과가 가장 좋은 것을 찾았고, 그것을 찾으면 제국 전역에 적극적으로 퍼뜨렸다.

칭기즈칸은 문화를 구축하면서 세 가지 원칙에 토대를 뒀고, 덕분에 놀랄 만큼 안정적인 문화를 세울 수 있었다. 그 3대 원칙은 능력주의, 충성, 포용성이었다.

## 능력주의: 계급을 버리고 실리를 택하다

테무친은 1189년에 몽골을 통일한 후 첫 번째 조직 혁신을 감행했다. 초원 지역에 사는 부족 대부분에서 왕실은 왕의 친족들로 구성되는 귀족 계급이었다. 이에 대한 웨더퍼드의 설명을 직접 들어보자.

> 그러나 테무친은 혈통은 전혀 고려하지 않고 오직 각자의 능력과 충성도에 따라서 여러 부하들에게 많은 책임을 나눠 부여했다. 특히 가장 높은 지위인 자신의 개인 보좌관은 자신과 처음부터 함께 했던 두 부하에게 하사했다. 그들은 보오르추와 젤메로, 10년 이상 최측근으로서 그에게 한결같은 충성을 보여줬다.

몽골은 당시에도 이미 여자들에 대한 대우는 상당히 좋았다. 그런데 칭기즈칸은 그에 만족하지 않고 세습되는 모든 귀족 칭호를 없앴고 계층적 계급 구조도 폐지했다. 말인즉 이제는 모든 남자가 동등해졌다. 가령 양치기와 낙타를 돌보는 소년도 이제는 장군이 될 수 있는 길이 열린 것이었다. 테무친은 모든 신민을 '모전 천막의 사람들'(People of Felt Walls)이라고 불렀다. 모전 즉, 펠트는 몽골 유목민의 전통 가옥인 게르(ger)나 유르트(yurt)의 벽을 덮는 직물이다. 이 명칭은 그들이 하나의 씨족이라는 사실을 상징했다.

칭기즈칸은 새로운 이런 능력주의가 확실하게 자리 잡도록 만들 필요가 있었다. 그래서 자신의 가족이라는 이유로 선출되지 않고 통치자나 리더가 되는 것을 사형 죄로 규정했다. 또한 몽골에 처음으로 법치의 개념을 도입했고 이는 더 이상 권력 하나만으로 만사형통할 수 없다는 의미였다. 이것이 얼마나 혁명적인 발상이었을지 한번 생각해 보자. 당시는 통치자들 스스로가 법 위에 군림한다고 생각하던 시절이었다. 그런데 칭기즈칸은 리더들도 가장 미천한 양치기와 똑같은 책임과 의무를 수행해야 한다고 강요한 것이다.

이 원칙에서 예외인 사람은 단 하나뿐이었다. 칭기즈칸 본인이었다. 자신에게 가장 불리할 때는 그도 다른 모든 폭군과 다르지 않았다. 뿐만 아니라 평민들이 자신들보다 더 부유하다는 아들들의 불만에 막대한 토지를 무상으로 배분해줘 능력주의의 의미를 퇴색시켰다. 이런 행태에 대해 매클린은 어떻게 생각했을까? "'칭기즈칸이 다스리던 몽골은 법치 사회였을까, 아니면 독재 국가였을까?'라는 의문이 들 것이다. 대답은 하나뿐이다. 둘 다."

하지만 당대의 리더들에 비하면 칭기즈칸은 놀랄 만큼 실리적인 사람이었다. 다시 말해 자신이 내뱉은 말을 무슨 일이 있어도 지켰다. 비록 자신에 대한 절대 복종을 기대했지만 스스로를 신과 같은 존재로 묘사한 적은 결단코 없었다. 실제로 그는 살아생전 누구에게도 자신의 초상화를 그리거나 자신의 동상을 만들라고 하지 않았다. 또한 자신의 이름 등 자신과 관련된 무언가를 동전에 새기는 것도 결코 허락하지 않았다. 그가 한 도교 승려에게 보낸 편지를 보면 그의 겸손함이 잘 드러난다. 그는 자신이 일개 병사일 뿐이라면서 "나는 특별한 자질이 없소"라고 말했다. 그런 다음 "나는 소를 치는 목동이나 말을 모는 마부와 똑같은 옷을 입고 똑같은 음식을 먹소. 우리는 똑같이 희생하고 똑같이 부를 나눈다오"라고 덧붙였다.

군대를 혈통에 따른 계급 구조에서 진정한 능력주의 체제로 전환시킴으로써 칭기즈칸은 귀족 사회에 기생하던 게으르고 무능한 한량들을 주변에서 몰아냈고, 군대의 전투 능력을 크게 끌어올렸다. 또한 야망이 큰 병사들이 용기와 지적 능력을 입증한다면 그들도 리더가 될 수 있다는 꿈을 꾸도록 영감을 줬다.

## 충성: 요구하지 않고 직접 보여준다

칭기즈칸은 충이라는 개념을 당대의 사람들과 사뭇 다르게 정의했다. 전형적인 리더들은 부하들에게 자신을 위해 목숨을 내놓도록 요구했지만, 칭기즈칸은 리더에게도 상당한 책임을 부과하는 상호적인 관계가 충이라고 생각했다. 이것을 단적으로 보여주는 두 가지 사례가 있다. 한번은 말 관리인 2명이 칭기즈칸을 찾아와 그에 대한 음모를 경고해주자 그 둘을 장군에 임명했다. 그리고 한번은 자무카의 궁사가 쏜 화살에 맞아 테무친이 거의 죽을 뻔한 적이 있었는데, 그의 병사들이 그 궁사를 포로로 잡았다. 그 궁사는 테무친에게 개인적인 감정은 전혀 없었고 그저 부하로서 지도자의 명령을 받들 수밖에 없는 처지였다고 해명했다. 그 궁사는 당연히 처형될 거라고 생각했지만 테무친은 그를 장교로 임명했고, 훗날 그는 위대한 장군으로 성장했다.

전쟁을 할 때 칭기즈칸은 가능한 몽골군의 생명을 보전하는 데 목적을 뒀다. 전면전보다 협박과 회유를 통해 항복을 받아내는 정복 방식을 선호한 것도 그 일환이었다. 그는 즉각 항복하는 도시들에게는 종종 자비를 베풀었던 반면, 끝까지 저항했던 도시의 시민들은 행군할 때 인간 화살받이로 군대 맨 앞에 세웠다(앞서 잠깐 언급했듯이 칭기즈칸은 가끔 변덕을 부렸고 그의 장군들도 충동적인 면이 있었다. 고로 그의 군대가 언제나 협박과 회유를 고집한 것은 아니었다). 또한 어떤 병사가 전사했을 때는 그의 몫인 전리품을 그의 미망인과 자식들에게 나눠주도록 명령했다.

뭐니 뭐니 해도 여느 정복자들보다 가장 돋보였던 칭기즈칸의 특징은, 휘하의 장군은 누구도 처벌한 적이 없었다는 사실이다. 이는 어째서 무려 60여 년 동안 탈영하거나 배신한 장군이 한 명도 없었는지를 잘 설명해준다. 또한 칭기즈칸은 몽골 군대의 윤리적 가치들이 외부인들에게도 똑같이 적용돼야 한다고 강력히 요구했다. 이를 위해 그는 훗날 샤카 상고르가 사용했던 기법을 사용했다. 가령 그가 지도자를 절대 배신해서는 안 된다고 선언했을 때, 그 원칙은 그의 군대만이 아니라 외부인들에게도 적용되는 황금률을 의미했다. 실제로 그 황금률이 시험대에 오른 일이 있었다. 1205년 칭기즈칸이 마침내 자무카를 무너뜨렸을 때 자무카의 부하 몇몇이 칭기즈칸의 환심을 사기 위해 자신의 지도자인 자무카를 칭기즈칸에게 넘겼다. 칭기즈칸의 성정을 익히 잘 알던 자무카가 경고했지만 그들은 말을 듣지 않았다. 그러나 그들의 바람대로 되지 않았다. 자무카가 경고한 대로, 칭기즈칸은 그 변절자들을 포상해주기는커녕 처형했고, 그런 다음 자무카도 죽였다.

칭기즈칸은 더 중요한 원칙에 대한 충성심을 고취시킴으로써 커다란 군사적 우위를 획득했다. 앞서 말했듯, 그는 병사들에게 자신을 위해 목숨을 내놓으라고 요구하지 않았고, 역설적이게도 바로 이런 이유에서 병사들은 칭기즈칸을 위해서라면 목숨을 초개처럼 버릴 각오를 했다. 몽골 병사들은 그들의 황제 중의 황제에 대해 이렇게 말했다. "그가 물에 뛰어들라면 물속으로, 불에 뛰어들라면 불속으로 전진하리라. 그를 위해 기꺼이 하리라."

## 포용성: 핏줄, 인종, 종교를 초월하다

칭기즈칸은 전쟁의 수칙들을 급격히 변화시켰다. 보통의 정복자는 피정복지의 귀족들을 특별히 신경 써서 대우하고 일반 병사들을 노예로 삼기 마련이다. 하지만 그는 거꾸로 했다. 감히 후일을 도모하지 못하도록 귀족들은 처형해 씨를 말렸고 병사들은 자신의 군대에 편입시킨 것이다. 이런 식으로 그는 군대를 키웠고 자신은 동등한 기회를 제공하는 일종의 '고용주'가 됐다. 그런 고용주야말로 우리 모두가 구성원이 되고자 꿈꾸는 팀의 리더이다.

1196년 주르킨족을 함락한 후 칭기즈칸은 자신의 어머니인 호엘룬에게 주르킨의 고아 소년을 입양해서 자식으로 키워달라고 부탁했다. 이 행동은 정복지의 신민들도 처음부터 그의 부족이었던 것처럼 미래의 정복에 따른 전리품을 공평하게 나눠가질 거라는 명백한 메시지를 전달했다. 또한 칭기즈칸은 새로운 평등성을 상징적으로 보여주고자 자신이 정복한 몽골 부족민들과 새로 받아들인 친척들을 위해 융숭한 잔치를 열었다. 뿐만 아니라 부족들의 결속을 더욱 강화하고자 부족 간 결혼을 권장했다.

군대 지휘관이라면 누구라도 패배한 적군 병사들을 자신의 군대에 편입시킬 수 있었다. 실제로 로마 제국 이래로 모든 지휘관이 그렇게 했다. 하지만 칭기즈칸은 이 일에서마저도 총명함이 빛났다. 적군 병사를 아주 잘 대우해서 급기야 그들이 자신의 본래 지휘관보다도 그에게 더욱 충성하게 만든 것이다.

이 접근법은 1203년 한때 스승이자 동맹이었던 웅칸에게 쫓기는 신세가 됐을 때 잉태됐다. 테무친은 북중국에서 가까운 늪지대 발주나(Baljuna) 호숫가에 은신했고, 그곳에서 그와 19명의 부하들은 호수의 흙탕물을 나눠 마시며 맹세했다. 이른바 '발주나 맹약'이다. 이때 부하들은 칭기즈칸에게, 칭기즈칸은 그들에게 평생 충성하겠다고 맹세했다. 이것에 대한 웨더퍼드의 말을 직접 들어보자.

테무친과 함께 있던 병사 19명은 각기 다른 9개 부족 출신이었다. 아마 테무친과 그의 친동생 카사르 달랑 둘만 몽골 씨족 출신이었을 것이다. 나머지는 메르키트, 키탄(거란), 케레이트 출신들도 섞여 있었다. 테무진은 독실한 무속신앙 신자로 '영원한 푸른 하늘'(Eternal Blue Sky)과 '성산(聖山) 부르칸 칼둔'(God Mountain of Burkhan Khaldun, 부르한산(不兒罕山)이라고도 함 – 옮긴이)을 숭배했다. 반면 19명의 병사들 중에는 무슬림이 3명, 기독교인과 불교 신자 몇몇이 포함되어 있었다. 공통점이 없어 보이는 그들을 하나로 묶은 것은 오직 테무친에 대한 충심과 그와 서로에 대한 맹세였다. 발주나 호수에서의 맹약은 일종의 형제애를 생성시켰고, 핏줄과 인종과 종교를 초월함으로써 그들의 관계는 각자의 선택과 헌신에 기초하는 일종의 근대적 시민 결사체에 가까웠다.

칭기즈칸은 1209년 피 한 방울 흘리지 않고 고도로 문명화된 위구르족에게마저 항복을 받아냈다. 이에 칭기즈칸은 위구르의 많은 관리들을 등용해 판사, 장군, 필경사, 비밀 요원, 세금 징수원 등으로 제국 전역에 배치했다. 매클린은 저서에서 이것이 또 다른 결정적인 전환점이었다고 주장한다.

칭기즈칸의 몽골 제국은 위구르의 높은 기술력과 훌륭한 인재 그리고 뛰어난 문화를 마음껏 활용했다. 또한 위구르의 언어를 제국의 지배 계급이 사용하는 초대 공식 언어로 받아들였다. 그리하여 몽골 제국은 위구르의 도움으로 이념적이고 정신적인 정통성을 확립할 수 있었다. 이로써 몽골군은 잔인하고 피에 굶주린 야만인 잡배 무리라는 낙인을 벗었다.

제국의 영토가 확장됨에 따라 칭기즈칸은 군대에 누구를 받아들일지 더욱 신중하게 선택했다. 그중에서도 의사와 학자와 기술자들을 우선시했고, 그들은 1,000명으로 구성된 각 연대에 예속돼 말을 타고 함께 이동했다. 특히 제국을 관리하는 데서 중국의 학자들이 커다란 역할을 하자 칭기즈칸은 도시를 함락할 때마다 피정복지의 학자들을 송환해 심문했다. 말이 심문이지 실제로는 비어 있는 일자리에 대한 면접을 보는 셈이었다. 또한 외국의 기술자들을 영입한 덕분에 그는 방대한 기술 지식을 축적해 역사상 기술적으로 가장 진보한 군대를 만들었고 그 과정에서 투석기, 쇠뇌 같은 선진 무기들도 받아들였다.

1227년 칭기즈칸이 사망한 이후, 몽골 제국을 물려받은 통치자들은 그의 다문화적 접근법을 계속 유지했고 놀랄 만한 성과를 이뤘다. 일례로 몽골 기술자들은 먼저 중국의 화약과 이슬람의 화염방사기를 결합시켰고 그런 다음 유럽의 종(鐘) 주조 기술을 융합시켜 경이로운 신무기를 발명했다. 바로 대포였다.

한편 칭기즈칸은 포용주의 문화의 많은 측면들을 법제화했다. 그는 여자들을 납치하는 행위를 법으로 금지했고 납치한 여성들을 신부로 매매하는 것도 불법화했다(그러나 그의 전사들은 계속해서 정복지 여성들을 겁탈하고 첩으로 들었다). 뿐만 아니라 모든 아이가 적자(嫡子)라고 선언했고, 결과적으로 사생아 또는 서출이라는 개념 자체를 없앴다. 비록 설교를 통해 자신을 비방했던 사제와 이슬람 성직자들을 처형했지만 그는 완전한 종교적 자유도 허용했다. 아마 이 조치는 인류 역사상 최초일 것이다. 당연한 말이지만 정복지의 모든 신민은 칭기즈칸에게 충성을 맹세하고 몽골의 관습법을 준수해야 했다. 하지만 그 두 가지를 제외하면 그들은 자신이 추구하는 종교를 믿고 자신들의 법을 그대로 따를 수 있었다. 요컨대 그는 광신자가 아니라 실용주의와 실리주의를 추구한 리더였다.

그렇다고 몽골 제국이 유토피아였다는 말은 아니다. 어디든 문화

혼종화(cultural hybridization)가 이뤄지면 필연적으로 문제들이 생길 수밖에 없다. 칭기즈칸의 몽골 제국도 예외가 아니었다. 가령 몽골 유목민들은 평소 말 젖을 발효시켜 만든 마유주를 즐겨 마셨는데 정복지가 늘어나면서 몽골 제국에 마유주보다 훨씬 독한 술이 들어오게 됐다. 그런 독주를 처음 마신 후 칭기즈칸 본인과 그의 많은 직계 가족을 포함해 수많은 몽골인들이 술고래가 되어버리고 말았다. 게다가 칭기즈칸이 권력을 분산시킴에 따라 그의 사후에 후계자 문제가 불거지게 된다. 그는 자신의 아들들은 물론이고 그들의 자식들 즉, 손자들까지 사실상 제국의 영토를 개별적인 칸 왕국, 다른 말로 '울루스'(ulus, 관할 하의 백성을 뜻하는 말로 국가라는 의미의 몽골어 - 옮긴이)로 나눠 다스리도록 허용했다. 매클린은 2세, 3세로 이어지는 몽골의 족벌 통치를 이렇게 평가했다.

행정적인 관점에서 보면 칭기즈칸은 올바른 결정을 했다. 그의 제국은 너무 광활한 데다가 일사불란한 통제가 힘들어서 고도로 중앙 집중화된 체제에 입각해 한 명의 통치자가 다스리는 것은 거의 불가능했다. 하지만 인간적으로 그리고 정치적으로 생각하면 그것은 아주 커다란 실수였다. 종국에는 그의 제국이 정확히 각 울루스의 경계선을 따라서 분리의 길을 가게 되리라는 점은 정해진 수순이나 다름 없었다. 게다가 그 문제는 몽골이 다른 문화들과 통합됨으로써 더욱 심화됐다.

그럼에도 존속하는 동안 몽골 제국은 아주 특별한 국가였고, 문화적 혁신에 근간을 뒀다. 어릴 적 부족에서 버림받은 추방자로 불행하게 성장한 경험이 있었기에 칭기즈칸은 당대의 다른 리더들은 물론이고 사실상 오늘날의 리더 대부분이 눈앞에서 놓치는 뭔가를 정확히 포착했다. 그들이 다름과 차이를 잠재적인 위협 요소로 인지하고 아예 싹을 자르는 것만이 최선이라고 생각할 때 외려 칭기즈칸은 그 속에서 쓰임새가 뛰어난 유능한 인재들을 발견해냈다.

# WHAT
## YOU DO IS

7장

—

포용의
문화를 구축하기

# WHO
## YOU ARE

포용성의 성공 여부가 사람들을 있는 그대로를 보는 것에 달렸다면,
우리가 사람들을 진실하게 보려면 어떻게 해야 할까?

> 나는 목에 체인 둘러, 있는 대로 모조리, 집에 있을 때조차.
>
> 왜냐면 바닥에서 시작했거든, 우린 이제 이 자리에 왔어.
>
> 드레이크(Drake)의 〈스타티드 프롬 더 바텀(Started from the Bottom)〉

칭기즈칸이 포용성을 완벽히 구현한 이래로 시대가 많이 변했다. 그렇다면 포용성은 지금도 우리가 사는 세상을 정복하게 해줄 문화적 도구일까? 지금부터 포용적인 문화를 구축할 때의 잠재적인 장점과 몇몇 단점에 대해 알아보자.

## 카브리니-그린에서 CEO로

자기계발의 세계적인 권위자 토니 로빈스(Tony Robbins)는 삶의 질은 스스로에게 묻는 질문의 질에 따라 결정된다고 말한다. 가령 "난 왜 이렇게 뚱뚱할까?"라고 내게 물으면 뇌는 "내가 멍청하고 의지력이 없어서야"라고 대답할 것이다. 로빈스가 말하고자 하는 핵심은, 나쁜 질문을 하면 나쁜 대답을 얻고 결과적으로 나쁜 삶을 살게 된다는 것이다. 반면에 "죽는 날까지 최상의 건강 상태를 유지하려면 내 자원을 어떻게 활용해야 할까?"라고 물으면 뇌는 "몸에 가장 좋은 음식을 섭취하고 프로 선수처럼 운동하면 120살까지 살 수 있을 걸"이라고 대답할 것이다.

사회 문제에 대해 생각할 때 우리는 가끔 이런 질문을 한다. "〈포춘〉이 선정한 500대 기업에 흑인 CEO가 거의 없는 이유는 뭘까?" 그러면 이런 식의 대답을 얻는다. "인종차별, 흑인 차별, 노예제도, 구조적 불평등 때문이지 뭐겠어." 그러나 우리는 다른 식으로 질문할 수도 있다. "악명 높은 시카고의 공공 주택 단지 카브리니-그린 가든(Cabrini-Green Gardens)에 살던 흑인 소년이 대체 어떻게 맥도날드 역사상 전무후무한 흑인 CEO가 될 수 있었을까?" 포용성이 성공하지 못한 이유를 알고 싶을 때는 앞의 질문을 하면 된다. 하지만 우리가 알고 싶은 것은 포용성을 성공시키는 방법이다. 고로 뒤의 질문을 해야 한다.

칭기즈칸은 혈통적 한계와 추방자라는 역경을 극복하고 세계 최고의 정복자가 됐으며, 이후에는 기존보다 더욱 평등주의적인 방식으로 자신의 제국을 재편했다. 하지만 그는 이복형인 벡테르와 의형제인 자무카를 비롯해 수많은 사람들의 목숨을 빼앗는 잔인함을 보이기도 했다. 오늘날의 세상에서 그 전술을 사용하면 어떨까? 장담컨대 크게 성공하지 못할 것이다. 오히려 칭기즈칸과 사뭇 다른 포용적 접근법으로 성공한 사람들이 많다. 맥도날드의 전 CEO 돈 톰슨이 대표적이다. 그는 포용주의를 철저히 수용했고 사람들이 그것을 받아들이도록 처음부터 강요하는 대신에 동맹 세력을 규합했다. 하지만 힘을 가진 후에는 칭기즈칸의 방법과 아주 유사한 평등주의적 기법들을 사용했다. 톰슨과 칭기즈칸은 계급이나 피부색을 근거로 사람들을 판단하지 않았다. 오히려 현재 그들이 누구이고 만약 기회가 주어진다면 어떤 사람이 될 수 있는지를 토대로 사람들을 판단했다.

193센티미터에 120킬로그램인 톰슨은 워낙 거구여서 보는 사람들에게 위압감을 준다. 그러나 실제 그는 매우 상냥하고 붙임성이 좋으며 아주 진실하다. 한마디로 진국이다. 따라서 돈 톰슨을 좋아하지 않는 사람이라면 자기 자신도 좋아할 수 없다고 장담한다. 사람들의 마음을 무장해제시키는 그의 태도는 사람과 인종에 관한 그의 철학에서 비롯됐다. 언젠가 그는 내게 이런 말을 한 적이 있다.

회의석상에서 흑인이 당신뿐일 때 두 가지 접근법을 취할 수 있습니다. 첫째 '모두가 나를 쩨려봐'라고 경계할 수 있습니다. 이때부터 생각은 위험한 비탈길을 질주하기 시작하죠. '그들은 나를 좋아하지 않아. 흑인들도 좋아하지 않아.' 반면에 저처럼 생각할 수도 있습니다. '모두가 나를 쳐다봐. 그들은 돈 톰슨이라고 불리는 나와 앞으로 어떤 경험을 하게 될지 전혀 몰라. 내가 먼저 다가가 말을 걸 거야. 그들은 나에 대해서, 나는 그들에 대해서 배우면 돼. 혹시 알아? 우리가 굉장한 우정을 쌓아서 지속적인 비즈니스 관계를 맺게 될지 말이야.'

불행히도 우리 주변의 아주 많은 사람들은 삶에 대해 첫 번째 방식으로 접근하도록 세뇌돼 있습니다. 회의는 게임입니다. 나는 당신이 어떤 사람인지, 당신은 내가 어떤 사람인지 알아내려 애씁니다. 우리는 파트너가 될 수 있을까? 서로에게 귀중한 자산이 될 수 있을까? 서로의 적이 될까? 모든 참석자가 당신의 적이라고 생각하면서 게임을 시작하면 당신은 이미 게임에서 진 것입니다. 당신이 이번 게임에서 새로운 무언가를, 그것도 아주 좋은 무언가를, 게다가 그들이 갖지 못한 무언가를 제공한다고 생각하는 방향으로 기본적인 사고의 틀을 재설정해야 합니다.

톰슨은 할머니의 손에서 자랐다. 어릴 적에 할머니와 저소득층을 위한 주택 단지에서 살았는데, 톰슨은 그곳을 동네(neighborhood)라고 부르지 않고 이웃('hood)이라고 애정을 담아 부른다. 이처럼 단어를 미묘하게 살짝 비틀어 사용하는 데서 톰슨의 남다른 사고방식이 드러난다. 사람들이 비참함을 보는 곳에서 그는 기회를 보는 것이다. 카브리니 그린은 주민 전체가 거의 흑인이었다. 백인 주민은 딱 3명 있었는데, 경찰관과 소방관과 보험 판매원이었다. 특히 보험 판매원은 장례식 비용까지 보장해주는 고액의 생명보험 상품을 판매했다.

10살 때 톰슨은 인디애나주의 주도인 인디애나폴리스로 이사했다. 그곳 역시도 흑인 동네였지만, 학교는 대다수 학생이 백인인 곳을 다녔다. 할머니는 이토록 다른 두 세상에 슬기롭게 대처하는 법을 톰슨에게 가르쳤다. 할머니는 중간 규모의 슈퍼마켓 체인으로 나중에 유통 거인 타깃(Target)에 인수되는 에어-웨이(Ayr-Way)에서 매장 관리자로 일하셨다. 그녀가 관리하는 직원 대부분은 백인이었지만, 그녀는 모두를 똑같이 대우했고 모두가 톰슨의 집을 자주 들락거렸다. 톰슨은 할머니를 통해 좋은 사람도 있고 나쁜 사람도 있을 수 있지만 누가 어떤 사람인지 알려면 그들을 직접 겪어보고 자세히 살펴봐야 한다는 가르침을 얻었다.

1979년 톰슨은 인디애나 주립대학교의 하나인 퍼듀 대학교에 진학했는데, 입학의 기쁨을 만끽하기도 전에 충격적인 일을 겪었다. 그의 말을 직접 들어보자.

대학에서의 첫날밤을 맞이했습니다. 마침내 대학에 진학했다는 사실에 들떠 나는 몹시 흥분한 상태였습니다. 그때 마침 컨버터블 자동차가 지나가다가 내 옆에 멈췄습니다. 그러더니 안에 타고 있던 백인 청년 셋이 나를 향해 소리쳤습니다. "깜둥이 새끼!"

어린 마음에 나는 너무 충격을 받아 머리가 하얘졌습니다. 하지만 그건 내가 하루 이틀 겪은 일도 아니었고, 내 게임은 계속됐습니다. 나는 이렇게 생각했습니다. '이건 게임일 뿐이야. 내 게임은 어차피 계속돼. 당신들은 내가 이곳에 있는 목적을 이루지 못하게 만들 방법이 없기 때문이지. 당신들을 본 적이 있어. 어쩌면 당신들이 아니었는지는 몰라도 나는 당신 같은 사람들을 수없이 봤어. 심지어 내 목을 꽉 움켜쥐고 죽이려던 흑인들도 있었어. 그러니 내게는 아무것도 전혀 새롭고 새삼스러운 일이 아냐. 당신들 셋이서 날 겁주고 싶다면 나한테 바짝 붙여 차를 멈춰도 괜찮아. 그렇게 해도 돼. 아니면 차를 멈추지 않고 달리면서 하고 싶은 말을 다 지껄여도 돼. 그래봤자 어차피 아무것도 달라지지 않을 테니까.'

이런 일들에도 불구하고 그는 퍼듀에서의 생활에 대해 지금도 감사하게 생각한다. 그리고 지금은 모교의 신탁 위원회에서 활동한다.

어디 출신이든 나처럼 공학 학위를 손에 들고 졸업하면 앞으로 먹고 살 걱정은 없을 겁니다. 나는 이제 그것으로 경쟁의 장이 공평해졌다고 생각했습니다.

1984년 대학을 졸업한 톰슨은 미국의 대표적인 방위 산업체 노스럽(Northrop)의 방위 시스템 사업부(Defense System Division)에 기술자로 취업했다. 하지만 그곳에서의 출발 역시 순탄치 않았다.

드디어 나도 책상이 생겼습니다. 나만의 책상이 생긴 것입니다! 그런데 출근 첫날 내 책상 한가운데 테이프로 무언가가 그려져 있더군요. 하얀 십자가였죠(하얀 십자가는 백인우월주의 단체 KKK의 상징임 – 옮긴이). 나는 아무 말 없이 그것을 떼어내 돌돌 말아 휴지통에 던져 버렸습니다. 그런 다음 책상 위에 내 물건을 올려놨습니다. 할머니의 가르침을 떠올리며 마음을 다잡고 그 사건을 아예 없었던 일인 양 무시했습니다. 그러고는 사람들과 관계를 만들어나갔고, 몇몇과는 정말로 좋은 관계를 유지했습니다.

톰슨은 노스럽에서 6년을 근무한 후에 관리직으로 자리를 옮겼다. 1980년대 말 방위 산업이 위축됐을 때, 어떤 리크루터에게서 전화를 받았는데 맥도날드에서의 일자리를 제안했다. 당연히 공학도였던 그는 그것이 패스트푸드 업체가 아니라 또 다른 방위 산업체이자 항공 우주 업체인 맥도널더글러스(McDonnell Douglas)라고 생각했다.

내게 일자리를 제안한 회사가 햄버거 체인점 맥도날드라는 사실을 알았을 때 나는 정중히 거절했습니다. "제안은 감사하지만, 사양하겠습니다." 솔직히 본전 생각이 났습니다. 전기 공학자가 되려고 죽기 살기로 노력한 데다가 햄버거나 굽기에는 할머니가 내게 너무 많이 투자하셨기 때문입니다. 얼마 후 맥도날드의 어떤 직원에게서 전화가 왔습니다. 맥도날드로 옮기기 전에 통신회사 AT&T가 설립한 벨연구소(Bell Labs)에서 기술자로 근무했다던 그가 "여기 와서 얘기해본다고 잃을 것이 있겠습니까?"라고 슬쩍 미끼를 던졌습니다. 그때부터 그것이 내 좌우명이 됐습니다. 오늘날 나는 말하죠. "옷깃 말고는 아무것도 접지 마라."('turn down'은 '거절하다'와 '접다'라는 두 가지 뜻을 가지고 있음 - 옮긴이)

톰슨은 맥도날드의 기술 팀에 들어갔다. 팀의 주된 업무는 맥도날드가 '튀김 곡선'(fry curve)이라고 부르는 공정을 최적화함으로써 세상에서 가장 맛있는 감자튀김을 만들도록 도와주는 일이었다. 튀김 곡선은 감자를 튀기는 과정에서 변하는 온도 곡선을 말한다. 생각보다 튀김 곡선을 최적화하는 것은 쉽지 않다. 여러 온도 상태의 감자를 뜨거운 기름에 집어넣기 때문이다. 때로는 미지근한 상태에서 또 때로는 냉동고에서 바로 꺼내서 기름에 넣는다. 톰슨과 팀원들은 컴퓨터 칩을 튀김기에 설치했고, 그런 다음 항상 최적의 온도 곡선에 따라서 감자를 튀길 수 있게 칩을 프로그래밍했다. 이 작업 외에도 톰슨은 여러 어려운 과제를 훌륭히 수행함으로써 부서에서 가장 우수한 기술자가 됐다. 그런데 사람 일은 한치 앞도 모른다는 말처럼 외려 승승장구한 것이 하마터면 그가 맥도날드를 그만두게 만들 뻔했다.

맥도날드는 해마다 성과가 우수한 최상위 1퍼센트의 직원들에게 사장 특별상(President's Award)을 수여했습니다. 나는 대단히 성공적인 한 해를 보낸 터라 내심 기대도 했었죠. 게다가 우리 부서의 모든 직원들도 나만 보면 "돈, 올해 기술 부문의 사장 특별상은 따놓은 당상이에요"라고 말했습니다. 드디어 시상식 날이 밝았습니다. 나는 턱시도까지 갖춰 입고 보건위생 전문가보다 더 깨끗이 단장했습니다. 흥분을 억누르기가 힘들었습니다. 마침내 수상자 발표 시간이 됐습니다. 그런데 세상에, 올해는 기술 부서에서 수상자가 없다고 발표하지 뭡니까. 작년에만도 우리 부서에서 수상자가 2명이나 나왔는데 말이죠.

그래서 나는 쓰린 속을 달래며 조용히 자기 연민 파티를 열었습니다. 나는 "그들은 흑인이 수상하는 걸 원치 않아. 그들은 아직도 나를 받아줄 준비가 안 됐어. 난 회사를 그만둘 거야"라고 혼자서 중얼거렸습니다. 한창 나 홀로 신세 한탄에 빠져 있는데 부장이 다가왔습니다. "자네가 왜 수상하지 못했는지 궁금할 걸세." 그래서 솔직히 그렇다고 말했습니다. 그런데 뒤이은 그의 대답을 듣고 기함했습니다. "내가 자네를 추천하지 않았기 때문일세. 작년에 우리 부서에서 2명이 수상했잖은가. 그래서 올해는 아무도 추천하지 않았다네." 그렇게 나 혼자만의 연민 파티는 끝났습니다.

나는 지인들에게 전화를 돌리기 시작했습니다. 그리고 사표를 쓸 거라고 선언했습니다. 그런데 한 사람이 나를 말리며 간곡히 말했습니다. "결정하기 전에 레이먼드 마인스(Raymond Mines)와 먼저 얘기해봤으면 좋겠습니다. 제발 부탁이니 속는 셈치고 한번 만나보세요."

레이먼드 마인스는 워싱턴주에서부터 미시간주까지 총 8개 주를 관리하는 지역 사무소의 소장이었고, 맥도날드에서 최고위 흑인 리더 2명 중 하나였습니다. 오하이오 출신으로 무뚝뚝하기가 둘째가라면 서러울 정도였던 마인스가 나와 마주 앉았을 때 "왜 회사를 그만두려는 겁니까?"라고 단도직입으로 물었습니다. "맥도날드는 아직 저를 받아들일 만한 상태가 아닙니다. 확실합니다. 특히 회사는 저로 말미암아 발생할 종류의 영향력을 수용할 준비가 안 됐습니다"라고 대답했죠. 그러자 그가 거두절미하고 돌직구를 날렸습니다. "그러니까 당신은 특별상을 못 받아 삐쳐서 회사를 그만두려는 것이군요." 그런 다음 "품질관리 팀은 당신을 원합니다. 그들은 당신을 기꺼이 승진시켜줄 거고요. 그러니 그들과 일해보면 어떨까요?"라고 덧붙였죠. 그러고는 "또 혹시 압니까? 언젠간 내 밑에서 일할 수 있을지 말입니다"라며 여운을 남겼습니다.

당시 나는 그의 말이 내 평생 들어본 말 중 가장 오만한 발언이라고 생각했습니다. 그런데 레이먼드가 했던 말이 계속 귓전을 맴돌며 나를 성가시게 하더군요. 나는 그에게서 공감과 연민을 기대했었는데, 정작 그가 내게 준 것은 힘이었습니다. 나는 그와의 대화에 큰 충격을 받아 결국 백해무익한 연민 파티에서 빠져나왔습니다. 그리고 그의 충고를 받아들였습니다.

그리하여 톰슨은 맥도날드의 품질관리 팀에서 일하게 됐고, 팀원은 그를 포함해 총 4명이었다. 나머지 셋이 담당하던 업무는 고위 임원들을 위한 연설문을 작성하는 일로 속칭 '꿀잡'이었던 반면, 톰슨은 운 없게도 무거운 플립 차트를 들고 전 세계를 돌며 회의를 쫓아다니는 '빡센' 일을 맡았다. 그러나 결과적으로 그 일은 톰슨에게 아주 좋은 기회가 됐으니 전화위복이었다. 그는 그 업무를 통해 세계 최대 패스트푸드 업체의 복잡한 운영 시스템을 배웠고 나중에는 회사 운영의 전반을 손바닥 보듯 한눈에 볼 수 있었다. 또한 회사 내에서 중요한 팀을 거의 전부 만났고 모든 공정 흐름(process flow), 각 운영 단위가 가진 독특한 하위 문화, 운영 단위 간의 관계 등은 물론이고 특히 햄버거 공장에 활기를 불어넣는 숨은 마법인 비즈니스 모델의 세부 사항까지 총체적으로 파악할 수 있었다.

나는 조직 최말단의 입장에서 생각할 수 있게 됐습니다. 우리 회사의 목표는 직원들이 더 많이 웃고 더 열심히 일하는 일터가 되겠다는 것이었죠. 그런데 막상 매장에 나가보니 직원들 중에 '투잡족'이 꽤 있었습니다. 그들은 우리 매장에서 8시간을 일하고 퇴근 후 다른 곳에서 또다시 8시간을 일한다고 하더군요. 그런 환경에서 유능한 관리자가 되려면 직원들이 어떤 상황에 처해 있는지를 진심으로 이해할 필요가 있었습니다.

레이먼드 마인스를 만나고 1년이 지났을 무렵 톰슨은 복도에서 우연히 그를 마주쳤다. 톰슨을 본 그는 큰소리로 말했다. "이제는 뿌린 씨를 거둘 때가 왔군!" 그는 오직 톰슨을 위해 자기 부서에 새로운 자리를 만들었다. 전략 기획 책임자였다. 톰슨은 마인스를 그림자처럼 따라다니며, 그가 담당 지역들을 점검하고 지역의 문제들을 해결하며 분기별 그리고 연별 계획을 수립하는 것을 하나도 놓치지 않고 관찰했다. 마인스의 관리 스타일은 아주 독특했다.

마인스는 목요일에 전화해서는 뜬금없이 "월요일에 공항에서 만나세"라고 말하곤 했습니다. 내가 "어디로 가는 겁니까? 이번 출장은 며칠 걸릴까요?"라고 물으면, 무뚝뚝한 성격대로 "어디로 갈지는 신경 쓰지 말고 그냥 사흘치 짐만 챙기게"라고 말할 뿐이었습니다. 우리는 공항에서 만나 매장들과 마찰을 빚을 가능성이 높은 지사로 날아갔습니다. 목적지에 도착하면 그는 "돈, 이번 건은 자네가 해결해보시게"라고 말했습니다. 우리가 관리하던 지역에서 매장 관리자들은 하나같이 백인이었습니다. 처음에 그들은 이런 식으로 반응했습니다. "돈, 입 닥치고 당장 꺼져요." 그러나 나는 끝까지 물고 늘어져 문제를 해결했고, 예전의 업무에서는 배우지 못했던 것들을 배웠습니다. 다시 말해 이번 일은 윗사람의 입장에서 생각하는 법을 가르쳐준 것이었습니다.

내 임무는 각 지사의 매출을 개선하도록 돕는 일이었죠. 그렇지만 지역 관리자들을 만나자마자 다짜고짜 그 이야기를 입 밖에 냈다면 나는 곧바로 그들과 척을 지게 됐을 겁니다. 마인스의 지도 덕분에 나는 훨씬 효과적인 접근법을 생각해냈습니다. 우선 이런 식으로 말했습니다. "보세요, 제가 여기에 온 이유는 어떤 식으로든 도움을 드리고 싶어서입니다. 당신에게 무엇을 어떻게 하라고 지시하기 위해서 온 게 아니에요. 저는 당신이 담당 매장들의 매출을 다른 지역들의 매출과 비교해서 이해하고 그런 다음 매출을 개선할 적절한 계획을 수립하는 데 도움을 줄 수 있습니다." 그 접근법은 역학 관계를 통째로 바꿔놨습니다. 만약 당신이 도움을 주려는 입장이라면 지역 관리자들은 당신을 환영할 겁니다. 나는 그들 백인 관리자들로부터 유능한 지역 관리자가 되는 법에 관한 세부적인 모든 것들을 빠짐없이 배웠습니다. 그리고 그것이 내가 CEO가 될 수 있었던 일등 공신이었습니다.

톰슨은 회사를 그만두기로 결심한 후 우연찮게 새로 맡은 업무들이야말로 자신이 CEO가 될 수 있었던 가장 유익한 밑거름이었다는 사실을 깨달았다. 그리하여 그는 그 경험을 통해 소수자로서 조직에서 성공하는 법에 관한 두 가지 교훈을 얻었다.

- 자기 연민에 빠지지 마라. 그리고 당신의 자기 연민 파티에 다른 사람들을 절대 끌어들이지 마라.
- 옷깃 말고는 아무것도 접어버리지 마라. 어디서든 기회가 나타날 수 있다. 전기 공학자라고 평생 감자 튀김기에 사용할 온도 조절 시스템을 설계하는 일만 하는 것은 아니다. 전략 기획 회의를 위해 플립 차트를 들고 다닐 수도 있다. 나는 내게 찾아온 기회마다 퇴짜 놓을 수많은 이유가 있었다. 그런데 알고 보니 그런 기회들이야말로 나를 CEO로 만들어준 가장 핵심적인 원동력이었다.

그는 세계 최대의 패스트푸드 업체의 CEO가 되기까지, 스스로 길을 개척해야 했음은 물론이고 중요한 갈림길에서 누군가가 내미는 도움의 손길을 붙잡을 수 있게 열린 마음을 가져야 했다. 이처럼 우여곡절 많았던 그의 성공 스토리는 맥도날드의 CEO로서 포용성과 다양성에 관한 그의 철학과 접근법을 단적으로 보여줬다.

> 예전에 맥도날드에 여성 네트워크, 아프리카계 미국인 네트워크, 라틴 네트워크, 동성애자 네트워크 등 소수자들을 위한 여러 조직이 있었습니다. 하루는 다수의 백인 남성 직원들을 만났는데, 그들이 "회장님, 궁금한 것이 있습니다. 우리는 누가 신경 써줍니까?"라고 묻더군요. 난데없는 말에 영문을 몰라 "그게 무슨 말이지요?"라고 반문했습니다. 그러자 그들이 말했습니다. "회장님도 아시겠지만 우리 회사에 아프리카계, 라틴계, 동성애자 등을 위한 사내 네트워크가 각각 조직돼 있습니다. 그런데 우리 백인 남성 직원들은요? 우리에게 누가 신경 쓰죠? 우리를 위한 네트워크는 어떤 것입니까?"

보통 사람이라면 그런 말에 "지금 장난하나?"라고 반응했을 것이다. 하지만 톰슨은 달랐다. 그는 자칫 둔감하거나 자기중심적이라고 여겨질 법한 이야기도 용케 귀를 기울여 들을 뿐 아니라 그 근저에 깔린 불안감까지 포착해내는 남다른 재능이 있었다. 요컨대 대부분 사람들과는 달리 그는 배경적 맥락과 행간을 이해했다.

> 그래서 내가 "얘기가 나와서 말인데, 우리는 백인 남성 직원들을 대

표하는 네트워크도 필요합니다"라고 말했죠. 그런데 그들은 내 말을 안 믿었습니다. "우리 가지고 장난치지 마십시오." 그래서 다시 말했죠. "진심이오. 우리 회사가 진정한 다양성과 포용성을 추구한다고 생각합니까? 아니면 흑인, 라틴계 등등 기타 소수 집단들의 권익을 최우선한다고 봅니까?" 그러니까 핵심은 '맥도날드가 직원들을 있는 그대로 판단하고 모두가 최선을 다하게 만들고 싶은가, 아니면 특정 집단들을 다른 집단들보다 특별히 우대하고 싶은가'라는 것이 었습니다. 그래서 우리는 맥도날드 역사상 최초로 백인 남성 네트워크를 조직했습니다. 하지만 그들은 자신들의 조직을 백인 남성 네트워크라고 부르고 싶어 하지 않았습니다. 당연한 일이었지요. 그래서 우리는 포용성 네트워크(Inclusion Network)라고 부르기로 했습니다.

나는 톰슨에게 그의 독특한 접근법을 좀 더 자세히 설명해달라고 부탁했다.

다른 사내 네트워크들은 내가 제정신이 아니라고 생각했습니다. 그들은 "백인 남성들은 네트워크 따위가 필요하지 않습니다. 어차피 그들은 다수니까요"라고 주장했습니다. 그래서 나는 이렇게 대답했습니다. "지금 당장은 그들이 다수인 게 맞습니다. 나도 잘 압니다. 하지만 여러분들은 스스로에게 물어봐야 합니다. 여러분은 정말로 어떤 가치를 지지합니까? 물론 다양성을 지지한다고 주장하겠지요. 그런데 다양성이 뭐죠? 정도의 차이는 있을지라도 모든 아이디어는 포용할 가치가 있다는 뜻입니다. 그렇게 생각하면 백인 남성들도 포함시켜야 맞지 않겠습니까? 자, 이제 여러분들이 생각해보세요. 여러분은 포용적입니까, 아닙니까?"

포용성 네트워크를 조직한 후에 톰슨은 모든 네트워크의 리더들을 데리고 외부 워크숍을 가졌다. 워크숍에서 그는 거의 1,000년 전에 칭기즈칸이 배워서 실천했던 교훈 하나를 열심히 설파했다. "나를 서자나 검은 뼈로 생각하지 마라. 대신에 나를 일등 시민으로 생각하라. 여러분이 세계를 정복하도록 내가 도와주겠다."

워크숍의 첫 순서로 우리는 각 네트워크가 다른 모든 네트워크와 관련해 우려하고 걱정하는 점에 대해 발표하는 시간을 가졌습니다. 몇 시간에 걸쳐 대동소이한 불만들이 쏟아져 나왔습니다. 그렇게 되니 모두가 인정하지 않을 수 없었습니다. 자신들의 걱정이 전혀 근거가 없다는 사실을 말입니다. 그들 모두가 원하는 것은 똑같았습니다. 그들은 대화에서 사람들이 자신을 있는 그대로 봐주고 자신의 말을 들어주고 자신을 '포함'해주기를 원했습니다. 무엇보다도 그들은 인정받고 싶었습니다. 바로 그렇기 때문에 포용성은 추구할 필요가 있는 가치인 것입니다. 당신의 눈에는 흑인 남성이 보입니까, 아니면 돈 톰슨이 보입니까?

포용성의 성공 여부가 사람들을 있는 그대로를 보는 것에 달렸다면, 우리가 사람들을 진실하게 보려면 어떻게 해야 할까?

## 오늘날 비즈니스 세상의 충성과 능력주의

요즘에는 많은 기업들이 미묘한 계급 체계를 운영한다. 물론 우리 각자의 사회적 계급이 흰 뼈 출신이냐, 검은 뼈 씨족이냐에 따라 갈리지는 않는다. 오히려 블루칼라냐 아니면 화이트칼라냐, 스탠퍼드 졸업생이냐 아니면 미시간 주립대학교 출신이냐 등등에 따라 우리의 사회적 계급이 결정된다. 한편 실리콘밸리에서는 프로그램 개발 능력 유무에 따라 사회적 계급이 정해지는 경우도 더러 있다.

매기 월더로터는 MS의 글로벌 전략 부문 수석 부사장으로 일하다가 2004년 프론티어커뮤니케이션의 CEO로 영입됐다. 그녀는 그곳에서 현대 비즈니스에서 가장 뚜렷한 계층 체계 중 하나에 직면했다.

AT&T의 해체로 분사된 자회사들을 일컫는 베이비 벨(Baby Bell) 중 하나인 프론티어는 수익의 대부분을 시내 전화와 장거리 전화 서비스에 의존했다. 프론티어의 직원들은 두 계층으로 뚜렷이 나눠졌다. 화이트칼라와 블루칼라였다. 화이트칼라 직원들은 대부분이 코네티컷주 노워크에 위치한 본사에서 근무했던 반면, 블루칼라 직원들은 미국 각지의 시골과 교외 지역에 퍼져 있는 프론티어의 1만 5,000개 시장에 분산되어 있었다. 다른 말로 블루칼라 직원들은 프론티어의 고객들을 직접 상대하므로 그들이야말로 프론티어의 진짜 얼굴이었다. 하지만 경영진은 그들을 소작농처럼 대우했고, 그들이 매일 어떻게 일하는지 이해하기 위해 현장을 방문하는 노력도 거의 하지 않았다. 그러면서 경영진은 온갖 특전을 누렸다. 사내에 전담 의료진과 요리사를 두는 것도 모자라, 회사 전용기를 보유했고 6명의 조종사를 고용했으며 격납고까지 장만했다. 더욱 기가 찬 것은 프론티어가 수년간 적자를 기록하는 와중에 이 모든 일이 벌어졌다는 사실이다. 한마디로 프론티어의 시스템은 붕괴돼 있었다.

다행히도 매기 윌더로터는 영리하고 자신감 넘치며 공감 능력까지 매우 뛰어난 천생 리더였다. 나는 개인적으로도 그녀와 인연이 깊은데, 현재 우리 둘은 기업들의 보안 인증 전문 기업인 옥타(Okta)와 차량 공유 서비스 리프트의 이사회에서 함께 활동 중이다. 옥타와 리프트의 CEO들에게는 윌더로터의 한 마디 한 마디에 세심한 주의를 기울이라고 굳이 말할 필요가 없다. 그녀의 말들은 지극히 명백하기 때문이다.

프론티어의 CEO가 된 직후에 윌더로터가 내게 이런 말을 했다. "모두가 내게 조직도를 보여주려고 했어요. 사내 서열을 확실히 주지시키고 싶어서였죠. 그러나 나는 조직도를 쳐다보지도 않았어요. 일은 본래가 고객들을 직접 대면하는 사람들을 통해서 이뤄진다고 믿기 때문이죠. 이렇다 할 직함도 직책도 없을지 모르지만 그들 손에서 일이 완수되는 것은 분명하니까요."

윌더로터는 실제로 일이 어떻게 굴러가고 고객들을 만나 일을 진행하는 직원이 누구인지 직접 알아내기로 결심했다. 그래서 자사의 변두리 시장들까지 아우르는 전사적 차원의 '경청 투어'에 나섰다. 그녀는 전략을 수립할 때 고위 경영진이 아니라 현장 직원들과 상의했고 그들에게 의견을 구했다. 또한 현장 직원들에게 회사의 좋은 점은 무엇이고 나쁜 점은 무엇인지 물었다. 그렇게 다양한 의견을 수렴한 다음 그녀는 회사의 계층 구조를 무너뜨리고 화이트칼라 직원과 블루칼라 직원 사이의 의사소통 격차를 메울 방법에 대해 고민하기 시작했다.

장고 끝에 윌더로터는 제일 먼저, 가장 무능하고 복지부동한 경영자들을 해고함으로써 변화의 바람을 일으켰다. 또한 사내 의사와 요리사, 6명의 조종사들도 해고했고 격납고와 전용기를 매각했으며 대신에 상업용 항공기를 이용했다. 당시 〈포춘〉이 선정한 500대 기업의 CEO 중에서 상업용 항공기를 이용하는 CEO는 윌더로터가 유일했다. 게다가 그녀는 모든 직원의 임금을 올려줬는데, 이는 5년 만의 일이었다.

윌더로터의 메시지는 명확했다. "우리 모두 한 배를 탔다." 하지만 여기서 그녀의 영민함이 번뜩였다. 그녀는 공염불에 그치지 않도록 그 메시지를 행동으로 확실히 뒷받침해줄 필요가 있음을 잘 알았다. 가령 사내 역학 관계를 바꾸기 위해 그녀는 논쟁이 벌어질 때마다 고위 리더들이 아니라 무조건 현장 직원들의 편에 섰다. 그런 논쟁의 세부 사항보다는 직원들이 자신의 목소리를 당당히 내도록 만든다는 원칙이 더 중요했다. 행여 현장 직원들이, 더 나아가 그들이 대변하는 고객들이 항상 옳다는 아이디어에 적극적으로 반응하지 않는 리더는 머잖아 짐을 싸서 프론티어를 떠나야 할 터였다.

하지만 윌더로터가 전반적인 역학 관계를 바꾸기 위한 첫 걸음으로 현장 직원들의 편에 섰다고 해서 그들이 항상 옳다는 뜻은 아니었다.

지역 시장들에서 직접 발로 뛰는 직원들이 "제 업무 여건상 적절한 서비스를 제공해 고객을 만족시킬 형편이 안 됩니다"라고 말하면,

나는 "무엇이 필요하죠?"라고 물었어요. 그러면 그들은 "제 일을 제대로 할 수 있는 도구들이 없습니다"라고 대답했어요. 그들이 말하는 도구란 말 그대로 망치와 드라이버였죠. 나는 그들에게 당장 철물점에 가서 필요한 도구들을 구입한 다음 기술 관리자에게 청구서를 제출하라고 말했어요. 내가 그렇게까지 한 이유는 그들이 더 이상 불평만 늘어놓지 말고 스스로 주인 의식을 갖도록 독려하기 위해서였죠.

물론 그것은 조직의 역학 관계를 변화시킬 첫 걸음으로 훌륭했다. 그러나 진정한 변화를 가져오려면 월더로터가 노사의 단체 협약 문제에 직접 나설 필요가 있었다. 그런 종류의 합의가 으레 그렇듯, 단체 협약은 경영진의 개입 없이 사내 법률팀과 노조 간부들이 협상하곤 했다. 그녀는 이제껏 노조가 있는 조직에서 일한 경험이 없어서 단체 협약이 어째서 그런 식으로 이뤄지는지 이해할 수 없었다.

우리 회사는 노사 관계가 매우 적대적이었어요. 사측 변호사들이 전국 각지로 날아가 온갖 꼰대 짓을 하며 이런 윈-루즈 결과를 만들어내곤 했어요. 노조원들의 직속 상사는 코네티컷 본사에 있는 총괄관리자들이었고, 그래서 나는 그들이 협상 당사자가 돼야 한다고 못 박았어요. 각자 자신이 담당하는 직원들을 직접 만나서 담판을 지어야 한다고 말이죠. 그 결과 노조원들은 다른 말로 고객들을 만나 전화기를 설치하고 수리하는 직원들은, 급여와 기타 혜택에서 다른 직원들과 동일한 체계에 따라 보상을 받을 수 있게 됐어요. 즉, 그들도 이익 배분 프로그램에 따라 성과급과 스톡옵션을 받았어요. 대신에 그들도 회사 몫의 건강관리 부담금 같은 항목들을 양보했어요. 이렇듯 목표와 목적을 공유함으로써 우리는 일거양득의 효과를 거뒀어요. 우리 모두가 하나로 뭉쳤을 뿐 아니라 신뢰의 선순환 고리가 만들어졌죠. 그러자 노조원들이 이렇게 말하기 시작하더군요. "와우, 정말 굉장해. 우리는 정말로 우리 일도 더 잘하고 우리 회사도 더 좋은 곳으로 만들 수 있어! 우리는 이길 수 있어."

"우리 모두 한 배를 탔다"는 원칙은 쌍방적 관계여야 했다. 그런데 프론티어에서 이 원칙을 시험하는 사건이 발생했다. 프론티어는 여타 케이블 방송 업체들과 경쟁하기 위해 TV와 유료 서비스에 대한 프리미엄 옵션을 제공하기 시작했다. 하지만 이동통신 공룡인 버라이즌(Verizon)의 일부 자산들을 인수한 후에 프론티어는 버라이즌에서 승계한 직원 중 46퍼센트가 프론티어의 서비스가 아니라 여타 케이블 방송을 구독한다는 사실을 알게 됐다.

나는 예전 버라이즌 직원들에게 말했어요. "우리가 경쟁이 치열한 이 시장에서 이기기 위해서는 하나로 단결해야 합니다. 내가 버라이즌을 인수한 까닭은 버라이즌이 훌륭한 자산들을 보유하고 있기 때문이에요. 그리고 최고의 자산 중 하나는 바로 여기에 있는 여러분들입니다. 우리의 적이 누구인지 한 치의 의혹도 남지 않게 아주 명확히 알려줄게요. 적은 우리 자신이 아니라 바깥의 케이블 사업자들이에요. 그런데 듣자니 여러분 중 절반 가까이가 매달 그런 적들의 배를 불려주고 있다더군요. 정확히 46퍼센트가요. 내가 이 자리를 빌려 한 가지 분명하게 말할게요. 더는 그들의 금고를 채워주라고 월급을 주지 않을 겁니다. 한 달의 유예 기간을 줄 테니 기존 계약을 해지하고 우리 서비스로 옮기세요. 그렇지 않으면 해고될 각오나 하세요." 그러자 여기저기서 웅성거림이 터져 나왔습니다. 그래서 내가 다시 쐐기를 박았죠. "우린 이제 한 배를 탔어요. 그러니 여러분은 자신이 어디에 충성하는지 확실히 결정할 필요가 있어요. 우리 회사와 여러분의 동료 직원들에게 충성합니까? 그래서 여러분에게도 다른 직원들에게도 월급을 꼬박꼬박 주는 안정적인 일자리에 충성합니까? 아니면 다른 뭔가에 충성하겠습니까? 하나를 선택하세요. 지금으로부터 31일째 되는 날에도 다른 케이블 회사를 이용하고 있다면 더 이상 여기서 일할 마음이 없다는 뜻으로 해석하겠습니다."

거의 모두가 기존의 케이블 계약을 해지하고 프론티어의 서비스를 이용하기로 결정했다. 월더로터는 공표한 대로 그렇게 하지 않은 직원들을 실제로 해고했다. 반면 프론티어로 갈아탄 직원들은 월더로터가 만든 새로운 능력주의 사회의 일원이 됐다.

월더로터가 시작한 문화적 변화는 완성되기까지 수년이 걸렸지만, 굉장한 결과들을 만들어냈다. 그녀가 사령탑에 오르고 11년이 흐르는 동안 노조는 한 번도 파업을 벌이지 않았다. 또한 프론티어 자체도 눈부시게 달라졌다. 연 매출은 30억 달러에서 100억 달러 이상으로 껑충 뛰었고, 기이하며 별 볼 일 없던 변방의 베이비 벨에서 29개 주에 서비스를 제공하는 전국적인 광역 통신망 사업체로 변신했다.

월더로터는 계급 구조를 무너뜨림으로써 프론티어 직원들에게서 강렬한 충성심을 이끌어냈고 그들을 옥죄던 굴레를 풀어줘 각자 자신의 자리에서 최선을 다하게 만들었다. 그녀는 그런 접근법 덕분에 '만인의 CEO'(CEO of the People)라는 별명을 얻었다.

## 포용성을 완벽히 구현하는 법: 사람을 보라

포용성은 굉장히 복잡한 문제고, 나는 포용성과 관련된 모든 사회적 사안들을 다룰 만한 그릇도 자격도 안 된다. 그래서 당신의 회사가 경쟁 우위를 획득하기 위해, 다른 말로 인재 영입 경쟁에서 최고의 인재를 확보하기 위해, 칭기즈칸과 돈 톰슨과 매기 월더로터의 원칙들을 적용할 수 있는 방법에 초점을 맞추려 한다. 이들 세 사람은 단순히 국가적, 인종적, 성 다양성을 이해하는 수준을 뛰어넘어 인지적, 문화적 다양성까지도 섭렵했다. 말인즉 사람들이 정보를 처리하고, 생각하고, 다른 사람들과 상호작용하는 각자의 독특한 방식을 이해했다. 이들 셋은 사람을 있는 그대로의 모습으로 보는 눈이 있었기에 자신이 그들에게 무엇을 제공해야 하는지를 잘 알았다.

먼저, 칭기즈칸의 포용성 접근법에 대해 알아보자. 그의 접근법에는 세 가지 핵심 요소가 있었다.

- 그는 전략을 수립하고 구현하는 과정 전반에 깊이 관여했다. 심지어 통합 정책의 상징적인 행위로서 자신의 어머니에게 정복지의 고아들을 입양하도록 부탁할 정도였다.

- 그는 먼저 기병, 의사, 학자, 기술자 등 충원할 필요가 있는 일자리를 특정했고 그런 다음 각 자리에 적합한 인재를 열심히 찾았다. 그 과정에서 그는 가령 모든 중국 관리가 훌륭한 행정관이 될 거라는 식으로, 특정한 배경만 있으면 누구라도 그와 비슷한 배경을 가진 사람들이 해왔던 일을 대체할 수 있다는 편견을 갖지 않았다.
- 그는 정복지의 신민들을 동등하게 대우했을 뿐 아니라 입양과 부족 간 결혼을 통해 그들이 서로 친인척 관계를 맺도록 했다. 또한 정복지마다 거의 동일한 프로그램을 통해 칭기즈칸 제국의 일원으로 받아들였다. 그리하여 그들은 진심으로 평등하다고 느꼈고 자신의 본래 부족보다 칭기즈칸과 몽골 제국에 더욱 충성했다.

이런 접근법을 오늘날의 기업들과 비교해보자.

- CEO들은 사내 포용성 프로그램을 '다양성 총괄 책임자'에게 위임한다.
- 다양성 총괄 책임자의 임무는 회사 전체의 성공이 아니라 인력 구성의 다양성을 확보하는 것이다. 따라서 다양한 인력 집단에서 인재를 찾기보다 특정한 집단을 겨냥한 인종적, 성비 목표치를 달성하는 데 초점을 맞추는 경우가 더러 있다.
- 개중에는 신입 직원들을 회사 문화에 통합하는 과정을 외부 컨설턴트에게 일임하는 기업들이 있다. 제아무리 컨설턴트라 해

도 외부 사람은 사내의 독특한 비즈니스 목표들을 완벽하게 이해하지는 못하는데 말이다. 말인즉 그들 기업은 신입 직원들이 일을 더 잘할 수 있는 일터로 변화시키기 위한 별도의 노력을 전혀 기울이지 않는다. 그 결과는 기정사실이나 다름없다. 직원 수는 꾸준히 증가하겠지만 그만큼 내실이 따라주지는 못한다. 신입들의 직무 만족도와 이직률이 중요한데, 만족도는 낮고 이직률은 높을 것이다.

포용성의 핵심이 '평소 당신이 익숙하지 않은 인종이나 성별이더라도 사람을 있는 그대로 보고 판단한다'에 있다면, 피부색이나 성별을 토대로 채용하는 것은 포용성 프로그램이 실패하는 지름길이라는 결론이 나온다. 당신은 상대의 내면을 보는 것이 아니라 포장만 보게 될 것이다.

지극히 당연한 이야기를 거창하게 한다 싶겠지만, 실제로는 생각보다 이해하기가 쉽지 않다. 당신과 같은 인종이나 동성인 사람을 채용한다면, 그들에게 후한 점수를 줄 수 있기 때문이다. 초록은 동색이라거나 유유상종이라는 말이 그냥 있는 게 아니다. 가령 여성 관리자가 여성을 채용한다면 나중에 별다른 문제가 생기지 않을 가능성이 크다. 그러나 남성 관리자가 여성이라는 이유로 여성을 채용한다면, 나중에 그는 그녀가 진정으로 어떤 사람인가를 생각하지 않고 오직 그녀를 여성으로만 생각할 가능성이 매우 높다. 포용성에 관해 조언하는 사람 대부분이 다수자 집단의 일원이기 때문에, 그들은 가끔 이런 사실을 간과한다. 다른 한편으로, 여성과 소수자들을 고위직에 채용하는 것이 대개의 경우 포용성 노력을 가속화시키는 결과를 가져오는 것도 바로 이 때문이다.

좋은 의도일지라도 미리 철저하게 생각하고 신중하게 실행하지 않으면 가끔은 재앙으로 이어진다. 몇 해 전 나는 전설적인 음악 사업가인 스티브 스타우트(Steve Stoute)와 음악 산업에서의 그의 경력에 대해 이야기를 나눈 적이 있었다. 여담으로 그와 나는 서로 호형호제하는 사이다. 음악 산업은 다른 업종에 비해 상대적으로 포용적이고 통합된 분야다. 그는 예전에 소니 어반 뮤직(Sony Urban Music, 어반 뮤직은 재즈를 기반으로 힙합, 소울, 전자 음악 등의 요소들을 결합해 도시적인 느낌을 내는 흑인 음악을 말함-옮긴이)의 사장으로 재직할 당시를 추억하다가, 그의 직함이 아주 바보 같았다는 것에까지 생각이 미쳤다. "사람들은 저를 블랙 뮤직(Black Music)의 사장으로 부르지 못했습니다. 제게는 욕일 수도 있었으니까요(스티브 스타우트는 흑인이다-옮긴이). 하지만 그건 진짜 문제 축에도 못 들었습니다. 저를 배려한답시고 우리 회사를 어반 뮤직이라고 불렀습니다. 그렇게 되니 저는 도시들을 상대로만 마케팅할 수밖에 없었지 뭡니까. 마치 흑인들은 죄다 도시에서만 살고 시골에 사는 흑인들은 하나도 없는 것처럼 말입니다." 하지만 그는 '블랙 뮤직'이라고 불렀어도 도움이 안 되기는 매한가지였을 거라고 덧붙였다. "우리 모두가 아는 마이클 잭슨이라는 걸출한 스타가 있었습니다. 백인들이 마이클 잭슨의 어떤 점을 좋아하지 않는지 아십니까? 잭슨의 음악이 흑인 음악이 아니라는 것입니다. 그냥 '음악'이었거든요."

많은 기업들은 일종의 '어반 HR'을 추구하고, 이런 점에서 그들은 칭기즈칸의 기준을 충족시키지 못한다. 그들은 마치 여성, 흑인, 라틴계 직원들이 남성, 백인, 아시아계 직원들과 근본적으로 다르다고 항변하듯 다양성 전담 부서를 조직한다. 특정 인종의 음악만 듣는다면 아마도 음악 자체를 이해하지 못할 것이다. 조직의 인력 문제도 마찬가지다. 특정 인종이나 특정한 성별의 사람들만 채용한다면 당신은 직원들을 제대로 이해하지 못할 것이다. 내 말을 믿어도 좋다. 나 역시 최근까지 HR을 정확히 이해하지 못했기 때문이다.

앤드리슨호로위츠를 창업하고 몇 년이 지났을 때 나는 우리 회사와 IT 업계의 선두 기업들의 인적 구성을 조사한 적이 있다. 인적 구성의 양상은 매우 명확했다. 모든 조직이 책임자를 닮은 경향이 있었다. 가령 여성이 경영자라면 여성 직원들의 비중이 높았고, 중국계 미국인이 기술 부문의 책임자라면 중국계 기술자들이 월등히 많았으며, 인도계 미국인이 마케팅의 수장이라면 인도계가 마케팅 부서 전체에 널리 포진해 있는 식이었다. 도대체 이유가 뭘까? 모든 것은 면접 평가표에서 출발했다. 사람들은 누구나 자신의 강점들을 이해하고, 그런 강점을 높이 평가하며, 면접에서 그런 강점을 어떻게 시험하면 되는지 잘 안다.

우리 회사도 모든 부서에 이 문제가 있었다. 가령 당시 우리 회사의 마케팅 책임자는 여성이었는데 마케팅 부서에 여성 직원들이 유독 많았다. 나는 그 이유가 궁금했다. 그래서 그녀의 면접 평가표의 어떤 항목 때문에 남성들이 마케팅 일자리를 구하기가 어려운지 물었다. "이타적 성향(helpfulness) 항목이에요." 나는 머리를 한 대 얻어맞은 기분이었다. 당연히 타인에게 도움을 주고자 하는 이타성은 중요하다! 더욱 우리 회사는 서비스를 제공하는 기업이지 않은가. 따라서 우리 회사의 모든 직무 기술서는 자격 요건 항목에 이타성이 포함돼야 마땅하다. 그러나 창업자였던 나는 정작 그것을 고려해본 적조차도 없었다. 나는 눈 뜬 장님이었다. 나는 우리가 찾아야 하는 정확한 인재상을 이해하지 못했고, 그래서 우리는 많은 인재를 놓치고 있었다.

직원들이 어떤 배경과 문화를 가지느냐에 따라서 조직에 제공하는 기술도, 의사소통 방식도, 풍습도 다르다. 우리 회사가 지원자의 이타적 성향을 평가했을 때 여성 지원자들이 더 높은 점수를 받았다(물론 개중에는 타인을 잘 도와주는 남성들도 있다). 나는 이타성을 검증하기 위해 지원자 평가 방법에 대한 생각부터 바꿔야했다. 한 가지 척도는 자원봉사 활동이다. 타인에게 도움이 되고자 하는 사람들은 자원봉사를 좋아하기 마련이다. 또한 이타적인 사람들은 면접 중에 자신보다는 면접관에 대해 이야기를 더 많이 하는 성향이 있다는 것도 잘 알려진 사실이다. 면접관에 대해 더 많은 정보를 획득함으로써 면접관의 니즈를 예상하고 필요하면 도움을 줄 수 있어서다.

비슷한 맥락에서, 우리가 지원자들의 대인 관계 형성 능력을 시험했을 때 흑인들이 더 높은 점수를 받았다. 우리는 그 능력을 평가하기 위해 지원자들이 면접 중에 우리와 어떻게 관계를 형성하는지를 눈여겨봤다. 면접이 끝난 후에 그 지원자와 좀 더 시간을 보내고 싶었는가? 그렇다면 그 사람은 관계 형성 지수가 높았다고 할 수 있다. 실제로 그 능력을 앞세워 조직에서 성공하는 사례들이 많다. 일례로 타인과 관계를 형성하는 능력이 탁월했던 한 흑인 청년은 프랜차이즈 식당인 치즈케이크 팩토리(Cheesecake Factory)에 웨이터로 입사했고, 결국 전국의 매장을 통틀어 팁을 가장 많이 받는 웨이터가 됐다. 생판 남남인데도 손님들과 즉각적인 관계를 형성하는 그의 능력은 가히 독보적이었다. 특정한 인재 집단에서 보석을 알아보는 안목에 문제가 있는 경우, 해결책은 하나뿐이다. 그런 집단을 위해 기존의 프로세스와 비슷한 채용 프로세스를 새로 마련하는 것이 아니라, 기존의 채용 프로세스를 고치는 것이다. 그렇게 하면 당신의 안목을 높일 수 있다.

나는 최고 인재들을 끌어들이려면 우리의 채용 프로세스를 바꿔야 한다는 사실을 깨달았다. 많은 기업들이 그렇듯, 우리 회사의 잠재적 직원 후보군은 기존 직원들에서 비롯했다. 고로 우리는 인재 네트워크부터 넓힐 필요가 있었다. 즉, 그물을 넓게 쳐야 했다. 예컨대 흑인 인재 네트워크를 구축하기 위해 우리는 미국 최대 통합 의료 기업 카이저퍼머넌트(Kaiser Permanente)의 버나드 타이슨(Bernard Tyson) CEO, 위기 관리 매니저이자 정치 컨설턴트 주디 스미스(Judy Smith), 실리콘밸리의 IT 개척자 켄 콜먼(Ken Coleman) 등등 저명한 흑인 리더들이 참석하는 행사들을 개최했다. 또한 /dev/color, 뉴미(NewMe), 팻 스타트업(Phat Startup) 같이 흑인들로 구성된 IT 조직들에도 손을 뻗쳤다.

그런 다음 우리는 채용 프로세스에 손을 댔다. 인력 충원이 필요할 때 이제 관리자는 참전군인, 흑인 등 인종이나 배경이 자신과 다른 인재 집단에서 지원자를 모집하고, 채용 기준을 검토하며, 어떤 자질을 원하고 그런 자질을 어떻게 평가할지에 관해 의견을 제안해야 한다. 쉬운 예를 들어보자. 관리자를 채용할 때 남성들이 종종 간과하는 기준 하나는 피드백을 제공하는 능력이다. 여성들이 피드백 제공 능력을 등한시하는 경우는 드물다. 여성들은 선천적으로 의견이 다르면 동료와 정면으로 부딪히고 껄끄러운 대화도 감수하려는 의지가 강한 반면, 남성들은 종종 곪아터질 때까지 문제를 회피한다. 또한 우리가 신경을 썼던 부분은 면접관 선정이었다. 우리는 가급적 다양한 배경의 직원들을 면접에 참여시키려 노력했다. 당연한 말이지만 우리 회사와 찰떡궁합을 가진 지원자를 선별하는 안목을 키우기 위해서였다.

그렇게 수정을 거친 새로운 채용 프로세스가 완벽하지는 않아도, 지금의 인적 구성을 보면 기존의 프로세스보다 더 나은 것만은 확실하다. 오늘 현재 우리 회사의 전체 직원 172명 중 절반은 여성이다. 그리고 아시아계가 27퍼센트, 흑인과 히스패닉이 합해서 18.4퍼센트이다. 결론적으로 말해, 우리가 기존의 채용 프로세스를 고수했더라면 지금 우리 회사에서 잘나가는 많은 인재들을 알아보지 못하고 놓쳤을 것이다.

인력 구성에서 더 눈여겨봐야 할 부분은 우리가 단순히 수치만 개선한 것이 아니라는 점이다. 우리의 문화적 결속력도 좋아졌다. 우리가 타인을 도와주려는 이타심을 평가하기 때문에 우리는 그것을 가치 있게 생각함은 물론이고 그 자질을 가진 사람들을 귀히 여긴다. 요컨대 우리는 겉모습이 아니라 알맹이 즉, 어떤 사람인가를 토대로 사람들을 볼 수 있다.

성별이나 인종처럼 면접에서 평가하는 항목들에 높은 가치를 두기는 쉬운 반면, 평가에 포함되지 않는 항목 대부분은 찬밥 신세를 면치 못한다. 가령 면접에서 흑인 우대 정책을 시행하는 회사가 있다고 하자. 오직 그 이유 하나만으로 흑인 직원을 채용한다면 어떻게 될지 생각해보라. 그들의 문화에서는 인종이 의사결정의 근거가 되고, 그 문화는 종종 인종차별적으로 변할 것이다. 당신이 하는 행동이 바로 당신 자신이다. 가령 누군가가 '어반 HR' 부서를 통해 회사에 취업한다면 모두가 그 사실을 기억할 것이다. 그리고 그 직원은 항상 의심의 눈에 시달리고 자신의 능력을 몇 번이고 되풀이해서 증명해야 할 것이다. 반면 모두가 동일한 기준에 따라서 채용된다면, 조직 문화는 직원들을 판단할 때 그들이 누구이고, 그들 각자가 특별히 어떤 기여를 하는가를 토대로 삼을 것이다.

# WHAT
## YOU DO IS

8장

—

스스로에게 충실할 수 있는
문화를 설계하라

# WHO
## YOU ARE

아무리 좋은 덕목이라도
모든 조직에 정답인 것은 아니다.

난 네가 나처럼 되길 바라지 않아,

그냥 넌 네가 돼야지.

찬스 더 래퍼(Chance the Rapper)의 〈워너 비 쿨(Wanna Be Cool)〉

당신이 원하는 문화를 구축하는 첫 단계는 당신이 정말로 무엇을 원하는지 알아내는 것이다. 지극히 당연한 이야기라고? 맞다. 당연한 말이다. 그렇다면 당신이 무엇을 원하는지 쉽게 알 수 있을까? 쉬울 거라 생각되겠지만, 실제로는 그렇지 않다. 가능한 선택지가 무한해 보이는 상황에서 당신의 조직에 꼭 필요한 경쟁 우위를 가져다주고, 당신이 자랑스럽게 생각하는 환경을 창조하며, 무엇보다도 실제로 구현할 수 있는 문화를 설계하려면 어떻게 해야 할까?

이것과 관련해 명심해야 하는 몇 가지가 있다.

- 문화 설계는 끝이 없다. 신생 기업이든 100년 된 장수 기업이든 문화 설계는 항시 중요하다. 문화를 창조하는 조직들이 진화해야 하는 것과 마찬가지로, 문화도 언제나 새로운 도전에 대처하기 위해 진화해야 한다.
- 모든 문화는 야심 찬 목표를 추구한다. 나는 이제까지 수천 개의

기업들과 함께 일했지만, 개중에서 문화에 완벽히 순응하거나 문화적으로 완벽히 조화를 이루는 기업은 단 한 곳도 없었다. 기업이 어느 수준 이상 성장하고 나면 문화를 위반하는 행위가 나타나기 마련이다. 핵심은 완벽해지는 데 있지 않다. 그저 어제보다 더 나아지는 데 있다.

- 다른 문화들에서 영감을 얻을 수는 있어도, 다른 조직의 방식을 그대로 모방하려고 애쓰지 마라. 활기차고 역동적이며 지속 가능한 문화가 되려면, 문화는 모름지기 피와 영혼에서 우러나야 한다.

## 자신다워져라

성공적인 문화를 설계하는 첫걸음은 자신다워지는 것이다. 그런데 이것이 말처럼 그렇게 쉽지가 않으니 문제다.

1993년 전설적인 프로농구 선수 찰스 바클리(Charles Barkley)가 두고두고 회자되는 어떤 말을 했다. "나는 롤 모델이 아니다. 그저 덩크 슛 좀 잘한다고 해서 내가 아이들의 미래를 책임져야 하는 것은 아니다." 많은 사람들은 이것을 재치 있는 발언이라고 생각했고, 급기야 나이키의 광고 캠페인으로 이어졌다. 그리고 나이키 광고가 선풍적인 인기를 얻은 후에 어떤 기자가 나이지리아 출신의 위대한 센터이자 바클리의 팀 동료였던 하킴 올라주원(Hakeem Olajuwon)에게 "당신도 롤 모델이 아닙니까?"라고 물었다. 그러자 올라주원은 "나는 롤 모델입니다"라고 당당히 대답했다.

올라주원은 찰스 바클리가 사석에서의 얼굴과 공적인 자리에서의 얼굴이 전혀 다르다고 말했다. 이처럼 완벽히 다른 두 얼굴을 유지하는 것은 극도의 스트레스를 유발할 수밖에 없고, 그래서 바클리는 끊임없이 출구를 찾는다고 올라주원은 주장했다. 바클리는 미국 프로농구 협회(NBA)가 자신에게 기대하는 모습이 실제 자신과 다르다고 생각했던 탓에 파티에 참석할 때면 그 시간을 극단적으로 즐겼다. 그렇다면 올라주원은 어땠을까? 올라주원은 자신이 바클리와는 정반대라고 말했다. 공적인 자리에서든 사석에서든 한결같았다는 이야기다. 그 결과 그는 롤 모델로 전혀 손색이 없었다.

오해하기 전에 말하건대, 찰스 바클리를 깎아내리려는 마음은 눈곱만큼도 없다. 그저 올라주원의 인터뷰를 소개하고 싶어 밑밥을 뿌렸을 따름이다. 그의 인터뷰가 리더십의 핵심을 극명히 드러냈기 때문이다. 리더로서 당신은 '반드시' 당신다워야 한다. 주변 사람들은 당신이 어떤 사람이어야 하는지에 관해 나름의 기대가 있을 것이다. 만약 그런 모든 기대를 충족시키려 당신 스스로의 믿음 및 성격과 일치하지 않는 방식으로 행동한다면, 당신은 당신 고유의 매력을 잃게 될 것이다. 다른 누군가가 되려고 노력한다면, 당신은 리더가 될 수 없을뿐더러 누군가의 롤 모델이 되지도 못할 것이다. 더 정확히 말하면 당신 스스로 롤 모델이 된다는 사실을 견딜 수 없을 것이다. 롤 모델에 관한 찰스 바클리의 발언은 사실상 이렇게 해석해도 된다. "나를 따르지 마라. 심지어 나조차도 내가 마음에 들지 않는다."

주위의 관심이 집중될 때 관리자들은 자신다움을 유지하기가 매우 힘들다. 가령 스탠이라는 아주 유능한 동료가 생전 처음으로 승진해서 관리자가 됐다고 치자. 당신을 포함해 동료 모두가 자기 일처럼 기뻐하고 축하한다. 그런데 스탠은 동료에서 '관리자 스탠'으로 변하고 꼰대가 된다. 그는 예전처럼 당신을 한 사람의 인격체로 대하지 않고, 스스로의 권위를 세워야 한다는 생각에 사로잡혀 자신의 힘을 분명하게 보여줘야 하는 사람인 양 행동하기 시작한다. 그러자 이젠 모두가 관리자 스탠을 좋아하지도 존경하지도 않는다.

CEO의 경우 이 문제는 좀 더 미묘하게 전개된다. 많은 CEO가 탁월한 기법들을 사용하거나 모범적 관행들로 귀감이 되는 성공적인 리더를 자신의 롤 모델로 삼는다. 그러나 정작 그들은 그런 기법을 완벽히 숙달해 자신의 것으로 체화히지 못하고 또는 그런 모범적 관행들이 그들의 회사에 어울리지 않을 때가 있다. 예를 들어 어떤 CEO가 세기의 경영인으로 불리던 제너럴일렉트릭(General Electric, GE)의 전 CEO 잭 웰치(Jack Welch)의 '등급을 매겨 내쫓는'(rank and yank) 정책에 대해 읽었다고 하자. 그것은 웰치가 모든 GE 직원들에게 등급을 매겨 성과가 가장 낮은 최하위 직원들을 해고하던 관행을 말한다. 웰치의 그 정책에 깊은 감명을 받은 CEO는 그것을 따라 하겠다고 결심한다. 그 방법으로 웰치가 얼마나 성공했는지 생각해봐! 그런데도 따라 하지 않는다면 바보지! 관리자들에게 그 아이디어를 설명했을 때 누군가가 말한다. "하지만 우리 회사는 이미 아주 엄격한 채용 프로세스가 작동 중이고, 덕분에 업계의 최고 인재들만 채용하고 있습니다. 최하위 10퍼센트라고 해도 상당히 훌륭한 직원들입니다." 이에 CEO는 뜨끔하여 속으로 이렇게 생각한다. '저 말이 맞아. 게다가 그 프로세스를 직접 만든 사람도 나잖아.'

이제 그 CEO는 진퇴양난에 빠진다. 더 이상 자신의 아이디어를 진심으로 믿지 않으면서도 자기 입장을 밀어붙여야 할까? 아니면 바로 그 자리에서 자신의 입장을 번복함으로써 우유부단하게 보일 위험을 무릅쓰는 편이 나을까? 어느 쪽을 선택하든 어차피 지는 게임이다. 이 모든 사단이 벌어진 이유는 딱 하나다. 그가 잭 웰치가 되고 싶었기 때문이다. 위의 CEO처럼, 자신다워지지 못한다면 당신조차도 당신을 믿고 따르지 않을 것이다.

CEO 자리에 있으면 이사회의 누군가로부터 이런 식의 말을 종종 듣게 된다. "당신 회사의 CFO는 제가 이사로 활동하는 다른 회사들의 CFO들보다 일을 못하는 것 같습니다." 이것은 딱히 반응하기가 심히 곤란한 발언이다. 그 CEO는 다른 회사의 CFO들과 아는 사이가 아니고, 그래서 그들을 일일이 만나 이야기해보고 비교할 수도 없는 노릇이다. 이런 상황에서 CEO는 어떻게 반응해야 할까? 보편적이면서도 잘못된 반응은 이사진 앞에서 CFO에게 일을 좀 더 제대로 하라고 다그치는 것이다. 물론 이런 반응은 CEO 입장에서 생각해보면 이해 못 할 것도 없다. 문제를 제기했던 이사가 원하는 바를 들어주려고 나름대로 노력하는 제스처니 말이다. 그래도 이는 잘못된 선택이다. 자신만의 관점을 갖고 있지 않았기 때문이다. 이사들 앞에서 공개적으로 질책을 당한 CFO는 혼란스러울 수밖에 없을 것이다. 자신이 무엇을 잘못했는지 전혀 알 수 없어서다. 결국 그는 진짜 자신이 아닌 다른 모습으로 변하려고 애쓸 뿐 아니라 리더로서의 영향력과 힘도 잃어 껍데기만 남을 것이다.

그렇다면 CEO는 이때 어떻게 반응해야 할까? "좋은 말씀입니다.

그들 CFO가 우리 회사 CFO보다 어떤 점에서 더 낫다고 생각하는지 말씀해주시면 도움이 되겠습니다. 그리고 가능하시다면 그들을 제게 소개해주면 감사하겠습니다." 그런 다음 CEO는 이사가 언급했던 CFO들을 직접 만나 이야기해보고, 이사의 주장처럼 그들의 업무 능력에 차이가 있다고 생각하는지 스스로 결정해야 한다. 여기서 그쳐서는 안 된다. 사실 그다음이 가장 중요하다. 그런 능력이 자신의 회사에 얼마나 중요한지 결정해야 한다. 그런 능력이 필수적이고 또한 실제로 자사 CFO의 능력이 외부 CFO들보다 뒤처진다고 판단되면 이제 CEO는 CFO를 직접 만나 그에게 솔직하게 말하고 성공적인 CFO가 되지 못할 거라고 미리 귀띔해줄 수 있다. 이로써 그 CEO는 자신다움을 잃지 않을 수 있다. 반면에 문제를 제기했던 이사의 의견에 동의하지 않는다면 CFO의 편에 서서 그를 옹호해도 좋다. 다만 무턱대고 편들어줄 것이 아니라 판단을 뒷받침해줄 근거를 완벽히 준비해서 놓고서 말이다.

리더십의 첫 번째 규칙을 실천한다고 모두가 당신을 좋아할 거라고 기대하지 마라. 아니, 모두가 당신을 좋아하게 만들려 애쓰는 것 자체가 상황을 악화시킨다. 나는 이 문제를 누구보다 잘 안다. 모두가 나를 좋아하지는 않기 때문이다. 솔직히 지금 이 순간 이 책을 읽는 누군가는 "감히 찬스 더 래퍼를 운운하다니 이 백인 아재는 자신이 뭐라도 된다고 생각하는 거야?"라며 코웃음 칠 거라고 확신한다. 그런 말을 들어도 나는 아무렇지 않다. 잘난 척하려는 게 아니다. 그저 나는 나답고 싶을 뿐이다.

## 그러나 변화가 필요한 부분도 알아야 한다

어떤 CEO든 자기 성격 중에서 회사가 '절대 닮지 않기를' 간절히 바라는 측면이 있기 마련이다. 당신의 단점들이 무엇인지 신중하게 생각해보라. 그런 단점을 당신의 문화에 주입하고 싶지 않을 테니 말이다. 그렇게 하지 않으면 솔선수범의 리더십이 외려 당신에게 부메랑으로 돌아올 것이다.

나도 내 회사에서 보고 싶지 않은 내 성격의 단면들이 있다. 가령 나는 틀에 얽매이지 않고 의식의 흐름에 따라 끝없이 대화하려는 성향이 있다. 이 성격은 예전에 소프트웨어 회사를 운영할 때 별로 도움이 되지 않았다(사실 그 습관은 벤처캐피털 회사와 더 잘 맞다). 미래의 내 친구들에게 미리 충고 한마디 하겠다. 당신이 먼저 전화를 끊지 않으면 우리는 말 그대로 영원히 전화통을 붙들고 있게 될지도 모른다.

대규모 조직이 일사분란하게 움직이고 수없이 많은 업무들을 정확히 수행할 필요가 있을 때는 모든 대화에서 모든 사안의 모든 측면을 샅샅이 파헤칠 시간이 없다. 그것은 비현실적이다. 따라서 대화 중에 어디로 튈지 모르는 럭비공 같은 내 성격의 단면은 극도로 불리할 수도 있었다. 비록 나 스스로는 지금도 그 성향을 호기심이라고 주장하고 싶지만 말이다. 어쨌든 나의 그런 성향이 회사 발전에 걸림돌이 되지 않도록 그것에 효과적으로 대처하는 문화를 구축해야 했다. 어떻게 했을까? 세 가지 방법이 있었다.

- 나와 정반대의 성격적 특성을 가진 사람들로 내 주변을 채웠

다. 그들은 가능한 일찍 대화를 끝내고 다음으로 넘어가고 싶어 했다.

- 나를 통제하기 위해 유익한 자기 관리 규칙들을 만들었다. 단계별로 엄격하게 서면으로 작성된 안건과 희망하는 결과가 없는 회의가 소집되면, 우리는 그것을 취소했다.
- 나는 전 직원에게 우리 회사는 회의를 능률적으로 운영하는 데에 전념한다고 선언했다. 이것은 내가 행동으로 실천하고 싶지 않은 것을 공개적으로 약속하고, 그런 다음 사람들의 눈이 무서워 올바른 행동을 하도록 스스로를 채찍질하는 방법이었다.

이렇게까지 노력했는데도 솔직히 회사는 비효율적인 내 대화 성향이 불러오는 고통에서 완전히 해방되지는 못했다. 하지만 꽤나 성공적이었다고 자부한다. 대개는 직원들이 그런 내 성향에 효과적으로 잘 대처할 수 있었다.

## 당신의 진짜 모습을 문화에 주입하라

자신의 진짜 모습에 편안해지면 이제는 그 '정체성'을 당신이 원하는 문화와 연결시키는 일을 시작할 수 있다. 딕 코스톨로(Dick Costolo)가 트위터의 CEO가 됐을 때 멘토였던 빌 캠벨이 농담 삼아 말했다. "오후 5시에 트위터 본사에 폭탄을 터뜨리면 청소부들만 죽을 걸세." 이런 농담이 통할 만큼 트위터 내에는 기강 해이 문제가 심각했다. 이에 코스톨로는 직원들이 열심히 일하도록 동기를 부여하기 위해 사내 문화를 바꾸고 싶었다. 코스톨로 자신은 자타 공인 일벌레다. 그는 매일 저녁 가족과 식사한 후 사무실로 다시 돌아갔고, 그 시간까지 야근하는 직원이든 그의 도움을 필요로 하는 직원이든 원하는 모두에게 기꺼이 시간을 내줬다. 얼마 지나지 않아 사내 풍경이 달라졌다. 예전보다 야근하는 직원도 많아졌고 완결된 일도 많아졌다. 만약 코스톨로 자신이 아주 오랜 시간 몰입하고 집중력을 유지할 수 있는 사람이 아니었다면, 그의 계획은 결코 성공하지 못했을 것이다.

당신이 주장하는 뭔가가 당신의 선천적인 습관과 맞을 때 '언행을 일치'시키기가 훨씬 쉽다. 예를 들어보자. 젊은 관리자 시절, 나는 구두 피드백보다 서면 피드백에서 훨씬 더 많은 영향을 받았다(천성이니만큼 당시에도 나는 사람들과 대화하는 것을 아주 좋아했다). 게다가 나는 서면 보고서를 작성하는 것도 좋아했다. 또한 옵스웨어의 CEO였을 때는 서면 피드백이 당연히 우리 문화의 핵심적인 요소가 돼야 한다고 생각했다. 만약 내가 뭔가를 글로 쓰는 것을 싫어했다면 어땠을까? 서면 피드백이 아무리 좋은 덕목이라도 우리 회사에서 절대로 뿌리내리지 못했을 것이다.

회사의 문화는 리더의 감수성을 반영할 필요가 있다. 당신이 근검절약하는 회사를 원하든 모두가 야근하는 회사를 원하든, 그 덕목이 당신이 본능적으로 실천하는 일이 아니라면 당신은 목표를 달성하지 못할 것이다. 외형적인 문화와 당신의 실질적인 행동이 정반대라면 회사는 당신이 문화라고 일컫는 것이 아니라 당신의 행동을 따를 것이다.

## 문화가 전략을 먹어치운다고? 턱도 없는 소리

세계적인 경영 컨설턴트 피터 드러커(Peter Drucker)의 유명한 말이 있다. "문화는 아침식사로 전략을 먹어치운다." 정말이지 멋진 발언이고 나 또한 매우 좋아하는 말이다. 그렇다고 내가 드러커의 주장에 동의한다는 뜻은 아니다. 솔직히 나는 그의 생각에 동의하지 않는다. 내가 드러커의 논리를 좋아하는 까닭은 엘리트 의식에 놀랄 만큼 정면으로 역행하기 때문이다. 그의 말에 숨은 뜻은 이렇다. '경영자들의 입에서 나오는 말은 귓등으로도 듣지 마라. 중요한 것은 그들의 행동이다.' 완벽히 옳은 말이다. 또한 드러커가 그 발언에서 문화를 우선적인 고려 사항으로 올려놓는다는 점도 아주 마음에 든다. 하지만 진실을 말하면, 문화와 전략은 경쟁 관계가 아니다. 한쪽이 다른 한쪽을 먹어치우는 사이가 아니라는 이야기다. 오히려 문화와 전략 둘 중 하나가 성공하려면 둘은 반드시 한 몸처럼 움직여야 한다.

칭기즈칸의 군사 전략은 거의 모든 병사가 '동일한 역할'을 수행하도록 요구했다. 바로 자급자족하는 기병이었다. 따라서 그의 평등주의적 문화는 그의 전략적 니즈에 완벽히 부합했다. 샤카 상고르의 전략은 교도소 내의 다른 갱단들보다 규모는 작아도 좀 더 엘리트다운 정예 갱단을 만든다는 것이었다. 그래서 그는 동지애를 중심으로 문화를 구축했고, 이는 대형 갱단들이 꿈도 꿀 수 없는 문화였다.

아마존의 창업자이자 CEO인 제프 베이조스가 아마존의 장기적인 문화를 구축했을 때 핵심적인 요소 하나는 저비용 구조였다. 고로 아마존의 문화가 근검절약에 우선적인 초점을 맞추는 것은 지극히 당연했다. 근검절약의 가치가 모든 기업에게 효과적일 거라고 속단하지 마라. 쉬운 예를 보자. 애플은 세상에서 가장 아름답고 완벽하게 디자인된 제품들을 만드는 것에 집착한다. 따라서 그런 기업에게는 근검절약 문화가 되레 역효과를 불러왔을 것이다. 실제로 스티브 잡스를 CEO에서 끌어내리고 애플의 총 사령관에 오른 존 스컬리(John Scully)가 애플을 거의 공중분해 직전까지 몰고 갔던 부분적인 이유는 비용에 대한 인식이 부족해서였다. 아무리 좋은 덕목이라도 모든 조직에 정답인 것은 아니다.

반면에 세상에서 가장 신속하게 혁신함으로써 전략적 우위를 달성하고 싶은 기업이 있다고 하자. 그 기업에는 페이스북의 초기 슬로건인 "발 빠르게 움직이고 낡은 틀을 깨뜨려라"가 안성맞춤이다. 하지만 항공기 제조사 에어버스(Airbus)에게는 그 슬로건이 대단히 좋은 아이디어가 아닐지도 모른다.

한마디로 성공적인 문화 구축의 핵심은, 당신의 회사가 사명을 달성하는 데 도움을 주는 덕목들을 선택하는 것에서부터 출발한다.

## 핵심 문화와 하위 문화 구분하기

모든 기업이 내부적인 충돌 요소가 전혀 없는 하나의 응집된 문화만 보유한다고 단언할 수 있다면 얼마나 좋을까. 그렇게 하면 이 책은 훨씬 더 세련되고 명쾌했을 것이다. 그러나 안타깝게도 그것은 그림의 떡이다. 기업이 성장해서 규모가 어느 수준을 넘으면 주류문화 외에도 하위 문화가 생기기 마련이다. 여기에는 예외가 있을 수 없다.

하위 문화가 형성되는 데는 여러 이유가 존재한다. 그 가운데 주된 이유를 꼽자면 사내 부서들이 매우 이질적인 집단이기 때문이다. 수행하는 기능이 다르면 필요한 기술들도 다른 법이다. 따라서 영업, 마케팅, HR, 기술 등등 각 부서 직원들은 출신 학교가 다르고 전공도 다르며 성격 유형도 다르다. 이것은 문화적 변동성, 쉽게 말해 문화적 차이로 귀결된다.

가령 기술 기업에서 가장 뚜렷한 차이는 영업 부문과 기술 부문 사이에서 나타난다. 만약 당신이 기술자라면 일이 어떻게 이뤄지는지 즉, 작동 원리를 이해할 필요가 있다. 기존 제품에 탑재시킬 신기능을 개발하는 업무를 맡게 될 때, 당신은 제품이 어떻게 작동하는지부터 정확히 이해해야 한다. 따라서 당신은 그 제품의 원래 설계자와 자주 연락해야 하고, 그 사람은 당신에게 그것을 어떻게 설계했고 모든 부품들이 어떻게 상호작용하는지 정확하게 설명해줄 수 있어야 한다. 추상적이거나 일관성이 없거나 부정확하게 소통하는 사람들은 기술 조직에서 버티기 힘들다. 그들은 상대방에게 오해의 여지를 남기기 때문이다.

반면에 영업 직원은 진실을 알아야 한다. 고객은 우리 제품을 구입할 만한 예산이 충분할까? 우리는 경쟁 업체보다 유리할까, 아니면 불리할까? 목표 조직에서 우리 편은 누구이고 반대하는 사람은 누구일까? 경험 많은 노련한 영업 직원들은 "고객은 구라쟁이다"라고 즐겨 말한다. 이는 구매자들이 다양한 이유에서 자발적으로 진실을 말해주지 않는다는 뜻이다. 다른 말로 진실을 알아내는 책임은 영업 직원인 당신에게 있다. 구매자들은 당신이 제공하는 사업상의 접대를 즐길지는 몰라도, 당신을 경쟁 업체들로부터 더 유리한 조건을 받아내기 위한 일종의 미끼로 이용할지도 모른다. 또는 그저 딱 잘라 거절하기가 미안하고 거북한 것일 수도 있다. 미국의 장수 드라마 시리즈 〈24〉의 주인공인 대(對) 테러요원 잭 바우어가 테러범을 심문할 때처럼 당신은 진실을 끄집어내야 한다. 영업 부문에서 만약 고객의 말을 액면 그대로 받아들인다면 당신은 오래지 않아 짐을 싸야 할 것이다.

만약 당신이 기술자에게 무언가를 물으면 그는 아주 정확하게 대답해야 한다는 본능적인 충동을 느낀다. 반면 영업 직원에게 질문하면 그는 당신의 그 질문 이면에 있는 질문 즉, 질문의 숨은 의도를 알아내려고 할 것이다. 예컨대 고객이 "X라는 기능이 있습니까?"라고 물으면 유능한 기술자는 "예" 또는 "아뇨"로 정확히 대답할 것이다. 한편 유능한 영업 직원은 절대 그런 식으로 대답하지 않는다. 대신에 스스로에게 자문할 것이다. '그 기능에 대해 왜 묻는 거지? 그 기능을 보유한 경쟁 업체는 어디일까? 음, 나와 거래할 생각이 있는 게 틀림없어. 정보를 좀 더 알아내야겠어.' 그래서 이런 식으로 되묻는다. "X 기능이 왜 중요하다고 생각하십니까?"

이처럼 질문에 질문으로 대답하는 방식은 기술자들을 시쳇말로 '돌아버리게' 만든다. 기술자들은 즉각적인 답을 원하고 그래야 자신의 일을 다시 시작할 수 있어서다. 하지만 자신이 개발한 제품이 성공하기 바란다면, 다른 말로 회사가 번창하고 그래서 회사에서 오랫동안 일할 수 있도록 유능한 영업 직원이 자신의 제품을 잘 팔아주길 바란다면, 기술자는 자신과 영업 직원들과의 문화적 차이에 대해 인내심을 가질 필요가 있다.

순조롭게 굴러가는 조직이라면 기술자들은 자신이 개발한 제품이 얼마나 잘 팔리는가가 아니라 제품 자체가 얼마나 훌륭한가에 따라 보상을 받는다. 시장에서는 때때로 기술자가 통제할 수 없는 커다란 위기들이 발생하기 때문이다. 훌륭한 기술자들은 무언가를 만드는 일 자체를 즐기고 가끔은 업무 외적으로 부수적인 프로젝트를 위한 프로그램을 작성하기도 한다. 말하자면 취미 활동인 셈이다. 따라서 기술자들에게는 낮이든 밤이든 원할 때면 언제라도 프로그래밍에 집중할 수 있는 편안한 환경을 조성해주는 것이 지극히 중요하다. 이런 연유로 기술자 문화는 종종 편안한 복장, 늦은 출근, 야근, 철야 근무 등으로 특징지어진다.

반면 훌륭한 영업 직원은 권투 선수를 좀 더 닮았다. 그들이 자신의 일을 즐길지는 몰라도, 취미 삼아서 주말에 소프트웨어를 판매하는 영업 사원은 없다. 프로 권투 시합과 마찬가지로 영업 활동의 목적은 돈과 경쟁이다. 상금이 없으면 싸우지 않는다는 이야기다. 따라서 영업 조직들은 수수료, 판매 경진 대회, 판매왕 클럽 등을 비롯해 상금 지향적인 보상 형태에 초점을 맞춘다. 영업 직원들은 외부 세상에 보여주는 회사의 대표 얼굴이므로 비록 고객들은 정시에 도착해도 그들은 적절한 복장을 갖춰 입고 약속 시간보다 일찍 도착하는 것이 바람직하다. 훌륭한 영업 문화는 경쟁적이고 저돌적이며 보상에 커다란 초점을 맞춘다. 그렇지만 과정은 전혀 중요하지 않다. 오직 결과로만 말한다.

기업마다 조직 전반에 영향을 미치는 '공통된 핵심 문화 요소'는 당연히 필요하다. 이는 두말하면 잔소리다. 하지만 모든 문화 요소들을 모든 사내 부서에 동일하게 적용하려 해서는 안 된다. 이는 특정 기능들을 우선시하기 위해 다른 기능들을 약화시킬 수 있다. 예를 들어, "고객이 최우선이다", "누구의 아이디어든 최고의 아이디어가 살아남는다", "경쟁에서 이긴다" 같은 덕목들은 전사적으로 시행해도 무방하다. 그러나 "편안한 복장을 하라"거나 "오직 결과로만 말한다" 같은 덕목들은 대개의 경우 하위 문화에 더욱 적합하다.

## 세부적인 인재상을 구축하라

문화를 설계한다는 것은 무슨 말일까? 문화 설계를 바라보는 관점 하나는, 당신이 바라는 직원 인재상을 구체화하는 하나의 방법으로 여기는 것이다. 당신이 가장 가치 있게 생각하는 직원의 덕목은 어떤 것들인가? 리더로서 당신은 당신이 중요시하는 덕목들을 직원들이 반드시 실천하기를 바란다. 그런 덕목이 직원들의 자질과 특성이 되도록 만드는 노력은 무사도의 중요한 개념 하나를 강화한다. 덕목은 믿음이 아니라 행동에 기반을 둬야 한다는 개념이다.

그렇다면 믿음보다 행동에 무게 중심을 둬야 하는 이유는 뭘까? 면접 중에는 지원자가 믿음을 거짓으로 꾸며내기가 아주 쉽기 때문이다. 정말이다. 반면에, 만약 지원자가 무엇을 할 수 있는지를 토대로 직원을 채용한다면, 평판 조회(reference check)를 통해 그들이 과거에 그런 행동을 했는지 확인할 수 있고 심지어는 면접 중에 그것을 시험해볼 수도 있다.

문화를 정의할 때 면접 평가표를 적극 활용하는 것은 아주 합리적인 선택이다. 당신이 누구를 채용하는가가 당신의 문화를 결정하는 가장 중요한 요소기 때문이다. 존 콜리슨(John Collison)과 공동으로 창업한 온라인 결제 회사 스트라이프(Stripe)의 CEO 패트릭 콜리슨(Patrick Collison)이 언젠가 내게 이런 말을 했다(두 사람은 형제지간이다).

솔직히 말해, 우리 회사를 정의했던 궁극적인 요소 대부분은 직원들을 20명까지 채용했던 초창기 시절에 결정됐습니다. 따라서 어떤 조직 문화를 구축하고 싶은가와 어떤 사람을 채용하고 싶은가는 어찌 보면 똑같은 질문입니다.

슬랙의 공동 창업자이자 CEO인 스튜어트 버터필드는 자신이 원하는 직원의 모습에 문화의 초점을 맞추자, 회사의 전체 상황이 극적으로 개선되기 시작했다고 말했다.

유희성(playfulness)과 단결 등 우리 회사의 가치들은 정말로 독창적이었습니다. 그러나 행동 지침서로는 낙제점이었죠. 그래서 우리는 직원들이 결정할 때에 도움이 될 만한 가치를 찾고 싶었습니다. 그러던 중 저는 디지털 광고 플랫폼 애드롤(AdRoll)에서 영업 부문을 이끌던 슈레시 카나(Suresh Khanna)와 예전에 나눴던 대화를 떠올렸습니다. 그의 말 중에 제 뇌리에 아주 깊이 박혔던 것이 있었습니다. 그는 직원들을 채용할 때 영리하고 겸손하며 근면성실하고 협업적인 사람들을 찾는다고 했습니다.
그 순간 저는 무릎을 딱 쳤습니다. 그것이 바로 우리에게 딱 필요한 자질이었습니다. 그 네 가지 자질은 특히 합쳐질 때 강력한 시너지를 발휘합니다. 오히려 네 가지 중 두 가지만 보유한다면 재앙이 될 수도 있습니다. 가령 누군가가 근면성실하고 영리하되 겸손하지도 협업적이지도 않다고 말한다면 어떨까요? 그것은 어떤 정형화된 고정관념을 떠올리게 만들 겁니다. 게다가 그 고정관념은 바람직하다고 볼 수 없죠. 반대로 겸손하고 협업적이되 영리하지도 근면성실하지도 않은 사람도 마찬가지입니다. 당신은 그가 어떤 종류의 사람인지 잘 알고 그래서 그들을 원하지 않습니다.

좋은 직원이나 지원자가 갖춰야 하는 자질에 관한 슈레시 카나의 아이디어는 우리의 기존 원칙들보다 실천하기가 훨씬 더 쉽습니다. 면접 중에 지원자의 유희성이나 단결성을 측정하기란 매우 어렵기 때문이죠. 그래서 저는 카나의 아이디어를 받아들여 네 가지 자질을 가진 사람들을 찾기 시작했습니다.

첫 번째, 영리함. 이것은 IQ가 높다는 뜻이 아닙니다. 물론 IQ가 높으면 좋긴 하겠죠. 그보다 영리함은 학습 성향, 다른 말로 배움에 대한 의지를 말합니다. 예컨대 어딘가에 모범적 관행이 있다면 그것을 받아들이세요. 우리는 가능한 많은 일을 일상적인 업무로 만들어야 합니다. 그래야 인간의 지능과 창조성이 꼭 필요한 몇 가지 일에만 초점을 맞출 수 있기 때문입니다. 면접에서 이것을 확인하는 좋은 질문이 있습니다. "업무 효율을 높이기 위해 최근에 배웠던 중요한 뭔가에 대해 말해주시죠." 또는 지원자에게 이렇게 물어도 좋습니다. "일의 효율성을 높이기 위해 회사에서 제거해야 했던 프로세스는 무엇이었습니까?"

두 번째, 겸손. 이것은 온순하거나 야망이 없다는 뜻이 아닙니다. 스티븐 커리(Stephen Curry, 미국의 농구 선수로 MVP 수상 소감에서 '나는 주님의 겸손한 종'이라고 말했음 – 옮긴이)와 같은 방식으로 겸손하다는 의미입니다. 당신이 겸손하면 사람들은 당신이 성공하기를 바라기 마련입니다. 반대로 당신이 이기적이면 사람들은 당신이 실패하기를 원하죠. 또한 겸손하면 자기 인식 능력이 생기고, 이를 통해 실제로 배우고 영리해질 수 있습니다. 겸손은 그만치나 근본적인 자질입니다. 뿐만 아니라 슬랙에서 필요한 협업적 활동을 위해서도 겸손은 필수적입니다.

세 번째, 근면성실. 이것은 오랜 시간 일한다는 뜻이 아닙니다. 누구든 정시에 퇴근해서 가족을 돌보며 시간을 보내도 됩니다. 그러나 근무 시간에는 자제력을 발휘해 적절히 처신하고 자신의 일에서 전문가가 되며 집중해야 합니다. 또한 경쟁을 환영하고 결단력이 있으며 기지가 뛰어나고 탄력적이면서 담대해야 하죠. 우리 회사에서 일하는 것을 당신 인생에서 최고의 일을 할 수 있는 기회로 생각하세요.

네 번째, 협업. 이것은 복종도 공손함도 아닙니다. 사실을 말하면, 정반대입니다. 우리 문화에서 협업적이라는 것은 모든 분야에서 리더의 역할을 수행한다는 뜻입니다. 예를 들면 '나는 이번 회의가 잘 진행돼 유익한 결과를 도출하게 만들 책임이 있다. 만약 신뢰가 부족하면 신뢰를 높이기 위해 노력하고, 목표가 명확하지 않으면 목표를 명확하게 만들 것이다'라는 식입니다. 우리 모두는 더 나아지는 것에 관심이 있고 모두는 그 목표 대해 책임을 가져야 마땅합니다. 모두가 이런 자세로 협업한다면 팀의 성과에 대한 책임이 구성원 모두에게 골고루 돌아가겠죠. 협업적인 사람은 성과가 가장 부진한 사람들이 성공에 걸림돌이 된다는 사실을 잘 압니다. 그래서 그들은 가장 무능한 직원들의 성과를 끌어올리거나 반대로 진지하게 대화를 시작하거나 둘 중 하나를 선택할 것입니다. 지원자가 협업적인지 아닌지는 추천서를 통해 쉽게 확인할 수 있습니다. 또한 면접 중에 "직전 회사에서 기준에 못 미치는 뭔가를 고치도록 도와줬던 상황에 대해 말해보세요"라고 질문해도 됩니다.

위의 네 가지 자질 모두를 갖춘 사람이 바로 슬랙의 완벽한 직원입니다.

직원들이 갖춰야 하는 세부적인 자질을 명확히 결정했다면 다음에는 이를 실제로 채용 시스템에 적용해야 한다. 어떻게 해야 할까? 아마존이 좋은 사례를 보여준다. 아마존은 일부 직원들을 선발해 '바 레이저'(Bar Raiser) 면접관이라는 독특한 역할을 맡겼다. 말 그대로 기준(bar)을 높이는 사람(raiser)이라는 뜻의 바 레이저들은 면접 과정에서 지원자들이 아마존의 리더십 원칙들을 이해하고 아마존의 문화에 적응할 수 있는지를 평가한다. 하지만 바 레이저로 선발된 직원들은 채용 부서의 일원이 아닐뿐더러 지원자와는 아무런 기득권적 이해관계가 얽혀 있지 않다. 이것은 바 레이저 정책의 핵심이다. 요컨대 그들의 사명은 오직 아마존의 문화에만 관련이 있다. 면접에서 바 레이저를 우선적으로 활용하면 두 가지 효과가 있다. 첫째, 문화적 적합성, 쉬운 말로 문화적 궁합을 시험하는 강력한 잣대를 구축한다. 둘째, 모든 지원자에게 아마존의 문화가 지극히 중요하다는 메시지를 명확히 전달하는 효과가 있다. 굳이 경중을 따지면 두 번째 효과가 더 중요하다고 볼 수 있다.

문화적 궁합을 확인하는 면접은 설계만 잘하면 시간이 오래 걸릴 필요가 없는 일이다. CAD 소프트웨어를 개발하는 파라메트릭 테크놀로지 코퍼레이션이라는 회사가 있다. 줄여서 PTC라고 부르는 그 회사는 특히 영업 문화가 아주 유명하다. 옵스웨어에서 영업 담당 총괄 책임자로 조직 문화를 변화시켰던 마크 크래니가 PTC 출신이었다. 그는 PTC가 얼마나 영업을 잘하는지 입만 열면 자랑이었다. 나는 잔뜩 약도 오르고 배도 아파서, PTC가 어째서 영업을 그토록 잘하는지 물었다. "그게 말입니다. 제 경우를 보면 면접에서부터 시작했습니다. 제 면접관은 영업 담당 수석 부사장이었던 존 맥마흔(John McMahon)이었습니다. 그는 처음 5분가량 아무 말도 않다가 난데없이 아주 생뚱맞은 질문을 했습니다. '지금 이 자리에서 내가 당신 얼굴을 한 대 치면 어쩌겠습니까?'"

크래니의 이야기를 듣다가 이 대목에서 내가 소리쳤다. "뭐라고요? 당신 얼굴을 한 대 치면 당신이 어떻게 나올지 알고 싶어 했다고요? 완전 미쳤군요. 그래서 당신은 뭐라고 대답했는데요?" 크래니는 이렇게 말했다. "저는 '제 지능을 검사하는 겁니까? 아니면 제 배짱을 테스트하는 것입니까?'라고 반문했죠. 그러자 맥마흔이 무심하게 대답하더군요. '둘 답니다.' 그래서 제가 '차라리 저를 때려눕히는 게 나을 겁니다'라고 대답했더니 그가 '합격입니다'라고 말했습니다. 바로 그 순간 저는 제게 딱 어울리는 직장을 찾았다는 걸 직감했습니다."

맥마흔은 어떻게 그토록 빨리 마음을 정할 수 있었을까? 맥마흔은 그 짧은 대화를 통해 크래니가 PTC의 핵심적인 문화 요소들과 잘 어울릴지 정확히 간파했다. 위급 상황에서도 평정심을 유지하는 능력, 귀를 기울여 신중하게 경청하는 능력, 질문의 의도를 정확히 파악하고자 하는 대담함, 경쟁의식 다른 말로 승부욕 등이었다. 특히 경쟁의식이 PTC에서 가장 중요한 덕목이었다.

## 인정과 보상: 강력한 문화의 보편적 요소

당연한 말이지만 문화는 각 조직의 독특한 필요들을 충족시키도록 설계돼야 한다. 하지만 모든 기업에게 공통적으로 필요한 요소가 하나 있다. 나는 이제까지 그것을 자사의 명시적 가치에 포함시킨 기업을 본 적이 거의 없다. 그래도 장담컨대, 그것 없이 이기는 습관을 가진 회사가 되기란 불가능하다.

어떤 기업이든 직원들은 항상 스스로에게 묻는다. "내 업무가 우리 회사에 변화를 가져올까? 내가 하는 일이 중요할까? 내 일이 회사를 성장시킬까? 내 일을 알아주는 사람이 있을까?" 경영진의 커다란 임무 중 하나는 직원들이 그런 모든 질문에 "당연히 그렇다!"라고 대답할 수 있게 만드는 것이다.

크건 작건 기업 문화에서 가장 중요한 요소는 직원들이 무엇에 신경 쓰고 걱정하는가이다. 직원들은 자신이 맡은 업무의 품질에 대해 마음을 쏟고, 사명에 대해 걱정하고, 좋은 시민이 되고자 신경 쓰고, 회사가 이기는 것에 관심을 갖는다. 따라서 회사가 어떤 것에 보상을 해주는가가 회사의 문화적 성공을 결정하는 가장 핵심적인 열쇠다.

회사는 직원들이 자신의 업무를 신경 쓰는 것에 대해 보상해주는가? 아니면, 직원 입장에서 일에 조금도 신경 쓰지 않는 편이 금전적으로 더 유리한가? 직원이 새 바람을 일으키거나 새로운 아이디어를 제안하기 위해 열심히 일하지만 돌아오는 것이라곤 관료주의나 우유부단함 또는 무심함뿐이라면, 그럴 때마다 문화가 고스란히 고통받는다. 반대로 직원이 회사를 발전시킨 것에 대해 인정이나 보상을 받는다면, 그럴 때마다 문화는 강화된다.

2007년 HP가 옵스웨어를 인수했을 때 나는 HP 소프트웨어 부문을 총괄하는 부사장에 올랐다. HP 문화의 외부자로서 나는 가능한 많은 직원들을 일대일로 만나기 시작했다. 그러자 얼마 지나지 않아 직원들 사이에서 하나의 뚜렷한 공통점이 눈에 들어왔다. 자신의 업무에 신경 쓰는 모습이 아무에게도 보이지 않았던 것이다. 어느 정도였냐면, "이 사람을 채용해도 될까요?", "이 소프트웨어를 개발하는 데에 사용할 도구를 내가 직접 선택해도 될까요?", "내 머리 위로 빛이 너무 강하게 비춰서 그러는데 혹시 형광등 갓을 바꿔도 될까요?" 같은 단순한 질문에조차 가타부타 대답할 수 없을 만큼 전혀 신경 쓰지 않았다.

요컨대 HP 직원들은 신경을 쓰지 않음으로써 보상을 받았다. HP는 살을 깎는 가혹한 비용 절감 조치들을 시행한 덕분에 놀랄 만한 단기 수익을 달성했지만 문화가 심각하게 훼손되고 말았다. 특히 '재택근무'하는 직원들이 많았지만 그것은 명목일 뿐 실제로는 전혀 '근무'하지 않았다. 이를 단적으로 보여주는 사건이 있었다. 2010년 HP가 리더들을 대폭 물갈이하면서 CEO도 새로 맞았다. 신임 CEO를 기겁하게 만든 것은 다름 아닌 의자였다. 알고 보니, 사내의 의자 개수가 전체 직원 수보다 무려 1만 5,000개 적었던 것이다. 다른 말로 1만 5,000명이나 되는 직원들이 아예 출근하지 않았는데도, 아무도 그 사실을 문제 삼기는커녕 알아채지도 못했다는 말이다. 외려 출근해서 열심히 일했던 직원들이 조직에 물든 우유부단함에 고통받고 반복적으로 휘몰아치는 비용 절감의 칼바람을 고스란히 받아냈다.

당시 내가 무슨 생각을 했는지 지금도 생생히 기억난다. 이런 단순한 질문들조차 확실한 답을 내놓지 못한다면 누군들 애써 출근할 이유가 있을까? 그래서 나는 수천 명에 달하는 모든 직원에게 한 가지를 약속했다. "결정을 해야 하는 문제가 있는데 관리자가 결정을 해주지 못한다면 그 문제를 내게 들고 오세요. 1주일 내로 결정을 내서 알려주겠습니다." 작은 조치였지만 가장 우수한 직원들의 태도에서 즉각적인 변화가 나타났다. 그리고 몇 주 지나지 않아 우리는 '할 수 없다' 문화에서 '할 수 있다' 문화로 바뀌었다.

그래서 결론이 어떻게 되었냐고? 이것이 시발점이 되어 HP가 새롭게 태어났다고 말하고 싶은 마음이 굴뚝같지만, 현실은 그렇지가 못했다. 몇 년간 한 회사의 CEO로 일했던지라 나는 더 이상 누군가의 밑에서 일할 수 없다는 것을 깨달았다. 그래서 나는 HP호에 승선했다가 채 1년도 머물지 못하고 그곳을 떠났다. 그 후 HP의 운명이 어떻게 됐는지는 세상이 다 안다. 끝없이 추락하다가 결국에는 HP 고유의 매력과 영향력을 되찾기 위한 절박한 몸부림으로 작은 두 회사로 쪼개졌다.

조직이 혹시라도 결정 장애에 걸렸거나 전략적 이니셔티브들을 신속하게 승인할 수 없고 또는 마땅히 있어야 하는 곳에서 리더십 공백이 생긴다면 우수한 인재들을 아무리 많이 채용해도, 문화를 정의하기 위해 아무리 많은 시간을 투자해도 밑 빠진 독에 물 붓는 격이다. 그런 것은 하등 중요하지 않다. 오히려 당신의 문화는 무관심으로 정의될 수 있다. 이는 당신의 조직이 무관심에 보상을 해주기 때문에, 인과응보인 셈이다. 나는 열심히 일하는데 내 동료는 아무것도 하지 않고 그럼에도 우리 둘 다 회사에 똑같은 영향을 미친다면 당연한 말이지만 동료의 행동이야말로 모두가 추구해야 하는 방향이다.

## 효과적인 문화적 덕목의 특징

잠재적인 문화적 요소들 중에는 너무 추상적이어서 실효성을 기대할 수 없는 것이 부지기수다. 가령 '진실성'을 덕목으로 선택한다고 하자. 그렇다면 진실성이라는 개념 자체가 구성원들에게 어떻게 행동해야 하는지를 명확히 설명해줄까? 쉬운 예를 보자. 제품의 품질과 납품 일정을 동시에 충족시킬 수 없는 경우라면, 진실성은 예정된 납품 일정을 반드시 지킨다는 뜻일까? 아니면 고객들이 기대하는 품질을 제공한다는 뜻일까?

덕목의 효과성을 점검하는 데 유익한 몇 가지 질문이 있다.

- **덕목을 '행동'으로 실천할 수 있을까?** 다시 한 번 강조하건대, 무사도에 따르면 문화는 일련의 믿음이 아니라 일련의 행동들이다. 당신의 문화적 덕목들은 어떤 행동으로 구체화될까? 가령 공감을 행동으로 실천할 수 있을까? 행동으로 실천할 수 있다면

공감은 덕목으로서의 가치가 있다고 볼 수 있다. 하지만 그렇지 못하면, 공감에 대한 미련을 버리고 다른 덕목으로 문화를 설계하는 것이 상책이다.

- **당신이 지지하는 덕목이 당신의 문화를 차별화시켜주는 요소일까?** 물론 모든 덕목이 당신 회사만의 고유한 특징일 수는 없을 테다. 하지만 동종 업계의 기업 모두가 동일한 덕목을 주장한다면 그것을 굳이 강조할 필요도, 이유도 없지 않을까? 가령 실리콘밸리에 둥지를 튼 IT 기업이라면 평상복 근무를 덕목으로 만들 필요가 없다. 그것은 이미 실리콘밸리의 전체 문화에 기본적으로 내재된 관행이기 때문이다. 그러나 모든 직원이 정장과 넥타이를 착용하길 바라는 IT 기업이 있다면, 그것은 그 기업 문화의 독특한 특징일 수 있다.

- **이 덕목이 시험대에 오르는 일이 생겨도 나는 이 덕목을 실천할수 있을까?**

옥타의 토드 매키넌(Todd McKinnon) CEO는 초창기에 자신이 가장 중요하게 생각하는 문화적 규범과 관련해 시험대에 올랐다.

2009년 옥타를 공동으로 창업하기 전에 매키넌은 클라우드 기반의 CRM 솔루션 기업 세일즈포스닷컴(Salesforce.com)에서 기술 부문 부사장을 지냈다. 옥타는 자사의 애플리케이션을 클라우드 환경으로 전환한 기업들에게 보안 인증 시스템을 제공했다. 애플리케이션을 클라우드에 호스팅(hosting, 서버 컴퓨터의 전체 또는 일정 공간을 이용할 수 있도록 임대해주는 서비스 – 옮긴이)하는 서비스가 당시에는 새로운 개념이었다. 그러나 세일즈포스닷컴의 폭발적인 성장을 직접 목격한 매키넌은 향후 마케팅 자동화, 법률 서비스, 고객 지원 등등 클라우드 기반 애플리케이션이 크게 증가할 거라고 내다봤다. 그렇게 되면 클라우드 기반의 기업들은 새로운 어려움에 직면할 터였다. 이제 직원들은 자사가 소유하지 않은 수백 개의 시스템을 통해 일하게 되고, 회사는 자사 직원들의 활동을 관리해야 하는 것이다. 가령 당신이 어떤 직원을 해고한다고 치자. 이럴 경우 근무 당시 그 직원에게 접근 권한이 허용됐던 모든 시스템에 대한 접근이 완벽히 차단돼야 한다. 그런데 당신은 그런 조치가 이뤄졌는지 어떻게 확신할 수 있을까? 이것이 바로 옥타가 맨 처음에 집중했던 문제였다.

고객 기업들은 옥타가 수백 개의, 아니 어쩌면 수천 개의 시스템에 걸쳐 자사의 모든 직원들의 인증 정보(credentials)를 엄격히 관리할 거라고 반드시 믿을 수 있어야 했다. 게다가 보수나 점검 작업을 위해서라도 옥타의 시스템이 다운되는 일이 생기면 고객 기업의 직원들은 핵심적인 데이터에 접근할 수 없을 터였다. 한 술 더 떠서, 옥타가 해킹을 당한다면 옥타의 고객 모두도 해킹당한다는 의미였다. 그래서 결론은? 옥타의 성공 여부가 '신뢰성'에 전적으로 달렸다. 따라서 매키넌은 신뢰와 진실성을 핵심적인 문화 덕목으로 만들어야 했다.

하지만 이것은 쉽지 않았다. 무엇보다 옥타는 스타트업이었다. 모든 스타트업의 최우선적인 덕목은 진실성이 아니라 '어떤 대가를 치르고라도 반드시 생존하는 것'이다. 창업 후 3년 차에 들었을 때 옥타는 상당히 고전했다. 7분기 연속으로 목표치를 달성하지 못한 데다가 운영 자금마저 바닥나서 금고를 채우는 일이 시급했다. 당시 옥타는 소니와의 대형 거래를 협상 중이었다. 해당 분기가 흑자일지 적자일지는 오직 그 거래의 성사 여부에 달려 있었다. 옥타의 입장은 희망과 불안이 공존했다. 다행히도 소니 측과 협상이 순조롭게 진행되고 있었다는 점에 희망을 걸었다. 반면에 자칫 잘못하면 거래 자체가 엎어질 수 있는 커다란 복병도 있었다. 옥타의 영업 직원이 소니에게 온-프레미스 사용자 프로비저닝(on-premise user provisioning, 온-프레미스는 기업이 서버를 클라우드 같은 원격 환경이 아닌 자체 설비로 보유하고 운영하는 방식을 말하고, 프로비저닝은 사용자의 요구에 맞게 시스템 자원을 할당, 배치, 배포해두었다가 필요할 때 시스템을 즉시 사용할 수 있는 상태로 미리 준비해두는 것을 일컬음-옮긴이)이라고 불리는 기능이 몇 달 안에 완성될 거라고 약속했던 것이다. 쉽게 말해, 그것은 소니가 직접 옥타의 시스템에 접속해 사용자들을 입력할 수 있게 해주는 서비스였다. 신기능이 출시되면 좋은 일이지 그게 왜 문제가 되냐고? 옥타는 몇 달은 고사하고 향후 몇 년 안에 그 기능을 출시할 계획이 전혀 없었기 때문이다. 소니는 그 기능이 곧 출시될 거라고 보장하는 항목을 계약서에 명시해달라고 요구하지는 않았지만, 매키넌이 구두 상으로 약속해주기를 바랐다. 이렇게 해서 옥타는 진실성과 수익 사이에서 진퇴양난에 처했다. 소니에게 진실을 알리는 것이 현명한 선택이었을까? 아니면 위기에 빠진 회사를 구하는 것이 현명했을까? 그 기능은 소니에게 얼마나 중요했을까? 옥타가 직원들을 해고할 위험을 무릅쓰더라도 또는 재무적 상황이 악화될 위험이 있더라도, 그 기능의 출시가 약간 늦어질 거라고 솔직하게 알려줘야 할 만큼 중요했을까?

"제가 진실을 약간 왜곡한다면 계약이 성공적으로 마무리될 수 있다는 점은 확실했습니다"라고 매키넌은 당시를 회상했다. "반면에 저는 대가를 치러야 했을 겁니다. 영업 직원부터 기술자까지 우리 회사의 모든 직원이 제가 진실을 왜곡했다는 사실을 알게 될 테니까요. 그런 저를 보고 그들이 무슨 생각을 하겠습니까? 작은 거짓말 정도는 괜찮다고 생각하지 않겠습니까? 쉬운 결정이었다고 말할 수 있으면 좋으련만, 정말 어려운 결정이었습니다. 결국 저는 거래를 포기하는 편을 선택했습니다. 거짓말로 거래를 성사시키는 것이 당장은 이익을 가져다줘도 장기적으로는 치명적인 결과를 가져오리라는 사실을 너무 잘 알았기 때문입니다. 아니 어쩌면 제가 거짓말을 하고 싶지 않았다는 것이 더 큰 이유였는지도 모르겠습니다."

요컨대 매키넌은 문화를 위험에 빠뜨리느니 차라리 회사를 위험에 빠뜨리기로 선택했다. 결과적으로 볼 때 옥타의 경우는 그의 선택이 옳았다. 옥타가 몇 분기 연속으로 적자 행진을 이어갔음에도 옥타의 다음 번 투자 유치 라운드에서 코슬라벤처스(Khosla Ventures)가 과감히 옥타에게 자금을 댔다. 이 글을 쓰는 현재, 옥타의 시장 가치는 150억 달러에 육박하고 세상에서 가장 영향력 있는 클라우드 인증 업체가 됐다. 게다가 지금까지 옥타는 한 번도 해킹을 당하지 않았고 옥타의 업타임(uptime) 즉, 가동 시간은 가히 전설적이다. 무려 4년간이나 한 번도 가동이 중단되는 다운타임(downtime) 없이 업타임을 이어가고 있다.

하지만 여기서 간과해서는 안 되는 사실 하나는, 매키넌의 결정이 자칫하면 회사 문을 닫게 만들 수도 있었다는 점이다. 만약 그랬다면 누구도 옥타를 또는 매키넌이 보여준 용기를 기억조차 못할 것이다.

당신의 직원들은 우연적으로든 계획적으로든 당신의 문화적 덕목들과 관련해 당신을 시험할 것이다. 따라서 조직에 덕목을 정립하기 전에 스스로에게 이렇게 물어보라. "내가 정한 덕목을 시험하는 일이 생기면 나는 그 시험을 통과할 수 있을까?"

# WHAT
## YOU DO IS

9장

—

극단적 사례와 일벌백계의
본보기가 주는 교훈

# WHO
## YOU ARE

누군가가 선을 넘는 방식으로 행동한다면,
어느 정도는 당신의 문화가 그런 행동이 용납되도록 만들었다는 사실을 명심하라.

> 너네는 아주 적대적이야, 나는 적대심을 가질 자격이 있어,
>
> 내 사람들이 억압받았으니까.
>
> 퍼블릭 에너미(Public Enemy)의 〈프로핏츠 오브 레이지(Prophets of Rage)〉

문화가 어떻게 작동하는지 정확히 이해하려면 역으로 생각할 필요가 있다. 즉, 문화가 제대로 기능하지 못하는 풍토부터 검토해봐야 한다. 경계를 벗어나 문화 원칙들이 종종 붕괴되거나 역효과를 불러오는 숨겨진 영역들, 이름 하여 '문화의 불모지' 말이다. 좋은 것이 걸핏하면 나쁜 것으로 변하는 때는 언제일까? 특정한 문화 원칙을 따르는 것이 다른 원칙을 위반하는 결과를 가져오는 때는 언제일까? 생존을 위해서라면 문화 원칙들을 무시해도 될까? 문화적 원칙들이 제 역할을 다했고 이제 '은퇴'할 필요가 있을까?

## 고객에 대한 집착이 침체로 이어질 때

많은 기업들이 애지중지하며 지키려 애쓰는 문화적 덕목 중 하나는 고객에 대한 집착이다. 그들 기업은 고객들의 모든 바람과 욕구와 기분을 속속들이 파악하고, 그런 다음 쓸 수 있는 모든 수단을 동원해

그 모든 것을 충족시키는 데 집요하게 매달린다. 비즈니스 세상에는 고객에 대한 집착으로 높은 평판을 쌓은 기업들이 많다. 미국의 고급 백화점 체인 노드스트롬(Nordstrom)과 세계적인 호텔 체인 리츠칼튼(Ritz-Carlton)이 대표적이다. 실제로도 이는 매우 훌륭한 가치다. 단, 한계가 있다. 그것이 생산적인 영향력을 발휘할 때까지만 훌륭한 가치가 있을 뿐이다. 고객들은 이미 시중에 나와 있는 제품들과 관련해서는 자신이 어떤 기능과 특징을 좋아하는지 정확히 안다. 하지만 아직 존재하지 않은 제품들의 경우는 기능과 특징을 정확히 알 길이 없고 그래서 뚜렷한 호불호가 없다.

1999년 스마트폰의 효시로 불리는 블랙베리(Black Berry)를 탄생시킨 리서치인모션(Research In Motion, RIM)은 실리콘밸리에서 멀리 떨어진 캐나다의 워털루에서 제품 기반의 강력한 문화를 구축했다. 2013년 심기일전을 위해 제품명을 따서 블랙베리로 회사 이름을 바꾸게 되는 RIM은, 자사 고객들에 관한 한 최고의 전문가였다. 또한 모바일 기기 고객들은 배터리 수명과 키보드의 반응 속도를 가장 가치 있게 생각한다는 것도 잘 알았다. 뿐만 아니라 블랙베리를 구매한 기업의 기술 부서들이 무엇을 중요하게 여기는지도 정확히 간파했다. 바로 기존 IT 기기들과의 통합과 보안이었다. 그래서 RIM은 그런 특성을 극대화하는 것에 모든 노력을 집중했고, 한동안은 시장을 호령했다.

그러나 오직 고객들에만 광적으로 문화적 초점을 맞추는 바람에 RIM은 애플의 아이폰을 무시하고 말았다. 왜 그랬을까? RIM은 시장에서 자사가 이미 구축한 위상이 흔들리지 않을 거라는 자신이 있었기 때문이다. 솔직히 그런 자만심을 탓할 수도 없다. 처음 출시됐을 때 아이폰은 배터리에 문제가 있었고 키보드도 형편없었으며 기존의 IT 시스템과 전혀 통합되지 않았다. 심지어는 보안을 관리하기 위한 IT 기기들의 제어 방식이 하도 어이가 없어서 헛웃음이 나올 정도였다. 도대체 누가 그런 '허접한' 제품을 원한단 말인가? 이런 오만한 태도로 말미암아, 다시 말해 상상력의 부재와 문화적 탄력성의 실패에 발목을 잡혀, RIM는 꼭대기에서 바닥으로 곤두박질했다. 2008년 정점이었을 때 RIM의 시가총액은 830억 달러였지만, 2013년부터 간판을 바꾼 블랙베리의 현재 시가총액은 50억 달러에 불과하다.

## 자신의 규칙을 깨뜨려라

문화적 규칙들은 종종 성스러운 소(sacred cow, 지나치게 신성시되어 비판이나 의심이 허용되지 않는 관습, 제도 등을 일컬음 – 옮긴이)로 떠받들어질 수도 있다. 모두가 성스러운 소 주변에서는 문화에 대한 존경심을 보여주려 까치걸음을 한다. 그런데 환경이 변하고, 전략이 진화하면서 당신은 새로운 것들을 배운다. 그렇게 되면 당신은 기존 문화를 반드시 변화시켜야 한다. 그렇지 않으면 결국 이 소가 당신을 무너뜨리고 짓밟는다. 기존 문화 아래에 매몰되어 꼼짝 못하게 되는 것이다.

앤드리슨호로위츠를 창업했을 때 우리는 브랜드 약속으로 한 가지를 천명했고, 그 약속이 우리 문화의 기반이 됐다. 우리의 투자 대상 기업(portfolio company)의 이사회에 파견하는 이사의 조건에 대한 내용이었다. 우리는 반드시 잘나가는 기술 기업을 창업했거나 CEO를 지낸 무한책임 사원(general partner, GP, 펀드의 채무에 대해 무한책임을 지는 펀드 운용자 - 옮긴이)들만 파견하겠다고 약속했다. 따라서 당연한 말이지만 우리는 그런 경험이 있는 사람들만 우리 회사의 GP로 뽑았다. 이는 우리 회사가 어디에 헌신하는지를 상징적으로 보여줬다. 우리는 기술 분야 창업자들이, 다른 말로 혁신적인 신제품을 발명했으나 경영 경험이 부족하리라고 여겨지는 사람들이 명실상부한 CEO로 성장하는 법을 배울 수 있는 최고의 토양이 되기로 굳게 다짐했다.

우리는 그 브랜드 약속을 성실히 지키기 위해 다각적인 노력을 기울였다. 무엇보다 창업자들에게 거물급 CEO가 가질 법한 네트워크를 제공하고 그들을 자본 시장, 인재, 대기업 고객, 언론 등과 연결시켜주는 강력한 교두보를 구축했다. 아울러 우리 회사의 모든 직원이 창업자의 길이 얼마나 어렵고 힘한 여정인지 깊이 이해하도록 최선을 다했다.

우리는 회의 시간을 엄수하고, 투자를 거절할 때도 이유를 반드시 설명하고, 행여 관계를 해칠 위험이 있더라도 언제나 솔직해지는 등 기업가들을 상대하는 방법에 관한 규칙들을 엄격하게 실행함으로써 이 모든 일을 해냈다. 또한 앤드리슨과 나는 우리의 브랜드 약속을 지키기 위해 사내 직원을 GP로 승진시키지 않는다는 규칙도 세웠다. 이것은 당시에는 완벽히 합리적인 선택이었다. 어차피 최고의 창업자 겸 CEO들은 우리 회사에서 GP 이외의 자리에는 관심도 없었기 때문이다. 따라서 우리가 내부에서 누구를 승진시키든 그들은 우리가 투자 대상 기업들에게 약속했던 배경이 부족할 터였다.

그러나 앤드리스 호로위츠가 확실히 자리를 잡고 성공하기 시작하자 우리의 관점이 달라졌다. 무엇보다 우리가 투자한 기업가들은, 알고 보니 GP의 경영 조언보다 우리 회사의 역량을 더 높이 평가했다. 다시 말해 그들은 대기업, 자본 시장, 언론 등을 아우르는 우리의 방대한 관계망에 자신들을 포함시켜주고 또한 자신들이 채용할 만한 경영자와 기술자들을 연결시켜주는 우리 회사의 능력을 더 가치 있게 여겼다. 뿐만 아니라 우리가 GP로 채용했던 전직 CEO 중 일부는 문화에 대해 나름의 관점을, 구체적으로 말하면 우리가 구축한 문화와 쉽게 공존하기 힘든 관점을 가진다는 사실도 깨달았다. 전직 CEO들이었으니 그들은 회사가 자신을 중심으로 돌아가는 것에 익숙했던 반면, 우리는 우리 회사가 기업가들을 중심으로 돌아가도록 만들 필요가 있었다. 이를 태양계에 비유하면, 그들에게는 자신이 태양이었지만 우리 회사에서는 스타트업 기업가들이 태양이었다.

그러는 동안 우리 회사에서 낮은 직급의 직원들이 우리 문화를 뼛속까지 체득했고, 나아가 우리 문화를 알리는 최고의 전도사들이 됐다. 그러나 그들 중에서 슬슬 이탈자가 나오기 시작했다. 이는 우리가 그들에게 GP가 될 수 있는 경로를 완벽히 차단함으로써 최고의 젊은 인재들은 물론이고 최고의 문화 전도사들까지 놓치고 있었다는 뜻이다. 우리가 기업가 중심 문화를 정착시키기 위해 시작했고 또한 우리 회사의 비법 소스로 열심히 홍보했던 규칙(심지어 나는 내 저서 《하드씽》에서 그 규칙에 대해 자세히 설명하기도 했다)이 지금은 우리 문화를 망치는 원흉이 되어 있었다.

더욱 나빴던 것은, 많은 직원들은 그 규칙이 이미 파괴적인 영향력을 미치고 있음을 잘 알면서도 누구 하나 내게 귀뜸조차 해주지 않았다는 점이다. 내가 그 원칙을 온 몸에 칭칭 감고 활보했으니 누구를 탓할 수도 없었다. 그러던 중 나는 뜻밖의 기회에 그 문제를 깨닫기 시작했다. 코니 챈(Connie Chan)이라는 젊은 애널리스트를 면접하고 난 뒤였다. 나는 챈이 몹시 탐이 났고, 면접이 끝나자마자 비서에게 프랭크 첸(Frank Chen)을 당장 불러달라고 말했다. 첸은 우리 회사의 채용 부서 책임자였다.

> **첸** 어떻게 생각하십니까?
>
> **나** 코니가 그 일에 적임자라는 사실은 의심의 여지가 없네요. 문제는 그녀가 그 일을 하고 싶으냐는 것이지요.
>
> **첸** 무슨 말씀이신지요? 그 일을 하고 싶어 지원했고 면접까지 본 게 아닙니까?
>
> **나** 그녀는 당신 생각보다 야심이 큽니다.
>
> **첸** 그건 또 무슨 말씀입니까?

나는 커다란 비밀이라도 털어놓는 듯 얼굴을 가까이 갖다 대며 말했다. "당신은 항상 그녀의 그릇에 먹을 것을 가득 채워줘야 할 겁니다. 아주 큰 개가 먹을 테니 말이죠!"

첸은 마치 정신이 나간 사람을 보듯 나를 쳐다봤다. 그러나 결국 첸은 코니 챈의 그릇을 넘치도록 가득 채워주게 됐다. 다시 말해 그녀에게 도전적인 많은 과제를 안겨줬다. 내가 아주 높이 평가하는 첸의 장점 중 하나는, 이처럼 지시를 내릴 때 개떡같이 말해도 찰떡같이 알아듣고 그것을 성공적으로 추진하는 능력이다.

그렇다면 나는 왜 명확하게 설명하지 못하고 그토록 애매모호하게 표현했을까? 코니 챈에게서 이제껏 내가 거의 본 적이 없는 뭔가를 봤기 때문이다. 그녀가 모든 질문에 대답하는 포괄적인 방식에서부터 우리 회사에 대한 예리한 분석과 그녀의 전체적인 태도에 이르기까지, 챈은 자신이 하는 모든 일에서 최고가 되겠다는 의지가 활활 타올랐다. 한눈에 보기에도 그녀는 큰 나무가 될 재목이었다. 나는 그녀에게서 될성부른 떡잎을 봤지만 차마 내 입으로 그 말을 할 수가 없었다.

왜였을까? 거스를 수 없는 그녀의 강력한 힘과 우리 회사의 내부자 승진 불가 정책이 정면으로 대치된다는 것을 본능적으로 알았기 때문이다. 우리는 내부 규칙상 챈을 GP로 승진시킬 수 없고, 그렇게 되면 결국 그녀가 회사를 나갈 터였다. 내 눈은 정확했다. 챈은 이미지를 공유하고 검색하는 소셜 네트워크 서비스 핀터레스트(Pinterest)와 전동 스쿠터 공유 서비스 라임바이크(LimeBike)를 비롯해 놀라운 거래들을 주도적으로 성사시켰다. 그렇게 그녀가 수년에 걸쳐 승승장구하는 모습을 지켜보면서 내 생각은 오직 하나였다. 그녀가 언젠가 우리를 떠나는 그날이었다. 그럼에도 나는 그 규칙을 바꿀 생각은 전혀 하지 않았다. 악법도 법이라던 소크라테스의 명언처럼 그것은 어쨌거나 우리 회사의 규칙이었다.

어느 날 우리가 외부의 GP 후보들을 검토하던 중에 GP 중 하나인 제프 조던(Jeff Jordan)이 말했다. "제가 보기에는 코니 챈이 제일 나은 것 같습니다." 그래서 내가 "하지만 그녀는 우리 규칙상 자격이 안 됩니다"라고 대답했다. 아무도 입을 열지 않았지만 그것은 소리 없는 아우성이었다. 문화는 행동과 관련이 있다. 만약 이제까지 해오던 문화적인 행동이 동력을 잃었다면 이제는 새로운 행동들을 시작해야 하는 시점이 왔다는 뜻이다. 결국 우리는 2018년 코니 챈을 GP로 승진시켰고, 그녀는 지금까지도 그 일을 기막히게 잘해내고 있다.

문화적 규칙들이 언제나 명백한 것은 아니다. 몇 해 전 어떤 젊은 CEO와 함께 일한 적이 있는데, 그는 자신의 문화에 대한 믿음이 정말 대단했다. 오죽했으면 직원들의 인사고과에서 문화적 열정이 업무 수행 성과보다 더 중요했다. 하루는 그가 내게 인적 개편을 하고 싶다고 말했다. "우리 회사의 CMO(chief marketing officer, 최고마케팅책임자)인 실라(Sheila)는 보물 같은 직원이며 우리 회사에서 최고의 문화 리더입니다. 그러나 불행히도 그녀의 전문 분야는 마케팅이 아니고, 그래서인지 우리 회사의 주력 시장을 완벽히 통제하지 못합니다. 물론 이건 그녀 개인의 잘못이 아닙니다. 굳이 잘못을 따지자면 예측을 제대로 못한 우리 잘못입니다. 예전에 우리는 우리가 지금의 업종이 아니라 다른 업종에 종사할 거라고 예상했었거든요. 제 생각에 우리 시장에 정통한 새 CMO를 영입하고 실라를 그 사람 밑에 배치하면 어떨까 합니다."

내가 되물었다. "그녀의 지분이 얼마나 되죠? 1퍼센트요? 아니면 1.5퍼센트?"

"1.5퍼센트입니다."

이에 나는 이야기를 이어갔다. "만약 당신이 훌륭한 기술자고 0.25퍼센트의 지분을 소유하고 있다고 칩시다. 그런데 마케팅 책임자에게 보고하는 '아랫사람'이 1.5퍼센트의 지분을 보유한다는 사실을 알게 된다면, 당신은 어떤 기분일까요? 그것이 당신의 문화에 어떤 영향을 끼칠까요?" 그러자 그가 눈살을 찌푸리며 말했다. "제가 그녀의 지분 일부를 인수하면 어떻겠습니까?"

"애초에 그녀에게 보상으로 제공한 지분율이 공정했다는 가정하에, 당신이 그녀의 지분 일부를 인수하게 되면 실라의 기분이 어떨까요? 그녀가 당신 회사에서 훌륭한 문화 리더의 역할을 계속 수행할 거라고 보십니까?" 마침내 그는 문화를 보존하려는 욕심에 위계질서를 일그러뜨린다면, 외려 자신의 손으로 문화를 파괴하는 역풍을 맞게 되리라는 사실을 깨달았다. 그래서 그는 힘들어도 필요한 결정을 했다. 새 직장을 구할 수 있게 환상적인 추천서를 손에 쥐어주며 실라를 해고했다.

## 문화가 이사회와 대립할 때

내가 아는 어떤 기업가는 이사회와 문화가 충돌하자 딜레마에 봉착했다. 편의상 그를 프레드라고 부르자. 프레드는 다른 모든 CEO가 그렇듯, 문화에 신뢰의 가치를 주입하기 위해 백방으로 노력했다. 그는 신뢰가 없다면 직원들이 제 역할을 다할 수 없음을 잘 알았다. 그러던 중 프레드 자신이 본의 아니게 문화적 원칙인 신뢰를 위반하는 일을 저질렀다. 어떤 임원에게 독단으로 무언가를 약속한 것이다. 문제는 규정상 그 약속은 이사회에 미리 알려야 하는 사안이었다. 그가 내게 도움을 요청하며 보낸 편지의 전문은 이랬다.

벤, 당신에게 도움을 받고 싶은 문제가 있어 이렇게 연락드립니다.

저는 일전에 한 임원에게 우리 회사가 추진하던 투자 유치 라운드가 마무리되면 추가 지분을 주겠다고 구두로 약속했습니다. 그런데 새 투자자가 그것에 반대합니다. 우리 이사회에 새롭게 위촉된 이사의 추론은 분명 일리가 있습니다. 그 임원은 회사가 애초에 약속했던 보상액의 90퍼센트를 이미 받았고, 따라서 오직 새로운 투자를 유치한 결과로 희석된 그의 지분(equity dilution, 지분 희석, 새로운 자본 조달로 투자자, 창업자, 직원 등 특정인이 보유한 지분율이 낮아지는 현상 – 옮긴이)을 보상해주기 위해 지분을 추가로 제공하는 것은 타당하지 않다는 것입니다. 저도 그의 주장에 십분 동의할 뿐 아니라 실제로도 그것이 올바른 정책입니다. 그렇지만 비록 구두상의 약속이나 제 약속을 철회하려니 기분이 정말 찜찜합니다. 이번 일로 저는 함부로 약속해서는 안 된다는 것을 똑똑히 배웠습니다. 현재 상황을 바로 잡을 수 있는 조언을 부탁드립니다.

진심을 담아,

프레드

정말로 난감한 상황이다. 특정 임원에게 이사회와 의논하지 않고 나머지 주주 모두의 지분율을 떨어뜨리는 결과를 가져올 보상을 약속하는 것은 지배 구조 측면에서 올바르지 않다. 설상가상으로, 프레드는 새로운 투자자의 지분마저 희석시킬 제안을 한 것이다. 그렇다고 이미 뱉은 약속을 이사회 핑계를 대며 번복한다면 해당 임원이 반발하는 것은 물론이고 그가 여러 사람에게 자신의 억울함에 대해 토로하다 보면 프레드에 대한 사람들의 인식 또한 좋지 않아질 것이다. 이런 진퇴양난의 상황에서 어떻게 해야 할까? 나는 프레드에게 아래와 같은 답장을 보냈다.

프레드, 저라면 이사회에 나가 이렇게 (또는 이런 식으로) 말하겠습니다. "저는 지분 희석 사태가 벌어질 때마다 직원들의 지분율을 올려줘서는 안 된다는 원칙을 깊이 이해하고 또한 동의합니다. 지분 희석 사태와 관련해 저 자신과 직원 그리고 투자자 모두가 동등한 입장이어야 합니다. 그리고 제가 이번에 그랬듯 특정한 누군가를 우대하는 것은 경영 방식과 지배 구조 측면에서도 나쁜 관행일 것입니다. 더욱이 이번 경우 해당 임원은 이미 충분하게 보상받았습니다.

하지만 제가 그 임원과 대화를 나눈 장본인이므로 제 입장을 명확히 알려드릴 필요가 있다고 생각돼 이 자리에 섰습니다. 우리 사이에 있었던 일은 가벼운 일상적인 대화나 하나의 가능성이 아니었습니다. 그것은 명백한 약속이었습니다. 저는 그에게 지분을 올려주겠다고 확실하게 약속했습니다. 지금은 제 행동이 잘못됐다는 것을 압니다. 특히 이사회와 먼저 상의하지 않고 제 독단으로 그렇게 약속한 것은 더욱 잘못이었습니다. 그런데 어쨌거나 저는 약속을 하고 말았습니다.

이사님들 모두가 이 회사는 저의 약속과 또한 약속을 지키기 위한 제 헌신을 기반으로 운영된다는 사실을 이해해주셨으면 합니다. 그것은 매우 중요합니다. 저는 우리의 미래 직원들에게 현재 우리 회사가 어떤 회사고 향후 어떤 회사가 될지에 대해 약속합니다. 또한 기존 직원들에게도 우리 회사의 성공 가능성에 대해 약속합니다. 뿐만 아니라 고객들에게는 우리가 무엇을 제공할 것인지 약속합니다.

그런 모든 약속은 우리 경영진과 직원들의 입을 통해 수백 번 반복됩니다. 우리가 그런 약속을 하는 것은 그런 약속이 반드시 필요하기 때문입니다. 사람들이 제가 저의 약속을 지킬 거라고 신뢰할 수 없다면 우리는 회사를 성장시킬 수 없습니다. 우리 회사는 제가 약속한 것을 실현시킬 필요가 있기 때문입니다.

저는 우리 직원들이 가장 중요한 자산이라고 생각합니다. 제가 그런 그들과의 기본적인 신뢰조차 저버린다면, 저는 우리의 신뢰 문화를 무너뜨리고 회사의 운영 전체를 위험에 빠뜨리게 될 것입니다. 동시에 저는 주주들을 보호하는 것도 지극히 중요하다고 생각합니다. 그래서 저는 제안을 하나 드리려고 합니다. 먼저, 그 임원에게 제가 약속한 대로 지분을 늘려주는 대신에 그 지분만큼 다른 임원들에게 돌아가는 지분을 줄이겠습니다. 그런데 제가 그렇게 할 거라고 믿지 못하시겠다면, 이사회는 제 주식 중에서 제가 약속한 지분 증가분만큼 그 임원에게 양도하도록 승인해주십시오. 이 문제가 저에게는 이토록 중요합니다."

부디 건투를 빕니다.

벤

프레드는 내 제안대로 했다. 그러나 새 이사가 이사회를 장악해 선동했고 이사회는 최종적으로 프레드의 제안을 거절했다. 그리고 그 임원은 회사를 떠났다. 실망스러운 결과였지만 프레드에게 그 사건은 매우 교훈적이었다. 그는 회사에서는 물론이고 이사회에서도 올바른 문화가 필요하다는 사실을 배웠다. 새 투자자는 프레드 회사의 문화에 전혀 신경 쓰지 않았고 오직 자신의 힘을 과시하는 것에만 관심이 있었다. 회사의 문화가 투자의 명운을 결정짓는 중요한 요소인데 말이다. 이런 태도는 앞으로도 지속적인 문제가 될 소지가 다분했다. 결국 프레드는 그 투자자를 방출했고, 그의 회사는 타박상을 입었지만 더 강해졌으며 지금도 성장을 이어가고 있다.

## 문화가 무너졌음을 보여주는 명백한 징후

문화가 무너졌는지 판단하기는 어렵다. 문화가 붕괴될 경우 직원들이 리더인 당신에게 솔직히 말해줄 거라고 믿을 수 있다면 얼마나 좋을까. 하지만 이것은 생각만큼 쉽지 않다. 첫째, 직원들이 그렇게 하려면 용기가 필요하다. 둘째, 불만을 '고발'하는 당사자 본인이 문화적으로 매우 '건강한' 사람이어야 한다. 그런데 거꾸로 생각해볼 여지도 있다. '내부 고발자'가 당신의 문화와 궁합이 맞지 않다면 그의 불만이 사실은 칭찬일 수도 있는 것이다. 당신의 문화가 잘 작동하고 있지만 그 사람은 당신의 문화 프로그램에 융화될 수 없고, 그래서 당신의 문화에 불만이 생긴 걸 수도 있다는 이야기다. 셋째, 문화에 관한 대부분의 불평불만은 너무나 추상적이어서 그다지 실질적인 도움이 되지 않는다. 직급이 낮은 직원들이 문화에 대해 가장 보편적으로 표출하는 불만들은 "우리 문화가 무너졌다", "직원들이 회사 문화를 지키지 않는다"는 것이다. 그런 주장이 진실이라 하더라도 당신은 그 주장에서 아무것도 알아낼 수가 없다.

그렇다면 당신의 문화가 정상 궤도에서 탈선했다는 사실을 어떻게 알 수 있을까? 아래와 같은 몇 가지 징후가 보이진 않는지 잘 살펴보자.

- **예상하지 못한 사람들이 너무 자주 사직서를 낸다** 언제나 회사를 떠나는 직원들은 있기 마련이다. 그러나 예상하지 못한 사람들이 예상하지 못한 이유로 회사를 그만둔다면 이제는 변화가 필요한 시점이라는 의미다. 회사가 잘 굴러가는데도 직원 이직률이 동종 업계보다 높으면 당신의 회사는 문화와 관련해 빨간불이 켜졌다고 봐야 한다. 만약 당신이 붙들고 싶은 직원들이 회사를 그만둔다면 그것은 더 안 좋은 징후다. 심지어 문화와의 궁합이 좋다는 이유로 채용된 직원들이 회사에서 편안함을 느끼지 못한다면 특히 불길한 징조다. 한 마디로 정리하면, 당신은 존재하지도 않는 문화를 토대로 그들을 선택한 것이다.
- **최우선 순위에 문제가 있다** 예컨대 고객 서비스에 대한 불평과 불만이 폭증하고 그래서 당신은 고객 서비스 개선을 회사의 최우선 순위로 삼는다. 반년 후 고객 만족도가 약간 개선됐지만, 기본적으로 보면 아직도 형편없는 수준이다. 드러난 사실만을 토대로 순진하게 판단한다면, 고객 지원이 붕괴됐다고 결론짓고 고객 지원 리더를 해고하는 수순을 밟을 것이다. 그러나 이런 조치는 고객 만족이 크게 3단계로 이뤄진다는 사실을 간과하는 미봉책에 불과하다. 고객 만족은 먼저 제품에서 시작하고, 영업과 마케팅을 통해 구축된 기대치를 충족시킨 다음, 마침내 고객 지원으로 이어진다. 따라서 당신의 문제는 십중팔구 문화와 관

런 있을 가능성이 크다. 일례로 당신의 문화가 고객 만족 업무를 수행하는 직원들에게 적절히 보상해주지 않는 것이다. 대신에 제품의 생산 및 공급 일정을 맞추고, 영업 목표치를 달성하고, 시장 반응이 좋은 마케팅 캠페인을 수립해서 실행하는 직원들에게만 보상해줄 가능성이 매우 크다. 고로 문화를 손보지 않으면 고객 만족과 관련된 문제를 영영 고치지 못할 것이다.

- **직원의 어떤 행동 때문에 큰 충격을 받는다** 혹시 이 책의 도입부에서 소개했던 라우드클라우드의 중간 관리자로 거짓말쟁이였던 서스턴을 기억하는가? 당시 나는 직원들이 우리 회사에서 거짓말이 용인된다고 생각했다는 사실에 등골이 오싹해졌다.

나는 직원들의 오해를 바로잡아야 했고, 그래서 서스턴을 해고할 수밖에 없었다. 그럼에도 불구하고, 그가 거짓말로 승진 사다리를 올라가는 것을 직접 눈앞에서 목격했던 충격은 쉬 가시지 않았고 파급 효과가 수년간이나 지속됐다. 그가 정말 거짓말로 승진을 했건 아니건 진위는 중요하지 않았다. 직원들이 그렇게 '생각했다'는 것이 핵심이었다. 이처럼 면밀하게 주의를 기울이지 않으면 진실은 다양하게 해석될 여지가 크다. 일단 그가 금기의 선을 넘고 나자 모두가 동일한 사건을 임의적으로 해석했고 다시 고삐를 죄기가 어려웠다. 몇몇 직원이 미확정 계약을 예약 건수에 포함시키자고 제안했던 경우도 마찬가지였다. 어쨌든 지금 내가 아는 것을 그때에 알았더라면, 내 문화를 즉각적으로 재설정하기 위해 모든 노력을 다했을 것이다. 그리고 서스턴을 해고하는 선에서 끝내지 않았을 것이다. 직원들이 깜짝 놀랄 파격적인 규칙을 도입하거나 반면교사로 삼도록 일벌백계 차원의 본보기를 보여줬을 것이다. 요컨대 나는 '동료들에게 거짓말하면 해고된다'는 것을 매일 일깨워주는 일상적인 교훈이 필요했다.

누군가가 선을 넘는 방식으로 행동한다면, 어느 정도는 당신의 문화가 그런 행동이 용납되도록 만들었다는 사실을 명심하라.

## 일벌백계를 통한 교훈

일벌백계의 본보기를 통해 교훈을 주는 것보다 문화를 형성하고 변화시키는 더 강력한 기법은 없다. 얼핏 생각하면 충격으로 경각심을 일깨우는 파격적인 규칙과 비슷해 보일 수 있다. 그러나 둘은 엄연히 다르다. 파격적인 규칙은 그것이 왜 필요한가에 대한 '궁금증'을 유발하고 그 대답을 기억하게 만드는 데 목적이 있다. 다시 말해 충격적인 규칙은 그것을 촉발시키는 실제 상황이 있건 없건 그 자체로 효과를 발휘한다.

반면 일벌백계는 '나쁜 일이 발생한 후'에 실행하는 극단적인 경고다. 그리고 그 사건을 바로잡는 데서 끝나지 않고 그것을 본보기 삼아 향후 문화를 재설정하고 그 일이 절대 재발하지 않도록 만전을 기하기 위해 필요하다.

중국 춘추시대의 장군이자 세상에서 가장 오래된 군사 이론서《손자병법》의 저자이며 손자(孫子)라는 이름으로 더 유명한 손무(孫武)는 일벌백계의 개념을 완벽히 이해한 사람이었다. 가장 위대한 고대 역사학자인 사마천(司馬遷)은 손무가 일벌백계를 어떻게 사용했는지 자세히 설명한다.

손무는 제(齊)나라 사람이었다. 그가 집필한 《손자병법》이 오(吳)나라 왕 합려(闔閭)의 관심을 끌었다. 합려가 손무를 불러 말했다. "선생이 집필한 병법서 13편을 모두 읽었다. 내가 그 병법을 좀 시험해봐도 되겠는가?"

손무가 대답했다. "네, 하명하십시오."

합려가 물었다. "여인들을 대상으로 시험해봐도 되겠는가?"

이번에도 손무가 단호하게 대답했다. "가능합니다."

그리하여 손무는 자신의 병법을 시연하게 됐다. 합려는 180명의 궁녀들을 뜰에 집합시켰다. 손무는 그들을 두 집단으로 나눠 합려가 가장 아끼는 후궁 2명을 각 집단의 대장으로 임명했다. 그런 다음 궁녀 모두에게 창을 손에 들라고 명령했고, 그들 앞에 나서 이렇게 연설했다. "그녀들이 전후좌우를 구분할 수 있을 거라고 생각하는데, 그런가?"

궁녀들이 대답했다. "네, 구분할 줄 압니다."

손무가 말을 이었다. "내가 '바로 봐!'라고 말하면 시선을 앞으로 향하고, '좌로 봐!'라고 명령하면 고개를 왼쪽으로 돌리며 '우로 봐!'라면 오른쪽을 쳐다보면 된다. 그리고 '뒤로 봐!'라고 지시하면 고개를 오른쪽으로 돌려 뒤를 쳐다봐야 한다. 다들 이해했는가?"

이번에도 궁녀들이 잘 알았다고 대답했다. 이렇게 제식 구령에 대해 간단히 설명을 마친 후 손무는 미늘창과 전투용 도끼를 준비하고 드디어 훈련을 시작했다. 북소리가 울리는 가운데 손무가 첫 번째 명령을 내렸다. "우로 봐!" 그러나 궁녀들은 명령에 아랑곳하지 않고 갑자기 깔깔거리며 웃었다. 이에 손무가 단호히 말했다. "명령이 명확하지 않고 뚜렷하지 않으면 그래서 병사들이 명령을 정확히 이해하지 못하면 그것은 장군의 잘못이다."

손무는 다시 훈련을 시작했고 이번에는 "좌로 봐!"라고 명령했다. 그런데 이번에도 궁녀들은 명령을 받들어 동작을 취하지 않고 깔깔깔 웃을 뿐이었다. 이에 손무가 다시 강조했다. "명령이 명확하지 않고 뚜렷하지 않으면 그래서 병사들이 명령을 정확히 이해하지 못하면 그것은 장군의 잘못이다. 그러나 장군의 명령이 명확한데도 병사들이 따르지 않으면, 그것은 그들 지휘관의 잘못이다."

그렇게 말한 다음 손무는 명령 불복종의 책임을 물어 지휘관의 목을 치라고 명령했다. 그때까지 합려는 높은 연단에서 훈련 과정을 말없이 지켜보고 있었다. 그러다가 자신의 후궁들이 참수될 위기에 처한 걸 알고 혼비백산해서는 급히 전령을 내려보내 저지했다. "장군의 용병술이 얼마나 뛰어난지 이제 충분히 알았다. 그런데 그들 후궁이 없으면 과인은 산해진미를 먹어도 맛을 모를 것이다. 그러니 그 여인들을 살려주기 바라네."

손무가 대답했다. "소인은 이미 왕의 명을 받들어 군대를 통솔하고 있습니다. 장군이 군대를 통솔할 때는 왕의 명령이라 할지라도 가려서 받습니다."

그렇게 손무는 두 후궁의 목을 치는 것으로 자신의 말을 증명했다. 그러고는 곧바로 합려가 그들 다음으로 아끼던 후궁 2명을 각각 대장으로 세웠다. 훈련 재개를 알리는 북소리가 또 울렸다 이제 궁녀들은 손무의 제식 명령에 일사분란하게 움직였다. "우로 봐", "좌로 봐", "앞으로 가", "뒤로 돌아" 같은 명령은 물론이고 무릎을 꿇거나 똑바로 서는 동작 등도 한 치의 어긋남 없이 정확하고 정교하게 수행했다. 어찌나 군기가 바짝 들었는지 숨소리마저 내지 않았다. 손무는 전령을 보내 합려에게 보고했다. "폐하, 이제 폐하의 병사들은 훈련을 마쳤고 군기가 들었습니다. 폐하께서 직접 시험해보십시오. 이제 폐하께서는 그들을 마음대로 부리실 수 있으십니다. 불속으로 뛰어들라고 해도 받들 것이고 물속을 가라고 명령해도 그렇게 할 것입니다."

그러나 합려는 손무의 제안을 고사했다. "장군은 이제 훈련을 그만하고 숙소로 돌아가 쉬라 전하라. 과인이 거기로 내려가서 병사들을 시험하고픈 마음이 없구나."

이에 실망한 손무가 말했다. "왕은 그럴듯한 이론이나 듣기를 원하지 제대로 된 훈련을 보고 싶은 것이 아니구나!"

그때부터 합려는 손무의 뛰어난 용병술을 진정으로 인정했고, 그를 장군에 임명했다. 합려는 서쪽으로 진군해 초(楚)나라를 무찌르고 수도인 영(郢)을 함락시켰다. 얼마나 맹위를 떨쳤던지 북쪽의 제나라와 진(秦)나라까지 합려를 무서워하게 됐고, 춘추시대 제후들 사이에 그는 이름을 널리 떨쳤다. 그리고 그 모든 전공의 한가운데 손무가 있었다.


위의 이야기는 지나치게 잔인하게 들린다. 굳이 후궁들을 참수할 필요까지 있었을까? 그들이 진짜 병사도 아닌데 말이다. 그것은 아주 불공평해 보인다. 하지만 이런 불공평이야말로 손무가 원하던 문화를 구축할 수 있었던 핵심 열쇠였다. 손무는 후궁들을 참수시킨 이야기가 아주 무자비했기에 온 나라로 퍼질 거라는 사실을 잘 알았다. 다시는 지시나 명령을 받고 낄낄 웃는 게 용납되는지 여부에 대해 누구도 혼란스러워하지 않을 터였다. 이것은 절대적으로 중요했다. 손무는 규율을 어기는 병사 한 명 때문에 모든 것을 잃을 수도 있다는 전쟁터의 생리를 잘 알았다. 그는 왕에서부터 후궁에 이르기까지 바위처럼 단단한 문화가 필요했고, 일벌백계의 혹독한 본보기를 통해 그 문화를 만들었다.

회사의 존립 자체를 위협하는 사건에 직면했을 때는 불공평하다는 비판을 받더라도, 손무의 일벌백계와 비슷한 본보기로 확실한 교훈을 보여줄 필요가 있을지도 모르겠다. 가령 사기꾼 같은 어떤 영업 직원이 고객과 이면 계약을 체결했다고 해보자. 계약서에는 거래가 완료됐다고 명시되더라도 이면 합의에 따라 고객은 계약 개시 후 3개월 이내 언제든 제품을 반품할 권리를 갖게 된다. 영업 직원은 사내의 경리부나 법률부에 그 이면 계약에 대해서 아무런 말도 하지 않는다. 그러자 경리부는 당연히 그 거래를 매출에 포함시키고, 이로써 의도치 않게 회계 부정을 저지르게 된다. 취소 가능성이 있는 판매 거래는 매출로 잡으면 안 되기 때문이다.

이럴 경우 당신은 어떻게 하겠는가? 해당 영업 직원을 해고하고 회계상의 실수를 보고해야 함은 두말하면 잔소리다. 그런데 그런 조치로 문화가 바뀔까? 문화를 변화시키지 않으면 그런 식의 그릇된 행동이 반복돼 회사를 죽일지도 모른다. 다양한 사기 행각을 저지르고도 살아남은 기업은 거의 없다. 위의 시나리오에서 가장 모범적인 문화적 행위는 손무의 접근법을 취하는 것이다. 당신은 해당 영업 직원만이 아니라 그 사람으로부터 시작되는 보고 계통 전체를 해고해야 한다. 잘못 들은 게 아니다. 그의 보고가 올라가는 상사 모두의 목을 잘라야 한다. 물론 영업 담당 관리자는 부하 직원의 불법적인 행동에 대해 자신에게도 법적인 책임이 있음을 잘 안다. 그럼에도 보고 라인 전체를 해고하는 일은 적어도 일부 관리자에게는 크게 불공평한 조치일 것이다. 하지만 위의 시나리오에서 CEO는 유교적인 접근법을 엄격히 따라야 한다. 다수의 필요가 소수의 필요보다 우선하기 때문이다. 이제 회사의 구성원 모두는 일벌백계의 본보기가 보여주는 교훈을 확실히 이해하게 될 것이다. 요컨대 위의 회사에서는 이제 지위고하, 이유여하를 막론하고 누구도 불법적인 행위를 저지르지 않는다.

그렇다면 작은 거짓말은 어떨까? 가령 영업 직원이 고객에게 특정한 기능이 곧 출시될 거라고 거짓말을 했다고 하자. 물론 거짓말은 나쁘다. 그러나 그 직원이 거짓말했다고 회사가 그 기능을 곧 출시해야 하는 책임이 생기는 것은 아니다. 따라서 문제의 직원을 징계하거나 필요하다면 해고해야 할 테지만, 그가 보고하는 윗선 전체에 반드시 불이익을 줄 필요는 없을 것이다.

## 문화 파괴자를 다루는 방법

내 저서 《하드씽》을 보면 '머리만 좋은 골칫덩이들을 가려내라'라는 소제목이 있다. 당신은 그들이 회사의 대단한 자산이 될 거라고 생각하지만 결국에는 문화를 파괴하는 애물단지로 전락한다. 나는 나쁜 직원들을 세 가지 유형으로 나눠 설명했는데 이런 사람들은 아마도 해고하는 편이 상책이지 싶다. 다음은 《하드씽》에서 설명했던 내용을 간단히 요약한 것이다. 그리고 더 큰 골칫덩어리인 극단적인 직원 유형 사례를 새로 추가했다.

## 이단아 유형

모든 기업에는 영리하고 몰입도가 높으며 회사의 고질적인 약점들을 포착해서 회사가 그런 약점들을 개선하는 데 도움을 줄 수 있는 직원들이 많으면 좋다. 하지만 개중에는 고치기 위해서가 아니라 악용할 구실을 잡으려고 회사의 약점들을 뒤지는 직원들도 있다. 회사가 희망이라곤 찾아볼 수 없을 만큼 절망적이라는 둥, 멍청이들이 꼭대기에 앉아서 마음껏 주무른다는 둥 주장할 명분을 쌓기 위해서 말이다. 똑똑한 직원일수록 이런 식의 행동이 조직에 더 파괴적인 영향을 미친다. 사람들은 본래가 남들보다 머리가 좋은 사람의 말에 더 귀를 기울이고 쉽게 휘둘리는 경향이 있기 때문이다. 그는 헌신적이고 생산적인 직원들에게 세치 혀를 놀려 업무에 몰입하지 않는 허수아비로 만들고, 한 술 더 떠서 그들이 다른 직원들도 세뇌시켜 자신과 똑같이 하도록 만들 것이다. 그리하여 마침내 그들은 경영상의 모든 결정에 일일이 딴지를 걸고 신뢰를 깨뜨리며 문화가 와해되게 만들 것이다. 이렇게 미꾸라지 한 마리가 온 웅덩이 물을 다 흐린다.

그렇다면 똑똑한 직원이 자신의 밥그릇을 엎으려는 이유는 무엇일까?

- **실제적 영향력이 없다** 그의 눈에는 힘을 가진 '높으신 분'들이 닿을 수 없는 존재로 보이고, 그래서 불평만이 진실을 토로하는 유일한 수단이 된다.
- **기질적으로 반항아다** 반항아 중에는 직원보다 CEO로서 더 유능한 사람도 더러 있다.
- **치기 어리고 순진하다** 경영자라고 해서 회사 운영의 모든 세부 사항을 다 알 수는 없다. 하지만 이단아들은 이 사실을 전혀 이해하지 못한다. 그리하여 잘못된 모든 문제에 경영자들이 연루되어 있고 책임이 있다고 믿는다.

이단아들을 전향시키기는 아주 어렵다. 이단아가 공개적인 입장을 취하고 나면, 브레이크 없이 달리는 열차와 같은 상황에 처하게 된다. 이제는 엄청난 사회적 압박에 밀려 좋든 싫든 그 입장을 계속 밀고 나갈 수밖에 없게 되는 것이다. 가령 친구 수십 명에게 회사의 CEO가 천하 제일의 멍청이라고 말한 뒤에 그 입장을 뒤집는 것은 그의 신뢰성에 막대한 타격을 주는 일이다. 세상에 자신의 손으로 자신의 신뢰성을 깎아내리려는 사람은 거의 없다.

### 신뢰할 수 없는 유형

머리는 아주 좋은데 무책임해서 믿음이 전혀 가지 않는 사람도 간혹 있다. 내가 옵스웨어의 CEO였을 때 그런 직원을 직접 봤다. 옵스웨어가 한번은 아주 총명한 기술자를 채용했다. 모두가 인정하는 천재였다. 편의상 그를 로저라고 부르자. 로저의 업무에서는 보통의 신입이

제 몫을 다하게 되려면 어림잡아 석 달이 걸렸다. 그러나 역시 천재는 달랐다. 그는 단 이틀 만에 예열을 마치고 본격적인 업무를 시작할 준비를 마쳤다. 입사 셋째 날에 우리는 로저에게 한 달 예정인 프로젝트를 맡겼다. 그런데 로저는 불과 사흘 만에 그 프로젝트를 완수했다. 품질도 흠 하나 찾아보기 힘들 만큼 거의 완벽했다. 한 달이 걸리는 프로젝트를 사흘 만에 끝낸 것이다. 정확히 말하면 72시간이었다. 그는 72시간 동안 잠시도 쉬거나 잠을 자지 않았고 사실상 코딩 말고는 아무것도 하지 않았다. 입사하고 처음 석 달 동안 그는 자신의 능력을 톡톡히 증명하며 가장 우수한 직원이 됐고, 그런 그에게 우리는 즉각 승진으로 보상해줬다.

희한하게도 그때부터 로저가 달라지기 시작했다. 그는 전화 한 통없이 며칠씩 무단으로 결근했고, 조금 지나서는 몇 주씩 코빼기도 얼씬거리지 않았다. 마침내 출근하면 온갖 핑계를 대며 사과의 말을 늘어놓았지만, 조금도 달라지지 않았다. 게다가 업무의 질도 떨어졌다. 뭐든지 대충대충 했고 어떤 것에도 집중하지 못했다. 나는 그토록 뛰어난 사람이 어째서 생판 딴사람이 되어 그토록 무책임해질 수 있는지 이해가 되지 않았다. 로저의 상사는 팀원 모두가 어떤 일에서든 그를 믿을 수 없었기에 그를 해고하고 싶어 했다. 그런데 내가 말렸다. 나는 예전의 천재가 아직도 그의 내면에 살아 있음을 알 수 있었다. 그래서 그 천재를 찾아내면 된다고 생각했다. 결론부터 말하면 우리는 예전의 천재를 찾지 못했다. 알고 보니 로저는 조울증을 앓았고 약물과 관련해서 심각한 문제도 있었다. 조울증에 대한 약물 치료를 거부했고 코카인에 중독돼 있었던 것이다. 그쯤 되니 나도 더는 고집을 부릴 수 없었다. 결국 로저를 해고해야만 했다. 그러나 지금까지도 그는 내게 아픈 손가락으로 남아 있다. 그의 능력과 가능성을 생각하면 마음이 짠하다.

무책임한 행동의 이면을 들여다보면 종종 자기 파괴적인 습관에서부터 약물 중독과 '투잡'에 이르기까지 근원적인 아주 심각한 문제가 발견된다. 그리고 그런 행동을 방치하면 전체 문화에 악영향을 미친다. 만약 팀이 무책임한 팀원에게 의존하고 그 사람이 아무런 설명 없이 무책임하게 행동하는 것을 눈감아준다면, 나머지 팀원들에게 잘못된 믿음을 심어주게 된다. 자신 역시 그렇게 행동해도 된다고 믿는 것이다.

## 무례하고 공격적인 유형

조직의 어디에나 똑똑하지만 성격 나쁜 직원이 있을 수 있다. 그러나 뭐니 해도 경영진에 그런 사람이 있을 때 조직에는 가장 해롭다. 솔직히 대부분의 경영자는 가끔 '멍청이', '또라이', '재수 바가지' 등등 이와 유사한 욕이 어울릴 만큼 처신에 문제가 있을 수도 있다. 그리고 극단적인 무례함이 상황을 더욱 명확히 드러내거나 중요한 교훈을 역설하는 효과가 있을 수도 있다. 그러나 어쨌든 지금 내가 말하고 싶은 것은 그런 행동이 아니다. 누군가를 공격할 기회를 호시탐탐 노리는 사람들을 말한다. 그런 사람에게는 개인적인 공격일수록 더 반색한다.

경영자가 이해 불가한 터무니없는 행동을 반복하면 회사를 무너뜨릴 수 있다. 회사가 성장하면서 생기는 여러 문제 중에서 가장 힘든 것이 바로 의사소통이다. 팀에 시쳇말로 싸움닭이 있으면 원활한 소통은 거의 불가능하다고 봐야 한다. 그가 주변에 있으면 팀원들이 아예 입을 닫아버리기 때문이다. 예를 들어 누군가가 마케팅과 관련된 현안을 제기할 때마다 마케팅 담당 부사장이 미쳐 날뛰며 물어뜯는다면 어떻게 될까? 자진해서 그의 다음번 먹잇감이 되려는 사람이 있을까?

얼마 지나지 않아 그 미친개와 함께 있을 때면 누구도 어떤 주제도 꺼내지 않는 지경이 된다. 그리고 회사 전체가 서서히 쇠락의 길을 간다. 이런 유해한 역학 관계는 싸움닭이 아주 머리가 좋을 때에만 발생한다는 점에 주목하자. 만약 그가 똑똑하지 않다면, 그가 공격한들 아무도 신경 쓰지 않을 것이다. 힘센 큰 개에게 물릴 때만 아프듯, 영향력 있는 사람의 입에서 나오는 말일 경우에만 사람들은 신경을 쓴다. 만약 당신 팀에서 큰 개 한 마리가 소통을 파괴한다면, 우리에 가두거나 재갈을 물리거나 어쨌든 일벌백계로 다스릴 필요가 있다.

## 분노의 예언자 유형

가끔은 직원들 사이에서 극단적인 사례를 만나게 된다. 어쩌면 당신은 그 사람을 '고쳐 쓰고' 싶을지도 모르겠다. 무례하고 공격적인 직원에 속하는 부류 하나는 내가 힙합 그룹 퍼블릭 에너미의 노래 제목을 따서 '분노의 예언자'(prophet of rage)라고 부르는 유형이다. 예언자들은 일을 똑소리 나게 잘하고 불굴의 의지로 똘똘 뭉쳐 있다. 그들에게는 아무리 높아도 넘을 수 없는 장애물이 없고 아무리 어려워도 해결할 수 없는 문제도 없다. 그들은 자신의 일을 성공적으로 해내기 위해서라면 자신이 누구를 화나게 하든 전혀 상관하지 않는다. 사람들은 그들을 개차반, 독불장군, 또라이 등으로 부른다. 사실 그들은 무례한 사람, 이상도 이하도 아니다. 그런데도 가끔은 그들을 팀에서 내보내고 싶지가 않는데, 이유는 단순하다. 일을 아주 잘해서다. 그토록 일을 잘하는 사람을 또 어디서 구한단 말인가. 그저 성질을 조금만 죽여서 같이 일하기가 조금만 더 쉬워지면 좋으련만.

또한 이들은 독선이 아주 심해서 그들과는 올바른 업무 방식에 관해 대화하는 것조차 힘들다. 그들은 자신의 일하는 방식이 하늘이 두 쪽 나도 절대적으로 옳다고 생각하기 때문이다. 자신을 제외한 다른 모든 사람이 언제나 틀렸다.

이들의 배경은 전형적인 지원자 프로필에 거의 맞지 않다. 개중에는 가난한 동네에서 성장했고 '잘못된' 학교를 다닌 사람도 있다. 또는 종교, 성적 취향, 인종 같은 배경에서 '잘못된' 축에 속했다. 어떤 식으로든 그들은 인생 경로의 잘못된 측면에서 성장했고, 모두가 그 사실을 토대로 자신을 평가할 거라고 생각한다. 그래서 그들은 자신의 가치를 증명하기 위해서라면 불구덩이에도 뛰어들 각오가 돼 있다(그렇다고 이런 배경을 가진 모두가 분노의 예언자라는 말은 아니다. 다만 이런 배경을 가지는 경향이 있다는 뜻이다).

이런 직원들은 기업 차원의 대량 살상 무기다. 이것은 동전의 양면과 같아서 그들을 잘만 쓰면 궁극의 무기가 되지만 한편으로는 그런 무기를 배치하는 것 자체가 커다란 불안 요소일 수도 있다. 그들이 당신의 문화를, 더 나아가 회사까지 파괴하는 것을 어떻게 막을 수 있을까?

분노의 예언자들을 관리할 때 반드시 염두에 둬야 하는 것이 있다. 그들이 가끔은 스스로 책임을 지는 것보다 남을 비난하는 데 훨씬 적극적이라는 사실이다. 이들은 동료를 공격할 때는 조금도 망설이지 않고 죽기 살기로 달려들 것이다. 하지만 정작 자신은 아주 작은 비난에도 잔뜩 겁을 먹고 움츠려든다. 대부분의 관리자는 그런 행동을 같잖다고 여기고 그런 행동을 볼 때마다 못 본 척 넘어간다. 이는 스스로가 위대해질 기회를 발로 차버리는 것과 다르지 않다.

분노의 예언자들은 못 말리는 완벽주의자다. 자신에게서는 물론이고 주변의 모든 사람들에게서 티끌 하나 없는 완벽함을 기대한다. 행여 누군가가 일을 제대로 못하거나 수준 이하의 아이디어를 제안하면 그들은 분노로 활활 타오른다. 그들을 분노하게 만들고 또한 다른 사람들을 잔인하게 짓밟게 만드는 바로 그 역학이, 외려 자신에 대한 비난에서는 몸을 움츠려들게 만든다. 그들은 자신의 모든 생명력을 오로지 일을 훌륭히 수행하는 데만 쏟는다. 따라서 자신의 일에 대한 아무리 작은 쓴소리도 자신에 대한 개인적인 공격으로 받아들인다. 요컨대 일과 스스로를 동일시한다. 이 외에도 분노의 예언자들을 대할 때 명심할 것이 또 있다. 가끔은 자신의 배경에서 기인한 자격지심의 발로로, 자신이 조직에 들어오는 것 자체를 당신이 원치 않았다고 의심할 것이다.

이들을 잘 관리해서 서로가 윈-윈 할 수 있는 방법은 무엇일까? 매우 유익한 세 가지 비법이 있다.

- **피드백을 줄 때는 그의 행동을 직접 거론하지 말고 대신에 그 행동이 야기하는 역효과에 초점을 맞춰라** 가령 당신이 "회의 시간에 고성을 내는 것은 절대 용납할 수 없습니다"라고 말하면, 이

들은 이렇게 해석한다. "회의 시간에 '당신'이 고함치는 것은 절대 용납할 수 없지만 다른 사람들은 원하면 그렇게 해도 된다. 왜냐면 당신이 나대는 꼴은 정말 눈꼴시어 보고 싶지 않아서다." 따라서 행동 자체를 언급하는 것보다 그의 행동이 어떻게 '해석되는지'에 초점을 맞춰 피드백을 제공하는 것이 좋다. "자네가 지금 하는 일은 아주 중요하네. 그런데 앤디의 팀이 자네일을 방해했다고 앤디를 호통쳤을 때 그가 어떻게 반응하는지 봐서 잘 알 걸세. 앞으로 좀 더 조심해서 방해하지 않겠다가 아니었잖은가. 외려 사람들이 보는 앞에서 굴욕감을 줬다고 당신에게 복수하겠다는 태도였지 않은가 말일세. 자네가 선택한 방법은 문제를 해결하기는커녕 오히려 역효과를 불러왔네." 이들은 처음에는 그 비난에 발끈하겠지만, 이내 당신이 옳았음을 깨닫고 그 문제를 바로잡기 위해 젖 먹던 힘까지 다해 노력할 것이다. 어쨌든 그는 뼛속까지 완벽주의자기 때문이다.

- **이들을 고쳐 쓸 수 없다는 사실을 인정하라** 분노의 예언자를 얼마나 효과적으로 지도하든 당신은 그를 완전한 새 사람으로 개조하지 못할 것이다. 오히려 그와 나머지 팀원들을 한꺼번에 공략하는 양동작전이 더 효과적이다. 그의 불같은 성정을 누그러뜨리려 노력하는 동시에, 팀원들에게는 그가 일을 아주 잘해서 그들이 그를 너그럽게 받아들여주길 바란다는 것을 알게 하라.

- **이들이 할 수 있는 일에 초점을 맞춰 지도하라** 분노의 예언자는 편집증이 있고, 그래서 오직 부정적인 피드백만을 제공하면 자

신이 평생 차별받는다는 피해망상을 강화하는 결과만 낳을 것이다. 이럴 때는 그와 마주앉아 그가 할 수 있는 일에 대해 진지하게 이야기해보라. 이것은 그에게나 당신 회사에게나 일종의 촉매제가 돼줄 것이다. 다시 말해 그의 뛰어난 능력을 활성화시킬 것이고, 당신 회사의 생산성을 크게 끌어올릴 것이다. 예를 들어 뛰어난 영업력을 갖췄지만 동료들과 계속해서 부딪히는 직원이 있다고 하자. 이럴 경우는 이들과 대화하면서 무조건 동료들을 이기려 들지 말고 그들에게 자신의 아이디어를 납득시켜보라고 자극하는 편이 좋다.

이유를 막론하고 종국에는 분노의 예언자들이 어떻게든 당신의 문화를 준수해야 한다. 당신이 이들을 안고 가려 애쓸 때, 그에 대한 이런 특별 대우를 못마땅하게 여기는 직원들이 있을 수밖에 없고 그들이 당신에게 비난의 화살을 돌릴 거라는 사실을 염두에 둬라. 도대체 왜 회사 문화에 어긋나게 행동한 사람을 즉각 해고하지 않고 감싸 도는 거지? 일만 잘하면 다야?

가끔은 이런 문화적 일탈이 결과적으로 보면 위장된 다양성 즉, 다양성의 또 다른 얼굴일 수도 있다. 그러나 문화적 단결성이 개인의 성과보다 훨씬 더 중요한 때가 많고, 따라서 문화를 저해하는 분노의 예언자들을 해고하는 것이 최선일지도 모르겠다. 그리고 이것 역시도 하나의 문화적 메시지임을 잊지 마라. 업무 능력과는 상관없이 커다란 문화적 일탈 행위는 절대 용납되지 않는다는 메시지 말이다.

이것은 당신이 어떤 문화를 원하는가에 대해 더욱 심도 깊은 질문을 하게 만든다. 어떤 예외도 용납되지 않는 일률적인 문화를 원하는가, 아니면 다양성과 개개인의 특성을 용인하는 문화를 원하는가? 가령 불만을 제기하는 직원에게 "플로이드에게는 특별한 재능이 있으니 그가 적응할 수 있게 시간을 좀 더 주면 어떨까요?"는 같은 식으로 말하기가 거북하다고 하자. 이럴 경우는 어떤 예외도 두지 않는 일률적인 문화고, 당신은 분노의 예언자를 직접 다뤄보려는 시도조차 하면 안 된다.

당신이 분노의 예언자를 끌어안으려 아무리 최선을 다해 지도한다 해도, 조직이 성장하게 되면 이들의 마음속 분노가 너무 커서 조직의 문화를 해치므로 결국에는 포기해야 할지도 모르겠다. 하지만 나중은 나중 일이고 일단은 그들의 뜨거운 에너지를 활용하기 위해 열심히 노력해볼 가치는 있다. 혹시 아는가? 위대한 분노의 예언자가 당신 회사에서 가장 뛰어난 보석일지 말이다.

## 위임과 통제 사이, 의사결정의 문화

리더로서 당신이 내리는 결정은 다른 어떤 것보다 문화에 커다란 영향을 미친다. 또한 당신의 결정 과정은 당신 문화의 핵심적인 부분이다.

결정권자인 고위직들의 의사결정 유형은 크게 세 가지로 나눌 수 있다.

- **내 방식을 따르든지 아니면 떠나라** 이런 '도 아니면 모' 유형의

리더는 말한다. "나는 여러분 모두가 무슨 생각을 하는지 전혀 관심이 없습니다. 회사는 무조건 내 방식대로 일할 것입니다. 내 방식이 마음에 들지 않으면 바로 뒤에 문이 있으니 나가면 됩니다." 이것은 의사결정 과정에 토론이 전혀 필요하지 않을 때에 가장 효과적이다.

- **모두에게 공평한 발언권이 주어진다** 이 유형의 리더는 민주적인 과정을 좋아한다. 모든 의사결정에 대해 공식적인 투표를 요청할 수만 있다면 당연히 그렇게 할 것이다. 결정에 도달할 때까지 상당히 오랜 시간이 걸리지만, 모두에게 발언권이 보장된다.

- **모두가 기여를 하되 결정은 내가 한다** 이런 절충적인 유형의 리더는 적절한 정보를 수집하고 이용 가능한 모든 지력(知力)을 활용하는 것과 결정 과정을 효율적으로 유지하는 것 사이에 균형을 맞추고자 한다. 이런 과정은 모두에게 공평한 발언권이 주어지는 민주주의적 유형보다는 동기를 부여하는 효과가 떨어지고 내 방식을 따르든지 아니면 떠나라는 독불장군 유형보다는 효율성이 부족하다.

비즈니스 세상에서는 세 번째 유형이 대체로 가장 효과적이다. '내 방식을 따르든지 아니면 떠나라'는 독불장군 유형은 모든 구성원을 사실상 권한 없는 허수아비로 만들어 CEO의 영향력 아래에 두고 고위층에서 심각한 병목 현상을 유발한다. 반면 '모두에게 공평한 발언권이 주어진다'는 민주주의적 유형은 역설적이게도 모든 사람이 시쳇말로 미쳐서 팔짝 뛰게 만든다. 솔직히 직원들은 의외로 첫 번째 유형보다 두 번째 유형의 상사를 더 싫어한다.

CEO를 평가하는 기준은 결정 과정의 효용성과 결정의 정확성이다. '모두가 기여를 하되 결정은 내가 한다'는 절충형의 리더는 풍부한 정보에 입각한 의사결정과 속도 사이에 균형을 맞추는 경향이 있다. 또한 이런 최종 결정권자형 리더의 논리는, 조직의 누구도 혼자서 결정할 수 있을 만큼 충분한 정보를 갖지 못하고 따라서 누군가는 관련 정보를 수집한 다음 어떻게 진행할지를 결정하는 책임을 져야 한다는 것이다.

문화가 붕괴되는 가장 보편적인 상황은 결정이 내려진 후에 나타난다. 소프트웨어 프로젝트를 취소하기로 결정했다고 치자. 또한 그것은 재무적인 상황을 최우선적으로 고려한 결정이었고 프로젝트 관리자가 동의하지 않았다고 가정하자. 이제 그 관리자는 팀원들에게 프로젝트가 엎어진 사실을 알려야 한다. 팀원들은 그간 자신들의 힘겨운 노력이 물거품이 됐다는 사실에 좌절하고 서운함을 느끼며 대개는 부글부글 끓어오를 것이다. 이에 관리자가 이런 반응을 보이는 것은 자연스럽다. "여러분 심정을 십분 이해하고 솔직히 나도 여러분과 똑같은 마음입니다. 그러나 높으신 분들이 내 의견을 묵살하니 나도 어쩔 수가 없네요."

하지만 이는 자연스러울지언정 문화에는 백해무익한 독약이다. 모든 팀원이 하찮은 존재라는 소외감을 느낄 것인데, 자신들의 상사가 아무런 힘도 없는 쭉정이기 때문이다. 이것은 그들을 무력한 존재보다 한 단계 더 아래로 끌어내린다. 다시 말해 위계 조직의 맨 아래에서 그 밑의 땅으로 강등됐다. 그들 중에서 자기주장이 강한 팀원들은 자신의 억울한 상황을 소문내고 결국 회사 전체가 알게 될 것이다. 그러고 나면 다른 직원들도 회사 리더들을 삐딱하게 생각하고 자신들의 업무도 궁극적으로 그런 대접을 받지 않을까 걱정하게 될 것이다. 이런 연쇄 반응의 최종 결과는 무엇일까? 무관심하거나 회사를 그만두거나 또는 둘 다일 것이다.

따라서 당신의 의사결정 과정이 어떻든 상관없이, '동의하지 않아도 결정을 따른다'(disagree and commit)는 엄격한 규칙을 고수하는 것은 건강한 문화에 절대적으로 중요하다. 지위고하를 떠나 관리자는 마땅히 이미 내려진 결정을 지지해야 하는 근본적인 책임이 있다. 물론 회의에서는 의견을 달리할 수 있다. 하지만 일단 결정이 내려진 후에는 최종적인 결정을 지지하는 것은 물론이고 그 결정이 내려진 근거들을 설득력 있고 명확하게 설명할 수 있어야 한다.

이것을 염두에 두고, 위 시나리오의 관리자가 어떻게 말해야 했을지 다시 구성해보자. "이것은 매우 어려운 결정이었습니다. 우리는 그동안 일을 훌륭히 해냈고 우리 프로젝트의 전망도 아주 밝습니다. 그러나 여러분도 회사 운영의 전반적인 우선순위와 자금 상태를 고려해보면 그 프로젝트를 계속 추진할 만한 타당한 명분이 없다는 데 동의할 겁니다. 이제 우리는 핵심적인 다른 영역들에 집중해야 합니다. 그러려면 우리 팀원 모두를 지금 당장 가장 시급하고 효용성을 극대화할 수 있는 일에 배치해야겠지요. 그래서 고심 끝에 우리 프로젝트를 취소하기로 결정한 겁니다."

이와 같이 커다란 결정을 한 후에는 직원들이 그 결정에 대해 어떻게 생각하는지 묻는 것이 좋다. 그래야 그 결정의 근거가 조직의 상층부에서 하층부로 충실하게 전달됐는지 확인할 수 있기 때문이다. CEO로서 나는 이제까지 웬만한 일이면 크게 문제 삼지 않는 편이었다. 그러나 회사의 결정들을 훼손시키는 관리자에 대해서는 단호한 '원 스트라이크 아웃'의 무관용 원칙을 고수했다. 그런 일은 방치하면 문화적 혼란을 야기하기 때문이었다.

의사결정 과정에서 매우 중요한 마지막 요소는 '속도와 정확성 중에서 무엇을 얼마만큼 더 중시하는가?'다. 이에 대한 대답은, 조직의 본질과 규모에 따라 달라진다. 아마존이나 GM 같이 직원이 수만 또는 수십만에 이르고 매일 수천 건의 결정이 이뤄져야 하는 대기업에서는 속도가 정확성보다 훨씬 더 중요하다. 그리고 많은 거대 조직에서는 가끔 잘못된 결정을 내렸다가 그것이 잘못된 결정임을 깨닫고 올바른 결정으로 전환하는 편이, 처음부터 올바른 결정을 하느라 시간을 들이는 것보다 속도 면에서는 더 유익할 것이다.

제품에 어떤 기능을 탑재할지 여부를 결정하는 데 6개월이 걸리는 대기업이 있다고 하자. 이는 6개월 동안 100명의 직원들이 그 제품과 관련된 모든 것에서 아무런 진전을 이루지 못하고 제자리걸음한다는 의미일지도 모른다. 그 결정이 정말로 그토록 중요했을까? 굳이 반년씩이나 그것에 대해 토론할 필요가 있었을까? 대개는 그렇지 않을 거라고 본다.

그렇다면 현재 내가 CEO로 있는 앤드리슨호로위츠 같은 조직은 어떨까? 우리는 1년에 중요한 투자 결정을 20건 남짓 한다. 이런 결정은 대체로 정확성이 신속성보다 훨씬 우선시된다. 1년에 결정해야 하는 일이 20개뿐이라면, 결정 하나하나를 중요하게 다루고 시간을 쏟고 싶은 것은 당연하다. 우리도 마찬가지다. 우리는 결정의 모든 측면에 대해 아주 많은 시간 토론하고 검토하고 또 검토하며, 다음날 그 모든 과정을 다시 되풀이한다. 그만큼이나 우리에게는 속도보다 정확성이 훨씬 더 중요하다.

보통은 속도를 우선시하는 조직이라도, 정확성에 역점을 두는 것이 문화적으로 더 중요한 상황들이 간혹 벌어진다. 가령 '환상적인 디자인' 또는 '고급 취향'이 당신의 가치 제안(value proposition, 소비자들의 욕구를 만족시키기 위해 회사가 고객들에게 전달하기로 약속한 가치 또는 이익과 혜택들의 집합 - 옮긴이)과 문화에서 가장 핵심적인 부분이라면, 제품 포장재에 쓰일 검은색의 정확한 색조에 대해 토론하는 데 수십 시간을 쓰는 것이 유익할지도 모르겠다. 그런 일에 그토록 많은 공을 들이는 것이 실질적인 매출 향상으로 이어지지 않을 수는 있어도, 디자인에 있어서는 절대 지름길을 택하지 않겠다는 문화적 메시지를 강화하는 효과만은 확실할 것이다.

또 어떤 결정들은 회사의 운명을 좌우할 만큼 아주 중요해서, 평소와는 사뭇 다른 접근법이 필요하다. 아마존의 사례를 통해 이를 알아보자. 유통 거인 아마존에는 '피자 두 판 팀'(two-pizza team)이라는 독특한 룰이 있다. 회의 참석 인원을 제한하는 규칙인데 쉽게 말해 제품에 관한 결정일 경우 대부분은 피자 두 판으로 한 끼 식사를 해결할 수 있을 정도의 인원만 참석한다. 하지만 수십 억 달러의 투자가 필요한 새로운 클라우드 서비스를 출시하는 것에 관한 결정이라면 아마존은 훨씬 더 많은 사람들이 참여하고 훨씬 더 긴 토론 과정을 거친다.

속도냐 정확성이냐 양자택일의 상황에서는 권한 위임에 관한 문화적 측면을 따져보는 것이 중요하다. 조직도에서 어느 직급까지 결정에 대한 권한을 위임할 수 있을까? 당신은 낮은 직급의 직원들을 믿고 그들에게 중요한 문제에 대한 결정을 맡길 수 있을까? 그들은 그런 결정을 정확하게 할 수 있을 만큼 충분한 정보를 가졌을까?

직원들이 회사의 비즈니스에 대한 실질적인 발언권을 가진다면, 직원 몰입도와 생산성 모두가 크게 향상될 것이다. 그러나 윗선에게 일일이 확인을 받아야 한다면 일처리 속도가 느려질 뿐 아니라 정확성이 떨어지는 결정으로 이어지는 경우도 더러 있다. 반면에 결정 권한을 지나치게 낮은 직급에 위임한다면 다음과 같은 심각한 문제들이 발생할 수 있다.

- **제품군(群) 간의 소통이 단절될 수 있다** 이것은 실망스러운 고객 경험으로 귀결된다. 수년간 구글의 거의 모든 제품은 자체적인 고객 프로파일을 구축했다. 가령 나는 지메일에서는 벤에이치(BenH)라는 아이디를 사용할 수 있어도 유튜브에서는 벤에이치로 매끄럽게 로그인할 수 없었다. 이런 정책으로 말미암아 고객들의 경험에 균열이 생겼고, 구글은 제품 라인 전반에 걸쳐 사용자 행동을 이해할 수 없었다(구글의 공동 창업자 래리 페이지(Larry Page)는 이런 문제를 해결하고자 제품군들이 공통의 사용자 프로파일을 우선시하도록 강제했다).
- **사업부 간의 소통이 무너질 수 있다** 이런 문제가 생기면 환상적인 제품을 개발해도 회사가 그것을 시장에 출시하거나 판매할 길이 막힐 수도 있다. 제록스(Xerox)의 팰로앨토 연구 센터(Palo

Alto Research Center, PARC)는 그래픽 사용자 인터페이스(Graphical User Interface, 사용자가 편리하게 사용할 수 있도록 입출력 등의 기능을 알기 쉬운 아이콘 등의 그래픽으로 나타낸 것 – 옮긴이)를 포함해 수많은 획기적인 기술적 돌파구의 산실로 유명했지만 그런 기술을 효과적으로 출시할 수 없었다. 도대체 문제가 뭐였을까? PARC를 제외하고 제록스의 다른 모든 사업부는 그런 기술로 무엇을 할 수 있는지 이해하지 못했기 때문이다. 결국 제록스도 그 문제를 깨달았고, PARC를 전액 출자 자회사(wholly owned subsidiary)로 분사시켰다.

- **최고 인재들의 지식과 경험을 활용하지 못할 수 있다** 가령 당신이 넷플릭스의 직원이라면 창업자 겸 CEO 리드 헤이스팅스의 지식과 경험이 결정에 도움이 되지 않을까?

이처럼 긴급하되 상충적인 모든 일은 복잡하게 얽혀 있다. 2012년 나는 래리 페이지와 그런 복잡성에 대해 이야기를 나눈 적이 있다. 페이지가 내 사무실로 직접 찾아왔다. 당시 페이지는 미래에 대비해 구글의 개편 방향을 고민 중이었는데, 몇 가지 아이디어에 대한 내 의견을 들으려 찾아온 것이었다.

페이지는 나를 만나러 오기 직전에 스티브 잡스와 대화했다면서 잡스가 "일을 너무 많이 벌인다"며 냅다 소리를 질렀다고 말했다. 잡스는 구글이 몇 가지 비즈니스만 선별해 에너지를 집중시켜 성공시키도록 이끌어야 한다고 생각했다. 맞다, 애플처럼 말이다. 잡스는 예전부터 제품과 관련된 결정들에 깊이 관여하는 것으로 유명했고, 눈이 휘둥그레지는 성적표로 보답받았다. 애플의 제품들은 환상적인 디자인으로 설계됐고 거의 마법을 부리듯 효과적으로 통합됐으며 마케팅과 판매도 제품 자체와 완벽히 일치한다는 평가를 받았다. 심지어 애플 스토어조차 애플의 전반적인 이미지와 느낌과 완벽히 조화를 이루도록 설계됐다. 스티브 잡스의 세상에서 '일을 너무 많이 벌이는 것'은 죄악이었다. 잡스의 논리는 분명해 보였다. 만약 애플이 마구잡이로 이것저것 실험했다면, 그가 어떻게 세계 최고 수준인 자신의 취향을 제품에 적용할 수 있었겠는가? 어떻게 애플 제품들이 놀랄 만큼 유연하게 통합되도록 만들 수 있었겠는가?

나는 페이지에게 잡스의 충고대로 몇 가지만 아주 잘하고 싶은지 물었다. "아닙니다. 만약 제가 획기적인 아이디어들을 추구할 수 없다면 제가 CEO인들 무슨 소용이 있겠습니까?" 그의 대답을 듣고 내가 말했다. "그렇다면 당신에게 필요한 것은 조직 설계(organizational design)고 그것을 가능하게 해줄 문화군요. 분명 그것은 애플의 방식은 아닙니다."

우리는 '발명왕' 토머스 에디슨의 GE, 투자의 귀재 워런 버핏(Warren Buffet)의 투자 회사 버크셔해서웨이(Berkshire Hathaway), 빌 휴렛(Bill Hewlett)과 데이브 패커드(Dave Packard)의 HP 등 제품 다각화 전략을 통해 다양한 방향성을 추구했던 기업들에 대해 토론했다. 결국 페이지는 구글을 포함해 독립적으로 운영되는 많은 자회사들을 거느린 지주 회사 알파벳을 확장하는 것이 자신의 목표들을 추구하는 올바른 방법이라고 결론 내렸다. 오늘날 페이지는 인간의 수명 연장에서부터 자율주행 자동차에 이르기까지, 자신이 원하는 모든 것을 추구할 수 있다. 하지만 그의 모험적 사업들이 하나의 디자인 방식과 유연하게 통합될 거라고 기대하지는 마라.

권한 위임이냐 통제냐에 관한 문제에서 마지막으로 고려할 사항은 지금이 평시(peacetime)인가 아니면 전시(wartime)인가이다. 회사가 순항 중이고 그래서 조직을 확대할 창의적인 방법에 초점을 맞추는가? 아니면 회사의 존망이 달린 심각한 위협에 직면해 있는가? 내가 《하드씽》에서도 설명했듯 '평시의 CEO'와 '전시의 CEO'는 경영 방식이 전혀 달라야 한다.

평시 CEO는 규약을 적절히 지킴으로써 승리에 이를 수 있음을 안다. 전시 CEO는 승리하기 위해 규약을 위반한다.

평시 CEO는 큰 그림에 역점을 두고 세부적인 결정은 직원들이 할 수 있게 권한을 위임한다. 전시 CEO는 가고자 하는 주된 방향에 방해가 된다면 깨알만 한 사항까지도 신경 쓴다.

평시 CEO는 대규모 직원 모집을 단행한다. 전시 CEO도 대규모로 직원을 모집할 때도 있지만, 정리해고를 단행할 인사관리 부서도 구성한다.

평시 CEO는 기업문화 조성에 시간을 할애한다. 전시 CEO는 위기 상황이 문화를 규정하게 한다.

평시 CEO는 항상 비상 대책이 있다. 전시 CEO는 때로 무리수를 둬야만 한다.

평시 CEO는 남보다 크게 우세한 상황에서 무엇을 해야 하는지 안다. 전시 CEO는 편집증 환자와 비슷한 면이 있다.

평시 CEO는 비속어를 쓰지 않으려고 노력한다. 전시 CEO는 경우에 따라 의도적으로 비속어를 쓴다.

평시 CEO는 경쟁을 대양에 떠 있는, 서로 교전을 벌일 가능성이 없는 배들과의 경주로 여긴다. 전시 CEO는 경쟁을 남의 집에 몰래 들어가 아이를 유괴하려는 것과 같은 행위로 여긴다.

평시 CEO는 시장 확대를 목표로 한다. 전시 CEO는 시장 쟁취를 목표로 한다.

평시 CEO는 노력과 창의성이 수반된 경우라면 회사의 계획에서 벗어나더라도 용인하려 한다. 전시 CEO는 절대 용인하지 않는다.

평시 CEO는 언성을 높이지 않는다. 전시 CEO는 보통 수준의 목소리로 말하는 경우가 거의 없다.

평시 CEO는 갈등을 최소화하려 노력한다. 전시 CEO는 논쟁을 부추긴다.

평시 CEO는 폭넓은 동의를 얻으려 노력한다. 전시 CEO는 합의 형성도 좋아하지 않고 의견 차이도 용납하지 않는다.

평시 CEO는 크고 위험하고 대담한 목표를 세운다. 전시 CEO는 적과 싸우느라 너무 바빠서, 일상이 전투인 노점 상인으로 살아본 적이 없는 컨설턴트가 쓴 경영서 따위는 읽을 시간이 없다.

평시 CEO는 구성원들의 업무 만족도를 높이고 경력 개발을 돕기 위해 직원 교육을 실시한다. 전시 CEO는 직원들이 전쟁에서 전사하지 않게 하기 위해 교육을 실시한다.

평시 CEO는 '우리 회사는 업계 1위나 2위가 아닌 사업 부문은 모두 철수한다' 같은 규칙이 있다. 전시 CEO에게는 대개 업계 1위나 2위를 점하는 사업이 없기 때문에 그런 사치스러운 규칙을 지킬 여유가 없다.

조직을 평시에서 전시 태세로 전환시키기가 더 쉽다. 가령 평시형 CEO가 생산 지연에 관해 매일 회의를 소집하는 것처럼 특정한 세부 사항에 많은 주의를 기울이게 되면, 회사는 곧바로 그것에 신속하게 반응하고 모두가 전시 태세로 정신을 무장할 것이다.

거꾸로 전시형 조직을 평시 태세로 전환하는 것은 훨씬 더 어렵다. 전시형 CEO는 의사결정의 전반적인 과정에서 핵심적인 역할을 할 수밖에 없다. 심지어 CEO가 최종적인 결정권자가 아니더라도, 결정 권을 가진 사람들은 CEO의 눈치를 살피게끔 돼 있다. 그래서 CEO의 의견이나 CEO의 의중을 짐작해 그것을 지침으로 결정 내린다. 이렇 듯 전시 상황에서는 개인에게 권한을 위임하는 문화가 위축된다.

전시형 CEO인 스티브 잡스가 사임하고 평시형 CEO인 팀 쿡(Tim Cook)이 애플의 사령탑을 차지한 이후 제품에 관한 결정을 둘러싼 애 플의 문화가 몰라보게 변했다. 쿡은 잡스만큼 의사결정 과정에 깊숙 이 관여하지 않았기 때문에, 애플에서 잔뼈가 굵은 많은 베테랑 직원 들은 회사가 더는 예전만큼 최고를 열정적으로 추구하지 않는다고 생 각했다. 언젠가는 애플의 새로운 문화가 나름의 장점을 증명하는 날 이 올지도 모르겠다. 그러나 지금 이 순간에는 애플이 잡스 시절과는 확실히 다른 회사가 된 것처럼 느껴진다.

우버에서도 비슷한 일이 있었다. 항시 전시 상태를 유지한 트래비 스 캘러닉을 끌어내리고 온라인 여행사 익스피디아의 CEO였던 다라 코즈로샤히를 구원 투수로 영입했을 때였다. 평시형 CEO였던 코즈로샤히는 모든 결정을 할 수 있을 만한 제도화된 업계 지식이 부족했다. 그리하여 우버의 의사결정 과정은, 코즈로샤히가 자신의 성향에 맞는 새로운 과정을 구축할 때까지 사실상 올 스톱됐다. 만약 그가 결정 과정을 다시 세우는 동시에 기존의 문화적 규범에서 장애를 일으킨 결함들을 고치려 노력했다면 도움이 됐을까? 아마도 그건 욕심이었을지 싶다.

대부분의 CEO는 자사 문화를 평시형에서 전시형으로 또는 그 반대로 전환하지 않는다. 절대 그런 일은 없다. 오히려 CEO들은 거의가 둘 중 하나에 적합한 성격적 특성을 갖는다. 가령 평시형 CEO는 외교적이고 참을성이 많으며 팀들이 필요로 하는 것을 아주 세심하게 알아차리는 경향이 있다. 또한 팀들에게 많은 자율권을 흔쾌히 부여하는 편이다. 반면 전시형 CEO들은 갈등 상황이 훨씬 더 편하고, 조직이 나아갈 방향에 관한 자신의 아이디어에 집착하며, 완벽함을 빼고는 무엇에든 인내와 관용을 거의 보여주지 않는 성향을 보인다.

따라서 만약 문화를 반드시 변화시켜야 한다면 대개의 경우 이사회는 아예 '선수를 교체'한다. 기존 CEO를 내보내고 새로운 조건들에 필요한 사고방식과 태도를 지닌 누군가를 새 CEO로 구원 등판시킨다는 말이다. 구글이 대표적인 경우다. 구글의 통합되지 않은 고객 프로파일은 에릭 슈미트(Eric Schmidt) CEO 아래의 평시 체제에서 이뤄졌다. 그런 관행을 뜯어고친 사람은 CEO 바통을 이어받은 래리 페이지였다. 그는 구글이 페이스북을 강력한 경쟁자로 진지하게 받아들이지 않는 것이 못내 불안했고 그래서 구글을 전시 체제로 되돌렸던 것이다. 당연한 말이지만 평시형 CEO와 일하는 것을 좋아하는 임원들은 가끔 전시형 CEO와 일하는 것이 편치 않고, 그 반대도 마찬가지다. 슈미트 체제 아래 있던 경영진 중 페이지가 선장이 된 구글 호에 잔류한 임원이 단 한 명뿐이라는 사실만 봐도 이것은 명백하다. 그리고 그 한 명은 대체 불가한 천재, 데이비드 드러먼드이다. 법률 부문 총책임자이자 기업 개발 부문을 총괄하는 드러먼드는 스스로를 카멜레온이라 부른다.

# WHAT
## YOU DO IS

10장

—

## 위대한 문화를
## 창조하는 방법

# WHO
## YOU ARE

'완벽한 문화'를 만들 수 있을 거라는 기대는 아예 접어라.
절대 그런 일은 없다.
오히려 회사를 위해 '가능한 최고의 문화'를 만드는 것에 목표를 둬야 한다.

> 솔직히 말할게,
> 내 속옷 안에 코카인이 가득 들어 있어.
>
> 퓨처(Future)의 〈어니스트(Honest)〉

이제 우리의 문화 대장정이 막바지에 다다랐다. 그동안 우리는 사무라이와 칭기즈칸에서부터 교도소 갱단과 아마존에 이르기까지 중요한 문화들을 두루 살펴봤다. 이번 문화 기행을 통해 어떤 문화도 모두를 만족시키지 못한다는 사실을 확실히 이해했을 걸로 믿는다. 사실상 어떤 덕목도 보편적인 타당성을 갖지 못한다. 당신 회사의 문화는 리더인 당신의 개성과 믿음과 전략을 독특한 방식으로 표현하는 것이어야 한다. 또한 회사가 성장하고 여건들이 변함에 따라 문화도 지속적으로 진화해야 한다.

　우리 문화 기행의 대미를 장식하는 이번 10장에서는 세 가지에 역점을 둔다. 첫째, 거의 모든 기업이 추구해도 좋을 법한 문화적 덕목 세 가지를 자세히 해부해볼 것이다. 둘째, 그런 덕목을 구현하기가 힘든 이유도 샅샅이 파헤쳐보겠다. 셋째, 이 책에 소개한 문화적 기법들 중에서 가장 중요한 몇 가지를 개략적으로 알아보려 한다. 이것은 회사를 창업하거나 회사의 엔진을 재시동 걸어야 할 때 유용한 길라잡

이이자 문화 점검표가 될 것이다.

## 신뢰: 진실을 이야기하기

당신은 정직한 사람인가? 이 질문에 열 사람 중 열은, 잠깐 생각해보고는 '그렇다'고 대답할 것이다. 그렇다면 당신은 누구를 정직하다고 생각하는가? 이번에는 선뜻 대답하기가 아주 힘들 것이다. 어떻게 모두가 자신은 정직하다고 믿으면서 정직한 다른 사람들을 생각해내는 것이 그토록 어려울 수 있을까?

있는 그대로의 진실을 말하는 것에 관한 진실은, 진실을 말하기가 쉽지 않다는 점이다. 진실을 말하는 것은 자연스러운 행동이 아니다. 오히려 상대방이 듣고 싶어 하는 말을 들려주는 것이 자연스럽다. 세상에 자신이 듣고 싶은 말을 해주는데 기분이 좋지 않을 사람은 없다. 최소한 당분간이라도 흐뭇한 기분을 느낄 수 있다. 진실을 말하려면 용기가 필요하다. 이 사실은 누구나 안다. 그런데 진실을 말하는 것과 관련해 덜 알려졌지만 특히 문화와 관련해 용기 못지않게 중요한 것이 있다. 바로 판단력과 기술이다.

CEO가 자신이 바라는 만큼 정직해지기가 힘든 까닭은 무엇일까? 몇 가지 시나리오를 통해 알아보자.

- **매출 실적이 나쁘다** 만약 직원들에게 진실을 있는 그대로 말하면, 상황을 아주 영민하게 판단할 줄 아는 직원들은 곧바로 회사의 존립 가능성에 대해 걱정하고 회사를 그만둘지도 모른다. 그

리고 그들이 떠나면 당신은 목표치를 계속 달성하지 못할 가능성이 크고 결국 실적 저조와 직원 이탈이 반복되는 죽음의 나선이 시작될 것이다.

- **회사의 비용 구조가 너무 방대해 감원 조치가 임박해 보인다** 회사가 실제로 위기에 직면한 것은 아니지만, 인원을 대폭 감축하면 언론은 회사에 문제가 있다고 보도할 것이다. 그리고 직원들이 그 보도를 접하고 공황 상태가 되어 자칫 '퇴사 러시'로 이어질 수 있다. 그리고 이는 회사를 정말로 위기로 몰아갈지도 모른다.

- **최근에 영향력 있는 임원이 최대 경쟁사로 이직했다** 이유는 그 회사의 제품이 더 좋다고 생각해서다. 따라서 그 임원이 회사를 그만둔 이유에 대해 솔직하게 말하면 직원들은 자신들도 다른 일자리를 알아봐야 할지 고민할 것이다.

- **제품에 심각한 결함이 있고 그것 때문에 고객들이 최대 경쟁사의 제품으로 갈아탄다** 이 사실을 안다면 직원들은 내리막길을 달리는 2위 회사에 계속 있어도 괜찮은지 불안할 수밖에 없다.

- **지난번 투자를 유치할 때 회사가 지나치게 과대평가됐었다** 그래서 이번 이번에는 다운 라운드(down round, 후속 투자를 유치할 때 이전 투자 때의 가치보다 낮게 평가받는 회사 – 옮긴이)가 예상된다. 그런데 관리자들은 신입 직원들을 채용할 때 회사 주가가 더 상승할 거라고 약속했다.

보편적인 이런 시나리오 각각에서 진실을 말하는 것은 기업이 자살을 시도하는 격이라고 봐도 무방하다. 그렇다면 정직해지기를 포기하고 거짓말을 해야 할까? 아니다. 신뢰는 정직에서 나오고 직원들이 당신을 신뢰하지 않으면 회사는 공중 분해될 것이다. 그럼 어떻게 해야 할까? 아무리 힘들어도 회사를 파괴하는 부정적인 결과를 피하면서 진실을 알리는 것이 최선이다.

이렇게 하려면 조건이 따라붙는다. 당신은 현실을 바꿀 수는 없지만 현실에 새로운 의미를 부여할 수 있다는 사실을 반드시 받아들여야 한다. 가령 새로운 의미를 부여해야 하는 현실이 정리 해고라고 하자. 가장 먼저 할 일은 당신이 그 사건을 해석하는 유일한 사람이 아니라는 점을 인정하는 것이다. 첫째, 기자들이 있다. 그들은 정리 해고가 당신 회사가 위기에 처했다는 사실을 반증한다고 주장할 것이다. 둘째, 해고된 직원들은 당연히 배신감을 느끼고 자신의 억울함을 동네방네 퍼뜨릴 것이다. 한편 해고의 칼날을 피한 직원들도 그 일을 각자 다양하게 해석할 수밖에 없다. 하지만 다른 누구보다 당신이 먼저 해고 조치에 어떤 의미를 부여한다면 그것도 정직하고 설득력 있게 그렇게 한다면, 모두가 당신의 해석을 기억할 가능성이 상당히 높다.

그렇다면 현실에 어떻게 의미를 부여해야 할까? 가장 효과적인 세 가지 방법이 있다.

- **사실을 명확히 알려라** "우리는 30명을 해고해야 합니다. 지난 분기 매출이 매우 나쁩니다. 당초 예상보다 400만 달러 정도가 부족합니다"라는 식으로 말하면 된다. 실적 현안들을 말끔히 해소할 필요가 있었다거나 당신이 심혈을 기울여 채용했던 직원

들이 빠지면 회사 사정이 더 나아질 거라는 듯이 행동하지 마라. 힘들어도 현실은 어디까지나 엄연한 현실이다. 당신이 현실을 제대로 파악하고 있음을 모두가 아는 것이 중요하다.

- **정리 해고를 촉발시킨 실적 저조를 회사 임원진이 야기했거나 최소한 그 사태에 기여를 했다면, 그 사실을 솔직히 인정하라** 회사 확장을 무리하게 서둘러야 했던 피치 못할 이유가 있었나? 그랬다면 그 이유는 무엇이었나? 이번 사태에서 같은 실수를 반복하지 않게 해줄 어떤 교훈을 배웠나?

- **회사의 더 큰 사명을 고려해 정리 해고가 불가피한 이유가 무엇인지 그리고 그 사명이 얼마나 중요한지 설명하라** 정리 해고는 잡음 없이 적절히만 이뤄지면, 회사 입장에서는 새로운 출발점이 된다. 해고는 비록 힘든 일이지만 회사가 최우선적인 목표를 달성하기 위해, 즉 모두가 헌신하는 사명을 구현하기 위해, 다시 말해 모두의 궁극적인 성공을 위해 불가피한 조치다. 해고와 관련해 당신이 확실하게 해야 하는 일은 회사가 뚜렷한 최종 목적 없이 직원들을 함부로 해고하지 않도록 하는 것이다. 요컨대 직원 해고는 반드시 유의미한 좋은 결과로 이어질 필요가 있다.

바꿀 수 없는 현실에 의미를 부여한 모범적인 사례는 미국의 제16대 대통령 에이브러햄 링컨(Abraham Lincoln)의 유명한 게티즈버그 연설에서 찾아볼 수 있다. 링컨은 병사들이 무엇을 위해 게티즈버그에서 목숨을 걸고 싸웠는지 국민들에게 설명하면서 남북 전쟁에 새로운 의미를 부여했다. 게티즈버그는 미국 역사상 가장 치열한 전쟁이자 가장 참혹한 전투였다. 남부 연합군과 북부 연방군이 사흘간 교전을 주고받으며 같은 미국인들끼리, 피를 나눈 형제끼리, 서로를 향해 총부리를 겨눴고 약 5만 명의 사상자가 발생했다.

당시에는 많은 사람들이 남북 전쟁의 목적이 북부 연방이나 남부 주들이 주장하던 주의 권리(states' rights) 또는 노예 경제를 보존하기 위함이라고 생각했다. 링컨은 아주 간결하고 강력한 연설에서 남북 전쟁의 목적에 신선한 의미를 부여했다. 그의 게티즈버그 연설은 전문을 읽어볼 가치가 있다.

지금으로부터 87년 전, 우리의 선조들은 이 대륙에서 자유 속에 잉태되고 만인은 모두 평등하게 창조됐다는 명제에 봉헌된 한 새로운 나라를 탄생시켰습니다.

우리는 지금 거대한 내전에 휩싸여 있고 우리 선조들이 세운 나라가, 아니 그렇게 잉태되고 그렇게 봉헌된 한 나라가, 과연 이 지상에 오랫동안 존재할 수 있는지 없는지를 시험받고 있습니다. 오늘 우리가 모인 이 자리는 남군과 북군 사이에 큰 싸움이 벌어졌던 곳입니다. 우리는 이 나라를 살리기 위해 목숨을 바친 사람들에게 마지막 안식처가 될 수 있도록 그 싸움터의 땅 한 뙈기를 헌납하고자 여기 왔습니다. 우리의 이 행위는 너무도 마땅하고 적절한 것입니다.

그러나 더 큰 의미에서, 이 땅을 봉헌하고 축성(祝聖)하며 신성하게 하는 자는 우리가 아닙니다. 여기 목숨 바쳐 싸웠던 그 용감한 사람들, 전사자와 생존자들이 이미 이곳을 신성한 땅으로 만들었기 때문에 우리로서는 거기 더 보태고 뺄 것이 없습니다. 세계는 오늘 우리가 여기에 모여 무슨 말을 했는가를 별로 주목하지도, 오래 기억하지도 않겠지만 그 용감한 사람들이 여기서 행한 일이 어떤 것이었던가는 결코 잊지 않을 것입니다. 그들이 싸워서 그토록 고결하게 전진시킨, 그러나 미완(未完)으로 남긴 일을 수행하는 데 우리 살아 있는 사람들이 헌신해야 합니다. 우리 앞에 남겨진 그 미완의 큰 과업을 다 하기 위해 지금 우리는 여기에 모였습니다. 우리는 그 명예롭게 죽어간 이들로부터 더 큰 헌신의 힘을 얻어 그들이 마지막 신명을 다 바쳐 지키고자 한 대의(大義)에 우리 자신을 봉헌하고, 그들이 헛되이 죽어가지 않았다는 것을 굳게 다짐합니다. 신의 가호 아래 이 나라는 새로운 자유의 탄생을 보게 될 것이며, 인민의, 인민에 의한, 인민을 위한 정부는 이 지상에서 결코 사라지지 않을 것입니다.

링컨의 게티즈버그 연설을 전후로 사람들의 인식이 180도 달라졌다. 이 연설이 있기 전에는 대부분의 사람들이 미국을 "만인은 모두 평등하게 창조됐다는 명제에 봉헌된" 나라로 생각하지 않았다. 하지만 그 연설이 있은 후에는 미국을 그렇지 않은 나라로 생각하는 것 자체가 힘들어졌다. 링컨은 자신이 수행한 전쟁이 불러온 끔찍한 인명의 대가를 인정했고, 그러면서 그런 희생에 중대한 의미를 부여했다. 요컨대 링컨은 남북 전쟁에는 목적을, 미국이라는 나라 자체에는 의미를 각각 부여했다.

나쁜 소식이 있는데 직원들이 알게 되어 동요할까봐 두려울 때는 게티즈버그 연설을 기억하라. 큰 거래가 불발됐든, 분기 실적이 저조하든 아니면 정리 해고든, 이는 비단 그 사건만이 아니라 당신 회사의 성격을 정의할 수 있는 절호의 기회다. 게다가 당신이 얼마나 일을 엉망으로 망쳤든 적어도 수천 명의 병사들을 사지로 내몬 것은 아니지 않은가.

개중에는 신뢰에 대해 전혀 신경 쓰지 않는 기업들이 있다. 또한 조직 내부의 경쟁을 일부러 부추기는 리더들도 있다. 그들은 직원들을 서로 경쟁시키고 최고의 직원이 경쟁에서 이기도록 한다. 이런 역학 관계는 주로 직원 대부분이 동일한 업무를 수행하는 조직들에서 만연해 있다. 벤처캐피털, 금융, 텔레마케팅 영업 등의 분야가 대표적이다. 이런 업무 환경은 절대로 협업적이지 않고 가끔은 '등급을 매긴 후 퇴출'되는 경쟁에 의존하기 때문에 내부적인 신뢰는 아예 꿈도 꿀 수 없다. 모두는 자신이 남들보다 앞서 나가기 위해 필요하다면 무슨 말이든 서슴지 않는다. 참으로 역설적이게도 이런 유형의 역학 관계가 회사에는 높은 수익성을 가져다줄 수도 있다.

하지만 나라면 절대로 그런 조직에서 일하고 싶지 않을 것 같다.

## 개방: 나쁜 소식을 받아들이기

만약 규모가 꽤 큰 조직을 관리한다면 당신은 틀림없이 한 가지는 확실히 알고 있을 테다. 언제든 뭔가 끔찍하게 잘못된 일이 어디선가 튀어나온다는 사실이다. 일부 관리자가 자칫 재앙으로 비화될 문제를 알고 있으면서도 이런저런 이유로 당신에게 아무 말도 하지 않는다. 그 이유에 대해서는 좀 있다가 알아보자. 심지어 수면 위로 드러나지 않는 기간이 길어질수록 그 문제는 더욱 악화될 뿐인데도 그들은 입도 벙긋 않는다.

이런 문제들은 시기를 놓치지 않고 조기에 발본색원하는 것이 상책이다. 그렇다면 이런 문제를 일찍 발견할 수 있는 문화를 구축하려면 어떻게 해야 할까? 결론부터 말하면 그건 어마어마하게 힘든 일이다. 직원들이 나쁜 소식을 자진해서 알려주지 않으려는 데는 몇 가지 보편적인 이유가 있다.

- **주인 의식 문화에 반하는 행위처럼 보인다** 비즈니스 세상에서 일반화된 경영 원칙 중 하나는 "문제를 가져오려면 해결책도 같이 가져와"라는 것이다. 이 아이디어는 직원들 사이에 주인 의식과 권한 위임 그리고 책임감을 장려하지만 부작용도 있다. 첫째, 직원들이 문제를 제기할 경우 "문제를 가져오지 마"라는 대답을 들을 가능성이 크다. 이 상황을 좀 더 깊이 파헤쳐보자. 당신이 문제에 대해서는 알지만 당신 힘으로 그 문제를 해결할 수 없는 처지라면 어떨까? 가령 당신이 기술자이고 회사의 소프트웨어 아키텍처에서 근본적인 결함을 발견했지만 그것을 고칠 만한 권한이나 전문 지식이 없다면 어떨까? 또는 당신이 영업 직원인데 한 동료가 고객들에게 거짓 약속을 한다는 의심이 든다면 어떨까? 누구의 도움도 없이 그런 문제를 해결할 수 있을까? 문제를 해결할 수 있게 나쁜 소식을 공개하도록 장려한다면 그 과정에서 직원들의 권한을 침해하지 않도록 깊은 주의를 기울여야 한다.
- **회사의 장기적인 목표가 직원에 대한 단기적인 장려책과 일치하**

**지 않을 수도 있다** 간단한 시나리오를 통해 이 문제를 짚어보자. 이번 분기에 신제품이 반드시 출시돼야 한다고 가정하자. 그것이 아주 중요해서 회사는 기술자들에게 출시 상여금을 지급하겠다고 제안했다. 그런데 그 제품에 심각한 보안 문제가 발견된다. 만약 기술자인 당신이 그 결함을 발견하지만 출시 상여금이 꼭 필요한 일이 있다면, 당신은 어떻게 하겠는가?

- **싫은 소리 듣는 것을 좋아하는 사람은 없다** 당신이 어떤 문제에 대해 알고 있는데 합리적으로 볼 때 당신이 그 문제를 야기했을 가능성이 매우 높다. 그런데 당신은 그 문제를 스스로 해결할 방법을 전혀 모른다. 이럴 경우 상사에게 그 문제를 보고하는 것은 이실직고하는 셈이다. 스스로 기름통을 지고 불구덩이로 뛰어들려는 사람이 있을까?

문화와 관련된 문제가 발생할 때, 주인 의식과 권한 위임의 덕목들을 희석시키지 않으면서 그리고 모든 사람에게 패배감을 안겨주거나 징징대는 응석받이 문화를 조장하지 않으면서 그런 문제를 드러내는 문화를 구축하려면 어떻게 해야 할까?

### 나쁜 소식을 장려하라

나의 경우 누군가가 문제에 대해 알려주면 크게 반색하는 것처럼 보이려고 애썼다. 대개는 이런 식으로 반응했다. "그 일이 우리 회사를 죽이기 전에 알게 됐으니 천만다행입니다." 또는 "일단 이 문제를 해결하고 나면 우리 회사는 훨씬 더 강해질 겁니다. 분명 전화위복이 될 겁니다." 사람들은 리더의 거울이다. 다시 말해 리더가 하는 대로 따라 한다. 고로 당신이 나쁜 소식에도 괜찮다는 반응을 보이면 그들도 그렇게 할 것이다. 좋은 CEO는 고통과 어둠을 회피하지 않는다. 오히려 고통과 어둠에 정면으로 맞서고, 나아가 그것을 즐기는 법까지 배운다.

많은 관리자들은 고위 간부 회의에 참석하고 싶어 한다. 그렇게 하면 자신이 필요한 사람이라는 생각에 뿌듯해지고 고급 정보에 접근하는 내부자가 될 수 있어서다. 나는 그들의 그런 욕구를 최대한 활용하기 위해 이른바 회의 '참가비'를 부과했다. 적어도 '불타고 있는' 사안 한 가지에 대해 솔직하게 말해야 한다는 게 참가비의 조건이었다. 나는 이런 식으로 말했다. "우리 회사에 완전히 망가진 문제들이 있다는 건 나도 아주 잘 압니다. 그래서 말인데 나는 그런 것들이 무엇인지 정확히 알고 싶습니다. 만약 당신이 그런 것들에 대해 모른다면 당신이 간부 회의에 참석해봐야 내게 아무 도움이 안 됩니다." 이런 참가비 전략으로 나는 수많은 나쁜 소식들을 알게 됐을 뿐 아니라, 문제를 수면 위로 드러내어 토론하는 것이 용인되고 심지어 장려되는 문화를 구축할 수 있었다. 우리가 공개된 모든 문제를 해결하지는 못했지만 최소한 대부분의 문제를 파악할 수는 있었다.

당연히 문제가 공개됐을 때 그것을 바로 해결할 수 있으면 좋다. 그러나 내 경험에서 보면, 가끔은 특정 문제를 해결하지 못하더라도 그 문제에 대해 인지하는 것만으로도 다른 문제들을 해결할 수 있다. 라우드클라우드의 잔해 속에서 옵스웨어를 출범시켰을 때였다. 나는 라우드클라우드 시절 클라우드 환경을 관리할 때 사용하던 옵스웨어 소프트웨어를 가능한 빨리 출시하고 싶었다. 물론 불가피한 결함과 현안들을 말끔히 해결해서 출시하려면 할 일이 태산일 터였다. 그러나 우리에게는 아주 귀중한 자산이 있었다. 라우드클라우드 시절 시장에서의 경쟁을 통해 얻은 지식과 기술이었다. 그런 지식과 기술이 옵스웨어에서 효자 노릇을 톡톡히 할 터였다. 그것이 바로 내가 마음속으로 그렸던 큰 그림이었다.

하지만 내 머릿속을 들여다볼 수 없던 우리 회사의 기술자 대부분은 '대표님은 제정신이 아냐. 완전히 분별력을 잃었어. 우리 제품을 출시하려면 갈 길이 첩첩산중인 걸 도통 모르셔'라고 생각했다. 솔직히 나는 그들이 그렇게 생각하는 줄은 한동안 꿈에도 몰랐다. 그러던 중 기술자 한 명과 평소처럼 이런저런 대화를 나누다가 그들의 생각을 알게 됐다. 내가 "옵스웨어를 출시하려면 우리가 무엇을 다르게 해야 한다고 생각합니까?"라고 묻자 그가 솔직하게 대답했다. "우리 회사에서 대표님 말고는 누구도 옵스웨어를 출시해야 한다고 생각하지 않습니다."

그럼에도 나는 출시가 답이라는 생각에 변함이 없었다. 하지만 나는 내가 다른 종류의 문제를 야기하고 있었음을 깨달았다. 제품 개발팀이 CEO인 나에 대한 신뢰를 잃었다는 문제였다. 나는 이 문제를 바로잡아야 했고 쇠뿔도 단김에 뺀다고 곧바로 직원 총회를 소집했다. 그리고 직원들에게 내가 신속한 출시를 밀어붙이는 이유에 대해 자세히 설명했다. 나는 완벽한 제품 개발에 치중한 나머지 고객들의 니즈에 대해 아무것도 배우지 못하고 시간만 흘려보내는 것보다 비록 완벽하지 못하고 준비가 많이 부족해도 일단은 출시하고 시장 여건에 맞춰 하나씩 조정해나가는 것이 더 낫다고 생각했다. 그래서 어떻게 됐냐고? 내 길이 옳다는 것을 모두에게 납득시키지는 못했지만 소득이 없지는 않았다. 나에 대한 신뢰 문제가 말끔히 해결됐던 것이다. 모든 직원들은 내가 전략과 관련된 문제들을 정확히 인지하고 있지만 그럼에도 불구하고 옵스웨어를 출시하고 싶어 한다는 사실을 이해했다. 그것으로 모든 상황이 달라졌다.

## 사람이 아니라 문제에 집중하라

일단 문제를 알게 되면 원인 분석을 통해 문제의 뿌리를 정확히 찾아야 한다. 십중팔구는 의사소통이나 우선순위 등등 충분히 해결할 수 있는 사안이 문제의 근원에 있음을 알게 될 것이다. 직원 한두 명을 콕 집어 비난하며 책임 소재를 따지기보다 근본적인 원인을 이해하고 그것을 해결한다면, 비밀이 많거나 자기 방어적이지 않은 문화를 구축할 수 있다. 다시 말해, 자꾸 감추고 숨기고 방어하기에 급급한 폐쇄적인 문화가 아니라 나쁜 소식을 환영하는 열린 문화가 만들어진다.

## 일상적인 활동에서 나쁜 소식을 찾아라

조직의 리더로서 공식적인 업무로든 일상적으로든 직원들을 만날 때 나쁜 소식들을 드러내는 데 도움이 되는 질문을 하라. "업무에 방해가 되는 것이 있습니까? 무엇이든 좋습니다.", "만약 당신이 나라면 회사에서 무엇을 바꾸고 싶습니까?" 등등. 사람들이 입을 열게 만들려면 정확히 몇 번 물어야 할지 정해진 횟수는 없다. 다만 확실한 것은 당신이 자꾸 용기를 북돋워주면 사람들이 머잖아 입을 연다는 점이다. 나쁜 소식을 알고자 하는 순수한 열정을 보여줄수록 그리고 나쁜 소식을 알게 된 후 진심 어린 지지를 보여줄수록 사람들은 마음을 더 쉽게 열 것이다.

## 충성: 의미 있는 관계 구축하기

충성은 대부분의 문화에서 지극히 중요하다. 그러나 문화에 충성심을 주입하기란 결코 만만하지 않다. 오늘날은 보통 사람이 일생 동안 평균 11에서 12개의 직업을 거친다고 추산된다. 이런 역동적인 비즈니스 환경에서 기업들은 직원들에게 얼마나 충성할까? 그리고 직원들은 그것에 대한 보답으로 회사에 얼마나 충성해야 할까? 상호간의 충성으로 직원과 회사는 어떤 보상을 얻을까?

충성은 상대방도 자신과 똑같이 느낀다는 기대에서 출발한다. 동료들도 회사도 항상 당신과 함께한다는 믿음에서 충성이 생긴다는 이야기다. CEO들은 충성심을 장려하기 위해 저마다 다른 접근법을 따른다. 일례로 온라인 결제 회사 스트라이프의 CEO 패트릭 콜리슨은 충성에 대해 이렇게 말한다.

우리 회사가 직원들에게 평생 직장을 제공할 수는 없습니다. 다만 직원들이 나중에 자신의 경력을 돌아볼 때, 우리 회사에서 일하는 동안 가장 의미 있는 일을 할 수 있었노라 생각하기를 바랍니다. 그것도 15년 안에 그렇게 되기를 희망하죠. 저는 그것에 대한 대가로 직원들에게서 두 가지를 기대합니다. 하나는 윤리적인 진실성이고,

다른 하나는 본인에게가 아니라 회사에 맞춰 최적화하는 것입니다. 이 두 가지 기대를 충족시킨다면 우리는 그들에게 감사와 존경과 충성심으로 보답할 것입니다.

콜리슨의 주장을 요약하면 그는 직원들의 경력 전반에 걸쳐 지원을 아끼지 않을 것이다.

웹 기반의 통합 분석 플랫폼 업체 데이터브릭스(Databricks)의 창업자이자 CEO인 알리 고드시(Ali Ghodsi)는 경영진들에 대한 약속을 좀 더 구체적으로 표현한다. "저는 경영진에게 날벼락 같은 해고 통보는 절대 없을 거라고 분명히 약속합니다. 어쩌면 내 뜻대로 잘 풀리지 않을 수도 있을 겁니다. 그러나 해고가 결정되면 지체 없이 제가 직접 말해줄 것이고, 그들이 다른 어딘가에 안착할 수 있게 충분한 시간을 줄 것입니다. 제가 이 약속을 지킬 수 있으려면 그들도 제게 해줄 것이 있습니다. 어떤 식으로든 불행하다면 하루라도 빨리 내게 말해줘야 합니다."

궁극적으로 볼 때 충성은 '관계의 질'과 관련이 있다. 직원들은 회사를 떠나는 것이 아니라 관리자 즉, 상사를 떠난다는 말이 있다. 관리자와 직원이 관계를 쌓지 못하면, 심지어 그들의 관계가 나쁘면 당신의 문화적 정책이 어떻든 직원들의 충성을 이끌어내지 못할 것이다. 고드시처럼 기브 앤 테이크에 대해 명백하게 표현하는 방식은 관계를 강화하는 효과가 있다. 그는 경영진에 대해 이미 명백한 관심을 쏟고 있는 데다가 구두상의 약속을 통해 그것에 방점을 찍기 때문이다. 만약 그가 자신의 말을 뒷받침해줄 관계를 구축하려는 노력을 하지 않아서 그 약속이 립서비스에 그쳤다면 아마도 그는 실패했을 것이다.

　조직의 최고 리더는 단순히 보고 라인의 직속 직원들만이 아니라 사내의 아주 다양한 직원들과 유의미한 관계들을 구축할 수 있다. 만약 리더가 자신이 만나는 사람들에게 진심으로 관심을 갖고 자신의 말을 충실히 지키며 조직 전반에서 직원들로부터 따르고 싶은 사람이라는 평판을 얻는다면, 리더는 가장 변화가 심한 업계에서조차도 강력한 유대감과 깊은 충성심을 생성시킬 수 있다.

## 문화 점검표

지금까지 우리는 거의 모든 문화에 포함되는 덕목들에 대해 살펴봤다. 이제는 당신 차례다. 당신은 자신만의 문화를 창조할 준비가 끝났다. 아래는 문화를 구축할 때 염두에 둬야 하는 몇 가지 사항에 대한 점검표이니 참고하기 바란다.

- **자신에게 충실한 문화를 설계하라** 문화는 반드시 리더인 당신의 개인적인 성격과 전략에 부합해야 한다. 문화가 어떻게 조직 내부로 칼끝을 겨누는 무기가 될지 예상하고, 해석의 여지가 남지 않도록 문화를 더없이 명확한 방식으로 정의하라.
- **문화 오리엔테이션의 중요성을 기억하라** 신입 직원의 출근 첫날이 샤카 상고르가 격리에서 해제되어 교도소에서 맞이한 첫날만큼 평생 지워지지 않는 강렬한 경험은 아닐지도 모르겠다. 그래도 출근 첫날은 누구에게나 오랫동안 기억에 남는 깊은 인상

을 주는 법이다. 직원들은 다른 어떤 날보다 출근 첫날에 조직에서 성공하려면 무엇이 필요한지에 대해 더 많이 배운다. 그러니 직원들에게 잘못된 또는 뜻하지 않은 첫인상을 주지 마라.

- **파격적인 규칙을 세워라** 너무나 충격적이어서 사람들이 "우리에게 이것이 왜 필요합니까?"라고 되묻게 만드는 규칙은 문화의 핵심적인 요소들을 강화할 것이다. 조직 전체를 충격 속으로 몰아넣어 문화에 순응하도록 만들 수 있는 방법에 대해 생각해보라.

- **외부의 리더를 활용하라** 가끔은 당신이 원하는 문화가 당신 조직의 현재 문화와 너무 다르다면 외부의 도움을 받을 필요가 있다. 당신이 제대로 알지도 못하는 문화의 영역으로 회사를 억지로 끌고 가려 애쓰지 말고, 차라리 당신이 열망하는 문화에서 잔뼈가 굵은 베테랑을 데려와라.

- **본보기 교훈을 보여줘라** 언제나 행동이 말보다 의미를 더 명확히 전달한다. 오죽하면 백 마디 말보다 한 번의 행동이 더 효과적이라고 할까. 진심으로 단단히 뿌리내리게 하고 싶은 교훈이 있다면 일벌백계로 본보기를 보여라. 손무가 일벌백계한다고 후궁들을 참수한 것처럼 가혹한 본보기일 필요는 없어도 반드시 극적이어야 한다.

- **윤리를 명백히 하라** 리더들이 저지르는 가장 보편적이면서도 가장 치명적인 실수 하나는, 사람들이 심지어 다른 목표들과 상충할 때에도 '양심적으로' 일할 것이라고 가정하는 것이다. 미뤄짐작하지도 막연히 기대하지도 말고, 윤리적 원칙들을 명백하

게 알려라.

- **문화적 행동 강령에 깊은 의미를 부여하라** 문화적 행동 강령이 규범 및 기대와 확실히 구분되게 하라. 고대 일본의 무사들이 예의 개념을 오늘날 우리와 똑같은 방식으로 정의했더라면, 문화에 티끌만큼도 영향을 미치지 못했을 것이다. 그들이 예를 사랑과 존경을 가장 잘 표현하는 방식이라고 정의했기 때문에 오늘날까지도 그 정의가 일본 문화를 구성하는 하나의 요소로 살아 숨쉬는 것이다. 당신의 덕목들은 진실로 어떤 의미를 갖는가?
- **언행을 일치시켜라** '내 행동대로가 아니라 내 말대로 하라'는 원칙은 절대로 성공할 수 없다. 직원들은 당신의 거울이다. 그러니 간곡히 부탁하건대, 당신 스스로 실천하지 않는 문화적 덕목들을 선택하지 마라.
- **우선순위를 명백히 보여주는 결정을 하라** 투생 루베르튀르는 병사들에게 자신의 문화가 복수와는 전혀 무관하다고 천명했다. 그리고 그것이 공염불이 되지 않도록 노예 주인들을 용서해줌으로써 그것을 증명해 보여야 했다.

이런 기법들이 당신이 원하는 문화를 구축하는 데 유용하리라고 나는 확신한다. 그러나 '완벽한 문화'를 만들 수 있을 거라는 기대는 아예 접어라. 절대 그런 일은 없다. 오히려 회사를 위해 '가능한 최고의 문화'를 만드는 것에 목표를 둬야 한다. 그래야만 회사가 그 목표를 달성하는 데 계속 집중할 수 있다. 가령 직원들이 회사 돈을 단돈 1원이라도 자신의 돈처럼 생각하기 바란다고 하자. 이런 경우 문화적인 측면에서 볼 때, 출장 시 고급 호텔이 아니라 저가 모텔에 지내도록 하는 것이 더 효과적인 신호가 될 수 있다. 하지만 직원들이 500만 달러어치의 주문을 요구할 배짱과 자신감을 갖기를 바란다면 정반대로 하는 것이 좋을지도 모르겠다. 그런데 당신이 무엇을 원하는지 정확히 모른다면, 그것을 획득할 가능성은 전혀 없다.

문화의 출발점은 당신이 무엇을 가장 중요하고 가치 있게 생각하는지를 결정하는 것이다. 그런 다음 조직의 모든 구성원이 그런 덕목을 행동으로 실천하도록 도와줘야 한다. 그리고 시간이 흐름에 따라 덕목들이 모호해지거나 순전히 역효과만 불러온다면 미련을 갖지 말고 덕목들을 과감히 바꿔야 한다. 또한 결정적인 문화 요소들이 결여되어 있다면 그런 요소를 추가할 필요가 있다. 마지막으로 하나 더 당부하고 싶은 말은, 구성원들의 행동에 세심한 주의를 기울여야 마땅하지만 당신의 행동에 더더욱 깊은 주의를 기울여야 한다는 점이다. 당신의 행동은 문화에 어떤 영향을 미치는가? 당신은 당신이 되고 싶은 바로 그런 사람인가?

당신이 되고 싶은 사람이 되는 것, 이것이 바로 위대한 문화를 창조한다는 뜻이다. 이것이 바로 진정한 리더가 된다는 뜻이다.

# WHAT

## YOU DO IS

# WHO

## YOU ARE

참고문헌

시릴 제임스의 《블랙 자코뱅》, 《Toussaint Louverture: The Story of the Only Successful Slave Revolt in History》, 《A Play in Three Acts》, 완다 파킨슨 (Wanda Parkinson)의 《This Gilded African: Toussaint L'Ouverture》, 필리프 지라르가 번역하고 편집한 《The Memoir of General Toussaint Louverture》, 필리프 지라르의 《Toussaint Louverture: A Revolutionary Life》와 《The Slaves Who Defeated Napoleon: Toussaint Louverture and the Haitian War of Independence, 1801-1804》, 찰스 포스딕(Charles Forsdick)과 크리스천 후스비예르그(Christian Høgsbjerg)의 공동 저서 《A Black Jacobin in the Age of Revolutions》, 애덤 혹스차일드(Adam Hochschild)의 《Bury the Chains: Prophets and Rebels in the Fight to Free an Empire's Slaves》, 질리언 램지(Gillian Ramsey)와 닐 러셀(Neil Russell)의 공동 저서 《Tracing War in British Enlightenment and Romantic Culture》.

니토베 이나조의 《무사도》, 야마모토 쓰네토모의 《하가쿠레》, 토머스 클리어리 (Thomas Cleary)가 번역한 《Code of the Samurai: A Modern Translation of the Bushido Shoshinshu of Taira Shigesuke》, 토머스 클리어리가 편집하고 번역한 《Training the Samurai Mind: A Bushido Sourcebook》, 미야모토 무사시(宮本武蔵)가 집필하고 켄지 토키츠(時津賢児)가 편집하고 번역한 《The Complete Book of Five Rings》.

칭기즈칸은 수백 권의 서적과 수백 개의 관점에 영감을 주었다. 나는 그 책들을 전부 읽지는 못했다. 그러나 특히 영감을 받은 책이 몇 권 있다. 잭 웨더퍼드(Jack Weatherford)의 《칭기즈칸, 잠든 유럽을 깨우다》, 콘 이굴던(Conn Iggulden)의 《칭기즈칸 1: 제국의 탄생》, 프랭크 매클린의 《Genghis Khan: His Conquests, His Empire, His Legacy》.

로버트 노이스와 실리콘밸리에서 그가 차지하는 중요성에 관한 이야기는 톰 울프가 1983년 12월호 〈에스콰이어〉에 기고한 'The Tinkerings of Robert Noyce'와 레슬리 벌린(Leslie Berlin)의 《The Man Behind the Microchip: Robert Noyce and the Invention of Silicon Valley》를 참조했다.

또한 나는 샤카 상고르, 리드 헤이스팅스, 빌 캠벨, 토드 매키넌, 리 엔드리스, 랠프 맥대니얼스, 마크 크래니, 나시르 존스, 패트릭 콜리슨, 마이클 오비츠, 래리 페이지, 스튜어트 버터필드, 아리엘 켈먼, 매기 윌더로터, 돈 톰슨, 알리 고드시, 스티브 스타우드, 다이앤 그린 등 수많은 리더들과의 대화도 이 책에 소개했다.

## 감사의 말

가장 먼저 나의 사랑하는 아내 펠리시아에게 감사를 전한다. 펠리시아가 지칠 줄 모르는 에너지로 끊임없이 용기를 북돋워주고 계속 자극하지 않았더라면 이 책은 탄생하지 못했을 것이다. 나는 전작인 《하드씽》을 발표한 후에 또다시 책을 쓰고 싶은 마음이 없었지만 펠리시아가 고집을 피웠다. 비단 이번만이 아니라 그녀가 내게 해준 수많은 고마운 일들에 대해 33년 전 그녀를 처음 만난 순간을 영원히 감사하며 살 것이다. 펠리시아는 내 영감의 원천인 뮤즈이며 내 모든 것이다.

샤카 상고르와의 우정은 내가 오랫동안 머릿속으로 생각해오던 주제를 밖으로 끄집어내 책으로 엮는 촉매제가 됐다. 자신의 지난했던 인생 이야기는 물론이고 문화가 밑바닥부터 꼭대기까지 어떻게 작동하는지에 대한 예리한 통찰을 아낌없이 나눠준 그의 관대함을 나는 죽는 날까지 못 잊을 것이다.

수년에 걸쳐 스티브 스타우트와 나눈 많은 대화는 문화에 대한 내 이해의 폭을 몰라보게 넓혀줬다. 무엇보다 인종과 포용성에 관한 그의 깊은 통찰은 이 책의 칭기즈칸 이야기에 많은 영감을 줬다.

이 책을 시작하면서 힙합 문화와 그 문화가 어떻게 우리 시대의 가장 성공적인 음악 예술 장르를 창조했는지에 대해 꼭 말해야겠다고 다짐했다. 그런데 막상 시작하자 그것에 대한 이야기를 다하려면 페이지 몇 장으로는 어림도 없고 온전히 책 한 권을 새로 써야 할 판이 었다. 그러나 내가 힙합 문화를 공부하면서 얻은 영감이 글을 쓰는 내 내 아주 귀중한 자산이 됐다. 특히 팹 파이브 프레디(Fab 5 Freddy), 엠 씨해머(MC Hammer), 나스, 랠프 맥대니얼스 등이 내게는 커다란 영감 의 원천이었다.

버나드 타이슨에게도 심심한 감사의 마음을 전한다. 특히 미국 최 대 건강관리 회사 카이저퍼머넌트(Kaiser Permanente)의 CEO로 분초 를 나눠 쓸 만큼 바쁜 사람이라는 점을 생각하면 귀중한 시간을 기꺼 이 내준 그의 관대함에 절로 고개가 숙여진다. 또한 각자 자신의 개인 적인 경험과 통찰을 나눠준 돈 톰슨, 매기 윌더로터, 스튜어트 버터필 드, 토드 매키넌, 마크 크래니, 패트릭 콜리슨, 아리엘 켈먼, 리 엔드리 스, 마이클 오비츠 등에게도 갚기 힘든 신세를 졌다.

잭 웨더퍼드의 저서와 프랭크 매클린의 저서 덕분에 칭기즈칸을 더 욱 깊이 이해할 수 있었다. 무엇보다 칭기즈칸의 문화 전략과 군사 전 략 사이의 밀접한 관계를 이해하는 데 크게 도움이 됐다.

이 책의 원고를 검토하고 투생 루베르튀르의 이야기를 가능한 정확 히 쓸 수 있도록 도와준 헨리 루이스 게이츠 주니어와 아이티 혁명에 관한 심도 깊은 연구로 이 책을 풍요롭게 만들어준 필리프 지라르에게 이 지면을 빌려 고맙다는 말을 전한다. 지라르의 연구 덕분에 나는 문화 사상가로서 루베르튀르의 뛰어난 재능에 관한 아이디어들을 체계적으로 정립할 수 있었다.

귀중한 시간을 내서 이 책의 원고를 읽고 예리한 피드백을 제공해 준 마크 앤드리스, 어맨다 헤서(Amanda Hasser), 데이비드 호로위츠(David Horowitz), 엘리사 호로위츠(Elissa Horowitz), 마이클 오비츠, 크리스 슈뢰더(Chris Schroeder), 샤카 상고르, 메릴 스텁스(Merrill Stubbs), 짐 서로위키(Jim Surowiecki) 등에게 머리 숙여 감사드린다.

이 책을 완주하도록 독려하고 용기를 북돋워준 발행인 홀리스 하임바우크(Hollis Heimbouch)에게 진심 어린 감사를 전한다. 작가로서 나에 대한 그녀의 흔들림 없는 믿음이 나를 항상 분발하게 만든다. 또한 아이티 혁명에 관한 글을 쓸 수 있다는 자신감을 불어넣어 주고 지원과 협력을 아끼지 않았던 내 에이전트 어맨다 어번(Amanda Urban)에게도 고맙다는 말을 꼭 하고 싶다.

마지막으로 감사를 받을 사람은 태드 프렌드(Tad Friend)이다. 그의 도움과 불굴의 끈기 그리고 생산적인 투지와 나의 든든한 협력자로서 대의에 대한 그의 헌신이 없었다면 이 책은 세상의 밝은 빛을 볼 수 없었을 것이다. 태드, 정말 고마워요.

크레디트

다음의 저작물 사용 허가에 대해 감사드린다.

**〈Stillmatic(The Intro)〉:** Words and music by Nasir Jones, Bunny Hull, and Narada Michael Walden. Copyright © 2001 Universal Music-Z Songs, Sun Shining, Inc., WB Music Corp., Cotillion Music Inc., Gratitude Sky Music, and Walden Music, Inc. All Rights for Sun Shining, Inc. administered by Universal Music-Z Songs. All Rights on behalf of Itself Cotillion Music Inc., Gratitude Sky Music, and Walden Music Inc. administered by WB Music Corp. International copyright secured. All rights reserved. Contains elements of "Let Me Be Your Angel" by Bunny Hull and Narada Michael Walden. Reprinted by permission of Hal Leonard LLC and Alfred Music.

**〈Ready to Die〉:** Words and music by The Notorious B.I.G., Osten Harvey, Sean "P. Diddy" Combs, Barbara Mason, Ralph Middlebrooks, Walter Junie Morrison, Marshall Eugene Jones, Clarence Satchell, and Leroy Bonner. Copyright © 1994 EMI April Music Inc., Justin Combs Publishing Company, Inc., Big Poppa Music, Embassy Music Corporation, Bridgeport Music Inc., and Southfield Music Inc. All rights on behalf of EMI April Music Inc., Justin Combs Publishing Company, Inc., and Big Poppa Music administered by Sony/ATV Music Publishing LLC, 424 Church Street, Suite 1200, Nashville, TN 37219. International copyright secured. All rights reserved. Contains elements of "Yes, I'm Ready" by Barbara Mason. Reprinted by permission of Hal Leonard LLC, Bridgeport Music Inc., and Southfield Music Inc.

**〈Try Me〉:** Words and music by DeJa Monet Trimble and David Demal Smith Jr. Copyright © 2014 BMG Gold Songs, Lil Loaf Publishing, and DDS 825 Publishing and Copyright Control. All Rights for BMG Gold Songs and Lil Loaf Publishing administered by BMG Rights Management (US) LLC. All rights for DDS 825 Publishing administered by Warner-Tamerlane Publishing Corp. All rights reserved. Used by permission. Reprinted by permission of Hal Leonard LLC and Alfred Music.

**〈Slippery〉:** Words and music by Joshua Parker, Quavious Keyate Marshall, Kirsnick Khari Ball, Kiari Kendrell Cephus, Radric Delantic Davis, and Grant Andrew Decouto. Copyright © 2017 These Are Songs of Pulse, OG Parker Productions, SFQC Music, Universal Music

Corp., Quality Control QC Pro, Huncho YRN Music, Reservoir Media Music, JPL QC Music, YRN Piped Up Ent., MKN QC Music, Silent Assassin YRN, Warner-Tamerlane Publishing Corp., Grant Decouto Publishing Designee, WB Music Corp. and Radric Davis Publishing LLC. All Rights for OG Parker Productions and SFQC Music administered by These Are Songs of Pulse. All Rights for Quality Control QC Pro and Huncho YRN Music administered by Universal Music Corp. All Rights for Reservoir Media Music, JPL QC Music, YRN Piped Up Ent., MKN QC Music, and Silent Assassin YRN administered by Reservoir Media Management, Inc. All Rights for Grant Decouto Publishing Designee administered by Warner-Tamerlane Publishing Corp. All Rights for Radric Davis Publishing LLC administered by WB Music Corp. All rights reserved. Used by permission. Reprinted by permission of Hal Leonard LLC and Alfred Music.

⟨**Prophets of Rage**⟩: Words and music by Carlton Ridenhour, Hank Shocklee, and Eric Sadler. Copyright © 2008 BMG Platinum Songs, Songs of Reach Music, Terrordome Music, Shocklee Music, Your Mother's Music, and Songs of Universal, Inc. All Rights for BMG Platinum Songs, Songs of Reach Music, Terrordome Music, and Shocklee Music administered by BMG Rights Management (US) LLC. All rights reserved. Used by permission. Reprinted by permission of Hal Leonard LLC.

⟨**Who Shot Ya**⟩: Words and music by Christopher Wallace, Sean Combs, Allie Wrubel, Herb Magidson, and Nashiem Myrick. Copyright ©1994 EMI April Music Inc., Big Poppa Music, Justin Combs Publishing Company, Inc., Music Sales Corporation © 2002 Bernhardt Music and Top of New York, Nashmack Publishing. All Rights on behalf of Bernhardt Music administered by WB Music Corp. Nashmack Publishing administered by the Administration MP, Inc., EMI April Music Inc., Big Poppa Music, and Justin Combs Publishing Company, Inc. administered by Sony/ATV Music Publishing LLC, 424 Church Street, Suite 1200, Nashville, TN 37219. International copyright secured. All rights reserved. Reprinted by permission of Hal Leonard LLC, Alfred Music, and the Administration MP, Inc.

⟨**Honest**⟩: Words and music by Nayvadius Wilburn, Leland Wayne, and Gary Hill. Copyright © 2013 IRVING MUSIC, INC., NAYVADIUS MAXIMUS MUSIC, PLUTO MARS MUSIC, and SNRS

# WHAT

## YOU DO IS

## WHO

## YOU ARE

성공하는 조직의 문화는 무엇이 다른가

**최강의 조직**

제1판  1쇄 발행 | 2021년  4월 21일
제1판 11쇄 발행 | 2024년 12월  5일

지은이 | 벤 호로위츠
옮긴이 | 김정혜
펴낸이 | 김수언
펴낸곳 | 한국경제신문 한경BP

주소 | 서울특별시 중구 청파로 463
기획출판팀 | 02-3604-590, 584
영업마케팅팀 | 02-3604-595, 562   FAX | 02-3604-599
H | http://bp.hankyung.com   E | bp@hankyung.com
F | www.facebook.com/hankyungbp
등록 | 제 2-315(1967. 5. 15)

ISBN 978-89-475-4716-1   03320